EMPREENDEDORISMO NÃO SE APRENDE NA ESCOLA

EMPREENDEDORISMO NÃO SE APRENDE NA ESCOLA

Robert Kiyosaki

Tradução de Eliana Camparo Bussinger

4ª tiragem

ELSEVIER

CAMPUS

Do original: *Why "A" students work for "C" students and "B" students work for the government*
Tradução autorizada do idioma inglês da edição publicada por Publicado por Plata Publishing, LLC
Copyright © 2013, by Robert T. Kiyosaki

© 2014, Elsevier Editora Ltda.

Copidesque: Ivone Teixeira
Revisão: Édio Pullig
Editoração Eletrônica: Estúdio Castellani

Elsevier Editora Ltda.
Conhecimento sem Fronteiras
Rua Sete de Setembro, 111 – 16º andar
20050-006 – Centro – Rio de Janeiro – RJ – Brasil

Rua Quintana, 753 – 8º andar
04569-011 – Brooklin – São Paulo – SP – Brasil

Serviço de Atendimento ao Cliente
0800-0265340
atendimento1@elsevier.com

ISBN 978-85-352-7266-6
ISBN (versão digital): 978-85-352-7267-3
Edição original: ISBN: 978-1-61268-076-7

Nota: Muito zelo e técnica foram empregados na edição desta obra. No entanto, podem ocorrer erros de digitação, impressão ou dúvida conceitual. Em qualquer das hipóteses, solicitamos a comunicação ao nosso Serviço de Atendimento ao Cliente, para que possamos esclarecer ou encaminhar a questão.

Nem a editora nem o autor assumem qualquer responsabilidade por eventuais danos ou perdas a pessoas ou bens, originados do uso desta publicação.

CIP-Brasil. Catalogação na Publicação
Sindicato Nacional dos Editores de Livros, RJ

K68e	Kiyosaki, Robert T.,1947¬
	Empreendedorismo não se aprende na escola / Robert Kiyosaki. – 1. ed. – Rio de Janeiro: Elsevier, 2014.
	23 cm.
	ISBN 978-85-352-7266-6
	1. Finanças pessoais. 2. Educação financeira. 3. Investimentos. I. Título.
13-04960.	CDD: 332.024
	CDU: 330.567.2

"Todos nascem gênios,
mas o processo de
vida os desgenializa."

— *R. Buckminster Fuller*

Dedicatória

Para os pais, os primeiros e mais importantes professores de uma criança.

Agradecimentos

Assim que comecei a escrever este livro, eu soube que seria o mais importante que já escrevi. Nos últimos dois anos, este livro evoluiu ao longo de quatro completas revisões.

Um agradecimento especial vai para Mona Gambetta. Nós fizemos outros livros juntos, mas este testou sua paciência e nossa amizade. Nenhuma vez, ao longo do processo de dois anos, Mona reclamou. Como sempre, ela e toda a equipe Plata Publishing reuniram-se para trazer este livro à vida e agradeço a todos eles.

Agradeço também aos pais que compartilharam suas ideias e preocupações sobre educação e o que é importante para eles e seus filhos.

Agradeço especialmente à minha querida Kim, por entender a minha ausência como marido durante essa provação que foi a escrita deste livro. Apesar de vivermos na mesma casa e viajarmos juntos nestes últimos dois anos, eu não estava sempre presente.

E mais importante, agradeço a você, leitor, por estar interessado em um assunto vital e importante: o tema da educação financeira.

"Quando eu tinha cinco anos de idade minha mãe sempre me disse que a felicidade era a chave para a vida.

Quando eu fui para a escola, eles me perguntaram o que eu queria ser quando crescesse. Eu escrevi 'feliz'.

Disseram-me que eu não entendi a tarefa, e eu disse que eles não entendiam a vida."

— *John Lennon*

Sumário

DESPERTE O GÊNIO FINANCEIRO DO SEU FILHO

"Todos têm talentos.
Mas se você julgar um peixe por sua habilidade
de subir em uma árvore passará sua vida inteira
acreditando ser um estúpido."

– Albert Einstein

INTRODUÇÃO

Sempre que penso em escrever um novo livro eu me pergunto: Por que estou escrevendo este livro?

A resposta, para mim, é sempre a mesma e muito simples. Frequentemente me perguntei por que o dinheiro não é um assunto ensinado nas escolas. Dia após dia, os professores martelam em nossas cabeças:

> *"Vá para a escola para conseguir um emprego. Se você não frequentar uma escola, não conseguirá um bom trabalho."*

Por que ir para a escola?

Isso fez com que eu perguntasse a meus professores: "A razão para conseguir um emprego não é fazer dinheiro? Se dinheiro é o objetivo de se conseguir um emprego, por que não ir direto ao ponto e simplesmente nos ensinar sobre dinheiro?"

Minha pergunta nunca foi respondida.

O Rei Está Nu

A Roupa Nova do Rei é um conto dinamarquês escrito por Hans Christian Andersen, publicado em 1837.

A trama:

Era uma vez um rei que se importava apenas em exibir suas roupas novas. Um dia, dois vigaristas se apresentaram a ele e disseram que poderiam fazer a mais bela das roupas a partir de um tecido maravilhoso. Esse tecido, disseram eles, era muito especial. Ele era invisível aos mais tolos e aos malnascidos.

Um pouco nervoso sobre se ele próprio seria capaz de enxergar o tecido, o rei primeiro mandou dois de seus mais fiéis conselheiros para ver aquele material especial. Naturalmente, não havia tecido algum, mas nenhum deles admitiu que não conseguia enxergá-lo, elogiando o material.

À medida que os boatos sobre esse tecido especial se espalhavam, todas as pessoas da cidade acabaram interessadas em saber o quão estúpidos eram seus vizinhos.

O rei, então, permitiu que os dois vigaristas o vestissem com a roupa feita com o tecido especial, para uma procissão pela cidade. Embora soubesse que estava nu, o rei nunca o admitiu, por medo de ser inapto e estúpido por não enxergar que não estava usando roupa alguma. Ele também tinha medo de que seus súditos pensassem que era estúpido.

Naturalmente, todas as pessoas da cidade elogiaram imensamente a magnífica roupa do rei, elas próprias com medo de admitir que não conseguiam ver coisa alguma, até que uma criança bem pequena disse: "Mas o rei não está usando nada!"

Os pais da criança tentaram silenciá-la, mas ela não se calava. Torcendo-se e esperneando, tirando as mãos de seus pais de sua boca, ela continuava gritando: "O rei está nu." Em poucos segundos, às risadinhas, alguns dos seus coleguinhas de classe se juntaram a ela.

Em breve, alguns adultos se uniram às crianças e começaram a sussurrar: "As crianças têm razão. O velho está nu. Ele é um tolo e espera que sejamos tolos como ele."

O Que as Pessoas Realmente Querem?

Em seu livro de 2009, *What Americans Really Want...Really**, o Dr. Frank Luntz, um respeitado pesquisador das forças que guiam a América, perguntou a seguinte questão:

Se pudesse escolher, você preferiria ser o proprietário de uma empresa ou o presidente de uma das 500 empresas listadas na *Fortune*?**

---

* *Nota da Tradutora*: *O Que os Americanos Realmente Querem*, em tradução livre.
** O autor se refere a uma lista das 500 maiores empresas do mundo divulgadas anualmente pela revista *Fortune*.

As pessoas questionadas responderam da seguinte forma:

80% O proprietário de um negócio com 100 empregados ou mais.

14% O presidente de uma das 500 empresas da *Fortune*, com mais de 10.000 empregados.

6% Não souberam/recusaram-se a responder.

Em outras palavras, as pessoas hoje querem ser *empresárias*.

O problema é que o nosso sistema de ensino está treinando nossos filhos para serem *empregados*.

É por isso que muitos professores e pais continuam a dizer, "Vá para a escola para conseguir um trabalho bem remunerado". Poucos pais ou professores estão dizendo, "Vá para a escola para aprender a *criar* bons empregos de altos salários".

Há uma tremenda diferença entre o conjunto de competências de um empregado e o conjunto de competências de um empreendedor. As habilidades requeridas para ser um empresário não são ensinadas na maioria das escolas.

Dr. Luntz descobriu que mais de 70% dos empregados corporativos estão considerando ou já consideraram começar seus próprios negócios. Muitas pessoas sonham tornarem-se empreendedoras, mas poucas darão o primeiro passo. A falta de educação financeira é a principal razão pela qual a maioria das pessoas continuará a ser empregada. Sem uma educação financeira, a maioria dos empregados teme perder seu emprego, não ter um salário fixo ou, simplesmente, falhar. A educação financeira e a transformação que ela provoca são essenciais para os empreendedores.

Esqueça os MBAs

Dr. Luntz continua, afirmando:

"Então, como equipar uma geração inteira para o sucesso como empreendedores? Esqueça os MBAs. A maioria das escolas de negócios ensina a você como ser bem-sucedido em uma grande corporação, ao invés de como começar a sua própria empresa. Mas criar e sustentar algo do nada é exatamente onde nosso país tem sido mais forte e mais inovador."

Destruindo o Sonho Americano

Os americanos sempre desejaram ser empreendedores.

As pessoas imigraram para a América – algumas passando por sofrimentos inimagináveis – atraídas pela promessa do sonho americano. Milhões deixaram a opressão de reis e rainhas da Europa e a tirania de ditadores comunistas em outras partes do mundo, apenas para tentar o sonho americano. O sonho americano *deles*.

O sonho americano, como diz o Dr. Luntz, é: *"Criar e sustentar algo do nada, exatamente onde nosso país tem sido mais forte e mais inovador."*

As escolas parecem ter esquecido o sonho americano. O problema é que nosso sistema de ensino treina seus alunos para ser estudantes "A" – *acadêmicos* – ou estudantes "B" – *burocratas*. Nossas escolas não treinam nossos jovens para ser estudantes "C" – *capitalistas*. Além disso, são esses estudantes "C" que frequentemente seguem o caminho do empreendedorismo, carregando a tocha do capitalismo e criando novos empregos.

Pergunte a empresários hoje e muitos lhe dirão que as burocracias estão destruindo ativamente o espírito empreendedor do capitalismo.

Eles também lhe dirão que muitos jovens graduados não possuem as habilidades exigidas no ambiente de trabalho de hoje. Na verdade, muitos são hostis aos capitalistas.

Ódio aos Capitalistas

Em 2008, a Fundação Kauffman, um importante grupo de pesquisadores e pensadores nos EUA, contratou o Dr. Luntz para descobrir o que os americanos pensavam do capitalismo. A pesquisa descobriu que:

"É difícil dizer qual emoção se tornou mais forte: *respeito* pelos empreendedores ou *ódio* pelos presidentes das empresas."

Em novembro de 2012, a Hostess Brands, uma icônica panificadora americana, fechou suas portas e abriu falência. O presidente da Hostess alegou que a empresa foi forçada a fechar por causa das demandas dos sindicatos por maiores salários e benefícios.

Para piorar, não foram apenas os mais de 18.000 trabalhadores que foram afetados. Quando a empresa fechou, 18.000 famílias também sentiram o impacto. Se há uma média de quatro pessoas em uma família, o número de vidas afetadas pula para 72.000. Esse efeito cascata se espalha em cada família, afetando escolas e empresas, como clínicas odontológicas, supermercados, lavanderias, lojas, oficinas de automóveis, até mesmo igrejas e todo restante da comunidade.

Mais tarde, foi divulgado que o presidente da Hostess Brands e sua felizarda equipe de homens e mulheres pagaram a si próprios milhões em bônus de indenizações.

Não admira que os americanos *odeiem* os presidentes – os CEOs – de empresas. Muitos são graduados em nossas melhores escolas de negócios e isso levanta a questão: é isso que nossas escolas de negócios ensinam?

Infelizmente, é.

Muitos de nossos alunos mais brilhantes vão para escolas de negócios, graduando-se com MBAs e galgando a escada corporativa como *empregados* e não como *empreendedores*. Os mais ambiciosos tornam-se presidentes e executivos de grandes empresas.

Presidentes de Empresas (CEOs) Não São Capitalistas

Mais à frente neste livro, escrevi sobre o fato de que a maioria dos CEOs não é capitalista. A maioria dos CEOs e executivos das corporações cai na categoria chamada de *capitalistas administradores (ou de gestão)*, empregados que trabalham para os *verdadeiros* empreendedores – empresários como Steve Jobs, Thomas Edison, Walt Disney, Mark Zuckerberg e outros – mas que não possuem nenhuma participação financeira ou investimento pessoal no empreendimento.

Curiosamente, Edison e Disney não terminaram o segundo grau. Jobs e Zuckerberg nunca se formaram na faculdade.

A maioria dos estudantes "A", graduados em nossas melhores escolas, se tornam *"capitalistas administradores"* – empregados – em vez de *"capitalistas verdadeiros"*. São esses administradores, tipicamente estudantes "A" que conseguem empregos de altos salários, que dão má fama ao capitalismo.

Os Capitalistas Administradores São Assustadores

Em seu livro, *What Americans Really Want...Really*, o Dr. Luntz afirma que:

..."*no mundo de hoje os 'capitalistas' assustam as pessoas e 'capitalismo' significa CEOs levando milhões de dólares no mesmo dia em que suas canetas fazem desaparecer 10.000 empregos.*"

Tragicamente, muitas pessoas não compreendem a diferença entre *capitalistas administradores* e *capitalistas verdadeiros.*

Basta pensar nos CEOs a quem foram pagos bônus enormes, enquanto milhões de pessoas perderam seus empregos, suas casas e as reservas da aposentadoria. É isso que nossas escolas ensinam aos nossos jovens mais brilhantes?

Novamente, a reposta é "Sim". Nossas escolas dão má fama ao capitalismo, porque o que elas ensinam não é o verdadeiro capitalismo.

Infelizmente, a maioria dos pais se orgulha quando o pequeno João ou Maria se formam entre os primeiros alunos de suas classes e são contratados por uma grande corporação, ganhando salários anuais de seis dígitos com apenas 26 anos, e começam a galgar a escada corporativa. A maioria dos pais não se importa que seus filhos tenham sido treinados para serem capitalistas administradores, ao invés de verdadeiros capitalistas, empresários como Steve Jobs ou Thomas Edison. Hoje temos uma crise global porque:

As escolas estão mais focadas na ganância do que na generosidade.

- As escolas tratam de "Quanto dinheiro posso ganhar?" ao invés de "Quanto dinheiro posso gerar servindo aos outros?".
- As escolas focam em *encontrar* um emprego altamente remunerado ao invés de *criação* de empregos altamente remunerados.
- As escolas focam em *galgar* a escada corporativa ao invés de *como criar* empresas e escadas corporativas.
- As escolas focam em *segurança no emprego* ao invés de *liberdade financeira*, razão pela qual a maioria dos empregados vive com medo de *"perder seus empregos"*.
- As escolas pouco ensinam sobre o dinheiro, razão pela qual milhões de pessoas hoje contam com os programas sociais do governo. E milhões de outras se tornam funcionários públicos ou militares, não para servir a seu país, mas por causa da aposentadoria e dos benefícios médicos.

A Nova Depressão

Em 2007, o mundo acordou para a Nova Depressão. Há muitas razões para essa depressão dos tempos modernos. Algumas delas são:

1. Governos imprimindo dinheiro.
2. Trilhões em dívidas, ambas individuais e governamentais.

3. Programas sociais subfinanciados e um aumento da mentalidade assistencialista ao redor do mundo.

4. Alta taxa de desemprego entre os jovens e aumento das dívidas com empréstimos estudantis, o que pode comprometer a capacidade de endividamento dos estudantes.

5. Globalização, exportação de mão de obra e de postos de trabalho, levando à queda de salários.

Esses são problemas que seu filho enfrentará.

O Rei Está Nu!

A pergunta que os pais devem se fazer é: as escolas estão preparando meus filhos para o mundo real?

A resposta é "Não".

Assim, a trama se complica... Como Hans Christian Andersen nos alertou em 1837, em seu conto sobre as roupas do rei:

Logo os sussurros passavam de pessoa para pessoa, até que todos na multidão começaram a gritar, "O rei está nu".

O rei ouviu, claro, e embora soubesse que as pessoas estavam corretas porque ele estava completamente nu diante da cidade inteira, manteve a cabeça erguida e terminou a procissão.

Parece-me que o sistema escolar não pode admitir que não está preparando as crianças para o mundo real. Isso seria admitir as falhas – e todos nós sabemos o que falha significa no sistema de ensino.

Significa que a escola acha que seu filho não é inteligente – na verdade, porém, realmente só significa que seu filho não está fazendo o que a escola lhe diz para fazer.

Sem educação financeira, seu filho deixará a escola nu. Ele ou ela pode ser um estudante "A"... mas desfilará pela vida afora como o rei. Como diz o conto:

"Embora soubesse que estava nu, o rei nunca o admitiu, por medo de ser inapto e estúpido por não enxergar que não estava usando roupa alguma. Ele também tinha medo de que seus súditos pensassem que era estúpido."

Dado que nossas escolas jamais admitirão que não estão preparando seus filhos para o mundo real, então, depende dos pais – os primeiros e mais importantes professores de uma criança – dar aos filhos a educação financeira requerida para o mundo real, um mundo que gira em torno do dinheiro.

AS ESCOLAS ESTÃO PREPARANDO SEU FILHO PARA O MUNDO REAL?

Versão Moderna de
As Aventuras de Tom Sawyer

Mark Twain, 1876

INTRODUÇÃO

A escola é uma grande experiência para algumas crianças. Para outras, é a pior experiência de suas vidas.

Cada criança tem seus dons e talentos, que chamaremos de sua genialidade. Infelizmente, esses talentos podem não ser reconhecidos pelo sistema educacional, podendo até mesmo ser esmagados.

Thomas Edison, um dos maiores gênios dos tempos modernos, foi taxado de "atrapalhado" pelo seu primeiro professor. Atrapalhado aqui significa debiloide, confuso. Ele nunca terminou a escola, em vez disso se tornou um inventor, um empreendedor. A empresa que ele fundou, conhecida hoje como General Electric (GE), criou produtos que mudaram o mundo. Alguns dos primeiros projetos de Edison foram: o fonógrafo, a filmadora e a lâmpada elétrica.

Albert Einstein também fracassou em impressionar seus professores. Do primeiro grau até a faculdade seus professores achavam que ele era preguiçoso, desleixado e insubordinado. A maioria de seus professores disse que, "Ele não vai dar em nada". Mas Einstein se tornou um dos cientistas mais influentes da história.

Genialidade significa aquilo que é mágico em cada um de nós.

Todos os pais reconhecem a mágica em seus filhos. A maioria dos pais sabe que os verdadeiros talentos de seus filhos se revelam em seus sonhos. Entrevemos isso muito cedo... as ideias e as coisas que os deliciam, que os fascinam e os desafiam.

Proteger e estimular a genialidade de um filho é o trabalho mais importante de um pai.

Este livro foi escrito como um guia para ajudar você a desenvolver o talento financeiro de seu filho.

P: Como um estudante "C" vence um estudante "A".

R: Estudando aquilo que um estudante "A" não estuda.

LIÇÃO #1:
UMA CRISE EDUCACIONAL

A campanha presidencial americana de 2012, entre o presidente Barack Obama e o ex-governador de Massachusetts, Mitt Romney, trouxe à tona a diferença em seus níveis de educação financeira.

Embora ambos fossem homens altamente literatos, um candidato era financeiramente sofisticado... o outro nem tanto.

Obama versus *Romney*

Durante a campanha, o presidente Obama revelou que pagava 20,5% em impostos sobre aproximadamente três milhões de dólares de rendimentos. Mitt Romney pagava 14% sobre 21 milhões.

Esse hiato entre rendimentos e impostos enfureceu muitos eleitores, especialmente os mais pobres, a classe média e os mais jovens. Ao invés de perguntar por que e como Romney fazia mais dinheiro e pagava uma porcentagem menor de impostos, muitos leitores simplesmente se indignaram. A maioria falhou em perguntar "Como Romney faz isso?". Ou, "Como ele ganhou 21 milhões de dólares e pagou 14% em impostos?". Ou, "Isso está dentro da lei?". Ou, "Quem é mais inteligente quando se trata de dinheiro... o presidente Obama ou o candidato Romney?".

Em seu segundo mandato o presidente Obama parece determinado e já aumentou os impostos para os ricos – ao invés de ensinar as crianças sobre o dinheiro e o capitalismo, porque é assim que os ricos enriquecem e permanecem ricos, além de pagarem menos impostos. Ao invés de ensinar as crianças a pescarem, parece que o presidente Obama prefere dar peixes a elas.

Este livro é sobre ensinar às crianças a pescarem.

O Que é Necessário para se Tornar Rico?

Muitas pessoas acreditam que os ricos são criminosos, e alguns são. No entanto, há muito mais pessoas ricas que são honestas, pessoas que trabalham duro... e não são criminosas. Elas enriqueceram à moda antiga – através da educação, do trabalho duro, de cuidar do orçamento com sabedoria, construindo empresas, gerando empregos e pagando seus impostos... tão pouco quanto legalmente permitido e possível. Elas também adquiriram essa riqueza estudando assuntos não ensinados nas nossas escolas.

Essa diferença na educação se reflete no presidente Obama e em Mitt Romney.

Ambos os homens frequentaram grandes escolas. Presidente Obama é graduado pela Universidade Columbia e fez direito na Universidade Harvard. Mitt Romney é graduado em administração e em direito também por Harvard.

A primeira diferença entre o presidente Obama e Romney é que o presidente vem de uma família pobre, enquanto o ex-governador nasceu em uma família rica.

A história de ambos é similar àquelas encontrada no livro *Pai Rico, Pai Pobre*. A lição de educação financeira é ensinada em casa... não na escola.

Este livro foi escrito para pais que querem dar a seus filhos um pontapé financeiro inicial, em casa, estudando assuntos que a maioria dos estudantes – mesmo os estudantes "A" – nunca estuda.

As Razões

O "negócio" da educação é uma das maiores indústrias do mundo, impactando a vida de praticamente cada pessoa do planeta, de uma forma ou outra. Nos EUA, apenas as escolas de primeiro e segundo grau – que empregam 3.3 milhões de professores de período integral – gastarão 571 bilhões de dólares no período escolar de agosto de 2012 a junho de 2013. Isso apenas nos Estados Unidos, um país em que aproximadamente cinco milhões de estudantes entraram para o segundo grau, no ano escolar de 2010-2011. Em todo o mundo, esse número aumenta exponencialmente. Com frequência me pergunto quantos desses jovens terminam o segundo grau... e quantos desistem? Quantos vão para a universidade... e quantos se graduam de fato? As estatísticas alarmantes das dívidas estudantis já foram manchetes mundialmente. E quantos procuraram graus mais avançados – a custos ainda maiores – na esperança de ganhar salários proporcionalmente maiores quando se juntarem à força global de trabalho?

Não são apenas as centenas de bilhões de dólares gastos do primeiro grau até a universidade, mas as forças armadas também gastam bilhões de dólares para treinar jovens mulheres e homens para servir a seus países. O treinamento corporativo de empregados é outra indústria bilionária, assim como as escolas técnicas que ensinam os futuros técnicos que consertarão nossos carros, refrigeradores, sistemas elétricos e computadores.

Mas educação financeira, ao menos na arena e nos currículos formais estabelecidos do sistema educacional, é amplamente ignorada. Eu me pergunto recorrentemente: por quê?

- Será que a falta de educação financeira é uma das razões por trás da atual crise financeira mundial?
- Quanto da crise imobiliária americana, conhecida como *subprime*, foi causada pela falta de educação financeira?
- Quantas das milhões de famílias que perderam suas casas as perderam por falta de educação financeira?
- Será que a falta de educação financeira é a razão por que tantas pessoas são dependentes dos programas sociais e previdenciários do governo – programas que estão quebrando municípios, estados e países inteiros?
- Será que os Estados Unidos – assim como outros países do mundo – estão indo à falência porque milhões de cidadãos precisam que os governos as assistam social, medica e financeiramente?
- Será que nossa dívida nacional é um reflexo da falta de educação financeira de nossos líderes políticos e corporativos?
- Será que os Estados Unidos estão em declínio econômico semelhante ao que estão enfrentando países como Grécia, Itália, França, Japão, Inglaterra e Espanha?

Programas Sociais para os Ricos

Todos nós sabemos que existem programas assistenciais para os pobres, mas como seria se tais programas também fossem para os ricos?

- Por que nossos líderes – o presidente, o Congresso e outros burocratas políticos – votam para si mesmos pensões gigantescas e pacotes generosos de benefícios, enquanto aumenta o número de famílias em assistência pública? Estarão nossos líderes tão financeiramente necessitados quanto aqueles que contam com o governo para atender suas necessidades mais básicas?
- O que aconteceria se tivéssemos líderes que soubessem como criar riqueza ao invés de apenas saber como gastar o dinheiro de outras pessoas (os contribuintes)?
- Por que os CEOs concedem a si mesmos aumentos maciços de salários diretos e indiretos, ao mesmo tempo em que demitem funcionários? São os CEOs gananciosos devido à falta de educação financeira ou eles foram à escola para aprender a ser gananciosos?
- Os banqueiros que perderam bilhões de dólares na última crise tinham educação financeira adequada?
- Por que milhões de pessoas foram demitidas e milhares de pequenos negócios fecharam, enquanto que os banqueiros que provocaram a crise receberam milhões em bônus?
- Por que sindicatos de professores e governos burocráticos é que devem determinar o que nossas crianças aprendem? Que tal perguntar às nossas crianças e aos seus pais o que eles precisam aprender? Por que os melhores salários não mais estão no setor privado? Por que há tantos funcionários públicos tão bem remunerados, os maiores salários da América de hoje? Por que bombeiros e policiais se aposentam com milhões em benefícios vitalícios? O que aconteceu com o serviço público?
- Quem provocou essa crise financeira?

A crise financeira de hoje não foi causada pelos pobres, pelas pessoas sem estudo. Atrás do caos estão algumas das pessoas mais bem graduadas do mundo, como o presidente do banco central americano (o *Federal Reserve, conhecido como Fed*), Ben Bernanke, um ex-professor das Universidades de Stanford e de Princeton, um estudioso da Grande Depressão de 1929, mas, infelizmente, alguém sem muita experiência de negócios da vida real.

Este livro trata de educação, mas não da educação que é ensinada nas escolas.

Uma Crise Educacional

Não estamos em uma crise financeira. Estamos em uma crise educacional. Essa crise começa quando nossas crianças entram na escola, despendem anos – às vezes décadas – nada aprendendo sobre dinheiro e sendo ensinadas por pessoas que pouco sabem sobre o dinheiro.

Por alguma razão, nossas escolas possuem uma visão quase religiosa sobre o dinheiro.

As escolas parecem acreditar que:

> *"O amor ao dinheiro é a raiz de todos os males."*
> *– Timóteo 6:10*

As escolas ignoram a passagem bíblica que diz:

> *"Meu povo sofre por falta de conhecimento."*
> *– Oseias 4:6*

As pessoas estão sucumbindo economicamente devido à falta de educação financeira em nossas escolas.

Lao Tzu, o fundador chinês do taoismo no século V a.C., disse:

> *"Se você der um peixe a um homem, você o alimenta por um dia.*
> *Se você ensinar um homem a pescar, você o alimenta por toda a vida."*

Infelizmente, ao invés de ensinarmos às pessoas a pescarem, estamos ensinando às nossas crianças a filosofia econômica de Robin Hood:

> *"Tirar dos ricos para dar aos pobres."*

Isso também é conhecido como socialismo.

Basicamente, tudo que essa generosidade cria é mais pessoas pobres.

Em 2 de novembro de 2012, uma manchete no jornal *The Weekly Standard* dizia:

> *"A participação nos programas sociais do governo cresce 75 vezes mais*
> *rápido do que a criação de empregos."*

Como esperado, os republicanos culpam o presidente Obama pela crise e o partido democrata diz que os culpados são os republicanos.

Este livro não é sobre política. É sobre educação e sobre como a falta de educação financeira é a verdadeira causa da crise financeira.

Tempo de Defasagem

A maioria dos professores é ótima. O problema é que a maioria deles e dos pais são produtos do mesmo sistema educacional.

Muitos professores estão frustrados. Muitos professores estão exigindo mudanças. Infelizmente, a indústria da educação parece ser uma indústria que tem uma das taxas mais lentas de mudança.

Indústrias diferentes possuem tempos diferentes de defasagem. Uma das definições de *tempo de defasagem* é o tempo de demora entre a proposta de uma nova ideia e sua adoção. Por exemplo, disseram-me que no mundo da tecnologia o tempo de defasagem é de 18 meses, o tempo entre a ideia e a sua transformação em um novo produto. É por isso que a competição pode se tornar tão acirrada para se trazer um novo produto ao mercado... e a razão para que novas empresas saiam rapidamente do mercado, dado que alguém mais pode entregar novos produtos ou tecnologia mais rápido, de melhor qualidade e mais barato.

Os tempos de defasagem na Era Agrária eram medidos em centenas de anos. Na Era Industrial era medido em incrementos de 50 anos. O tempo de defasagem na era da informação é medido em metade de um ano.

Fiquei sabendo que na indústria automobilística o tempo de defasagem é de 25 anos. Isso significa que as novas ideias em automóveis que você vê hoje foram concebidas há 25 anos... ideias tais quais a do carro híbrido. E, também, fiquei sabendo que os negócios governamentais têm um tempo de defasagem de aproximadamente 35 anos.

A razão para que muitos professores e pais estejam frustrados é porque, entre todos os setores, a indústria educacional tem o segundo tempo de defasagem mais longo – 50 anos.

A única indústria mais lenta é a da construção, com um tempo de defasagem de 60 anos.

Note que os setores automobilísticos, governamentais, educacionais e de construção são os setores em que os sindicatos são mais fortes... e sindicatos são produtos da Era Industrial.

O Futuro da Educação

O tempo de defasagem na educação significa que as crianças que começam a escola hoje serão avós quando o sistema educacional adotar as mudanças que este livro oferece.

Ao ensinar as lições deste livro, você estará dando aos seus filhos uma vantagem financeira. Se o tempo de defasagem permanecer, chegaremos ao ano de 2065 antes que as ideias deste livro entrem na maioria das salas de aula. Não acredito que possamos nos dar ao luxo de esperar.

Este livro foi escrito por pais, pais que sabem que depende deles – não do sistema escolar – preparar suas crianças para o mundo real. Um mundo da era da informação, de ritmo acelerado, em constante transformação... um mundo como nenhum de nós jamais experimentou.

Este livro também foi escrito por pais que sabem que seus filhos enfrentarão desafios financeiros ainda maiores, uma montanha de lixo financeiro que as gerações anteriores deixaram para trás.

Este livro foi escrito por pais que querem entender por que o presidente Obama ganha três milhões de dólares e paga uma alíquota de 20,5% em impostos enquanto Mitt Romney ganha 21 milhões e paga 14%.

Quando os pais souberem e entenderem as diferenças entre o que sabem esses dois homens, poderão passar esse conhecimento para seus filhos.

Minha História

Tenho sido um defensor da educação financeira a maior parte da minha vida adulta.

Em 1973, retornei para minha casa no Havaí, vindo da guerra do Vietnã, e encontrei meu pai, o homem que chamo de Pai Pobre, desempregado. Ele tinha sido o secretário de Educação do Estado do Havaí. Seus problemas começaram quando ele concorreu para governador pelo Partido Republicano contra seu chefe, um democrata. Ao perder as eleições, ele também perdeu o emprego.

Meu pai cometeu suicídio profissional ao concorrer para governador. Ele arriscou sua "segurança no trabalho" porque era um homem de princípios. Uma vez que havia atingido o topo da escada do sistema escolar, como chefe da Secretaria de Educação, ele ficou escandalizado com a corrupção que encontrou no governo havaiano, um governo que a revista *Forbes* chamou de "República Popular do Havaí". Esse mesmo artigo dizia que, "O estado taxa qualquer coisa que se mova. Fidel Castro sentir-se-ia em casa aqui".

O presidente Obama cresceu no Havaí. Ele é o primeiro presidente americano vindo do Havaí. O artigo da *Forbes* pode explicar por que o presidente tem a visão que tem de governo, negócios e impostos.

O Fim dos Impérios

Eu não sou nem republicano nem democrata. E também não culpo o presidente Obama pela crise que enfrentamos. Essa crise vem fermentando há décadas e crises similares ocorreram ao longo da história. Ignorância financeira e corrupção política têm derrubado impérios por séculos. A mesma ignorância financeira e corrupção que ameaçam destruir os Estados Unidos.

Economia de Guerra

Os impérios também acabam quando têm que lutar guerras em lugares distantes. Ao fazer isso, os Estados Unidos estão provando que falharam em aprender com a história.

Enquanto eu estava no primeiro grau, escutei o presidente Eisenhower advertir a nação sobre a ameaça do "complexo industrial militar". Eu estava no início da minha adolescência e seu alerta pouco significou para mim. Ao retornar do Vietná em 1973, entendi o aviso do presidente. Nós não estávamos lutando pela liberdade do povo vietnamita. Estávamos lutando por dinheiro. A elite havia mentido para nós. Não tínhamos por que estar lutando no Vietná, exceto

> ### O Complexo Industrial Militar
>
> *Em 17 de janeiro de 1961, o presidente americano Dwight Eisenhower deu à nação um discurso advertindo sobre o que ele descreveu como uma ameaça ao governo democrático. Ele chamou isso de complexo industrial militar, uma aliança poderosa entre fabricantes de armas e as forças armadas americanas. Esse foi o discurso de despedida de Eisenhower da Casa Branca, ele próprio um general de cinco estrelas, reformado, que liderou os aliados no Dia D, durante a Segunda Guerra Mundial.*

pelo fato de que a guerra é um grande negócio. Quando retornei do Vietná compreendi que era hora de parar de obedecer a ordens cegamente. Eu sabia que era hora de começar a pensar por mim mesmo.

Eu não critico meus camaradas fuzileiros e soldados. A maioria dos jovens homens e mulheres que conheci no serviço militar era de boas pessoas dedicadas a seu país. Nosso problema é que nós estávamos lutando guerras para enriquecer ainda mais o complexo industrial militar. Todas as vezes que esse complexo precisa de mais dinheiro, ele simplesmente inicia outra guerra.

Nós estamos, em minha opinião, cometendo os mesmos erros quando se trata de imprimir dinheiro.

O império romano desintegrou-se quando os romanos passaram a destruir o próprio dinheiro, guerreando em terras distantes e aumentando os impostos de seus trabalhadores.

Os Estados Unidos estão repetindo os erros do passado, sustentando o velho ditado:

"Aqueles que falham em aprender com a história estão fadados a repeti-la."

Estudando Assuntos que os Alunos "A" Não Estudam

Em 1973, informei a meu pai que eu estava saindo do serviço militar. Ele ficou desapontado porque queria que eu permanecesse no exército para recolher uma boa aposentadoria e benefícios médicos. Contando meu tempo na academia militar, eu tinha 10 anos acumulados para a aposentadoria. Faltavam apenas mais 10 anos.

Quando vetei essa ideia, meu Pai Pobre sugeriu que eu voasse para as companhias aéreas, como muitos dos meus colegas pilotos da Marinha estavam fazendo. Quando eu lhe disse que não queria mais voar, ele sugeriu que eu voltasse a estudar, ingressasse em um mestrado, e possivelmente em um doutorado e escalasse a escada corporativa.

Eu amava meu pai imensamente, mas ele estava sugerindo que eu fizesse o que ele tinha feito, que eu seguisse seus passos... provando, mais uma vez, que repetimos os erros se não aprendemos com eles.

Ainda que amasse meu pai, eu não queria cometer os mesmos erros que ele havia cometido.

Se eu tivesse seguido o conselho de meu Pai Pobre, poderia ser como ele hoje... ter um alto nível de escolaridade, mas ser pobre aos 60 anos de idade, na esperança de que minhas economias, minha pensão da previdência social e o serviço médico do governo cuidariam de mim.

Em 1973, decidi seguir os passos de meu Pai Rico. Comecei por estudar assuntos que meu Pai Pobre nunca tinha estudado.

Este livro é sobre os assuntos que estudei e os cursos que a maioria das pessoas não estuda, incluindo os alunos "A". Porque há uma grande recompensa por se estudar esses assuntos que os estudantes "A" não estudam.

Em 1997, o livro *Pai Rico, Pai Pobre* foi autopublicado, porque todos os editores o recusaram. Como você poderia esperar, a maioria dos editores é de alunos "A", como o meu Pai Pobre. A maioria dos editores me enviou cartas de rejeição afirmando: "Nós não estamos interessados em seu livro neste momento." Alguns deles foram mais honestos e declararam: "Você não sabe o que está escrevendo." Ou: "Suas ideias são ridículas."

"Sua Casa Não é um Ativo"

Pai Rico, Pai Pobre foi duramente criticado devido a declarações como "Sua casa não é um ativo". Dez anos depois, em 2007, milhões de proprietários de imóveis em todo o mundo descobriram, da maneira mais difícil, que suas casas não eram um ativo. Como o preço das propriedades despencaram em todo o mundo, milhões de pessoas foram à falência provando, pela primeira vez, que a sua casa poderia ser um imenso passivo.

"Poupadores são Perdedores"

Eu também tenho sido duramente criticado por dizer, "Poupadores são perdedores". Hoje, milhões de pessoas estão conscientes de que os bancos centrais do mundo, bancos como o *Fed*, estão imprimindo trilhões de dólares que contribuem para a destruição do poder de compra das poupanças das pessoas.

Depois da crise de 2007, os bancos reduziram as taxas de juros sobre a poupança. Antes disso, muitos poupadores viviam dos *juros* sobre as suas poupanças. Hoje, milhões de poupadores estão vivendo de suas *economias*.

No ano de 2000, o preço do ouro era menos de 300 dólares a onça. Hoje, o ouro vale mais de 1.500 dólares a onça, o que é mais um reflexo da perda do poder de compra do dólar. Ao mesmo tempo, os bancos estão pagando juros menores do que as taxas de inflação... embora o governo costume afirmar que não há inflação. É por isso que "Poupadores são perdedores". É matemática simples: 1.500 dólares por onça de ouro é mais do que 300 dólares a onça. A inflação em 5% é maior do que juros de 2% sobre suas economias. Você não precisa de álgebra ou cálculo para descobrir que "poupadores são perdedores".

"Dívida é Bom"

Boa parte dos especialistas financeiros recomenda que as pessoas "Saiam das dívidas". Para mim, isso demonstra falta de educação financeira.

O fato é que há dívidas boas, assim como ruins. Simplificando, "dívida boa pode fazer você mais rico e dívida ruim faz você mais pobre".

Infelizmente, a maioria das pessoas só conhece as dívidas ruins, o dinheiro que pedem emprestado para adquirir passivos ao invés de ativos.

Impostos Fazem os Ricos mais Ricos

Não só a dívida boa o torna mais rico, a dívida boa também pode reduzir o que você paga em impostos. Aprender a alavancar dívida boa e compreender sua capacidade de reduzir os impostos pagos por uma pessoa é um bom argumento para a importância da educação financeira.

Dado que os impostos são a despesa número um para a maioria das pessoas, não parece estranho que os impostos não sejam um assunto ensinado na maioria das escolas? Neste livro, você vai aprender como pagar o mínimo de impostos – e por quê. E isso oferecerá outro ponto de vista sobre por que o presidente Obama pagou impostos de 20,5% sobre três milhões de receitas e Mitt Romney pagou impostos de 14% sobre 21 milhões.

Oprah Ligou

No ano de 2000, o livro *Pai Rico, Pai Pobre* entrou para a lista dos mais vendidos do jornal *New York Times*, o único livro autopublicado na lista, naquele momento. Então, Oprah Winfrey ligou. Eu fui a seu programa de televisão e o "efeito Oprah" aconteceu.

Pai Rico, Pai Pobre se tornou o livro de finanças pessoais número um de todos os tempos. Permaneci na lista dos mais vendidos do *New York Times* por mais de seis anos. Até o momento, o livro já vendeu mais de 30 milhões de cópias em todo o mundo, foi publicado em 53 idiomas e está disponível em 109 países.

A ironia é que fui reprovado duas vezes em inglês na escola. Eu reprovei porque não conseguia escrever, nem soletrar e porque os professores não concordavam com o que eu escrevia.

Digo tudo isso não por vaidade ou para me gabar. Pessoas de todo o mundo me disseram que *Pai Rico, Pai Pobre* os tocou, que ele teve ressonância. O livro tocou fundo muitas pessoas ao redor do mundo que sabem que há lacunas em suas educações, especialmente naquela relacionada ao dinheiro. Também me disseram que um dos meus talentos é a capacidade de pegar ideias e conceitos complexos e simplificá-los. Foi o que fiz em *Pai Rico, Pai Pobre*, e é o meu objetivo ao escrever este livro para os pais.

Uma parte importante deste livro é **Passos Iniciais de Ação para os Pais** que você vai encontrar ao final de cada capítulo. Eles foram criados para dar dicas, ferramentas e recursos dos primeiros passos para ensinar seus filhos sobre dinheiro.

Pensamentos Finais

O presidente Obama e o ex-governador Mitt Romney são homens inteligentes. Ambos aparentam ser homens bons. Ambos receberam a melhor educação formal possível, ainda assim um fez três milhões de dólares e pagou 20,5% em impostos, enquanto que o outro fez 21 milhões e pagou apenas 14% em impostos.

A diferença parece não ser o que eles aprenderam na escola, mas o que foi ensinado em casa. Em muitos aspectos, a história de Romney comparado com Obama é semelhante à história do Pai Rico comparado com o Pai Pobre.

Este livro foi escrito para os pais que querem que seu filho tenha o tipo de educação que a maioria das pessoas não recebe, nem mesmo os alunos "A".

Passos Iniciais de Ação para os Pais

Transforme sua casa em um lugar de aprendizagem ativa.

As crianças aprendem mais ao fazer. Infelizmente, na maioria das escolas as crianças devem aprender sentadas em uma cadeira, e em seguida, voltam para casa para sentar-se (novamente) e fazer o trabalho de casa.

Crie uma NER, uma "Noite de Educação para a Riqueza". Separe uma noite por semana, ou por mês, para que seja um momento de aprendizagem ativa sobre o dinheiro. Torne-a um ritual familiar. E que seja divertida.

Jogue jogos como *Banco Imobiliário* ou meu jogo *CASHFLOW®* e aproveite o tempo divertindo-se. No processo oportunidades se apresentarão para discutir atividades de dinheiro da vida real, desafios e problemas adequados à idade de seu filho, à medida que eles se acostumam com os jogos. Convido você a verificar os jogos financeiros *online* e de conteúdo para dispositivos móveis da linha Pai Rico.

Essa noite semanal ou mensal servirá como base para uma vida melhor para seu filho, melhores relacionamentos familiares e um compromisso de ser um aprendiz por toda vida.

Use este livro de apoio e de material para discussão. A empresa também tem um guia de trabalho e estudo que se chama *Desperte o Talento Financeiro de seu Filho* (*Awaken Your Child's Financial Genius*), que fornece conteúdo mais focado, bem como jogos, atividades e exercícios. A coisa boa sobre o dinheiro é que há um monte de informações disponíveis no mundo. Tudo que uma pessoa ou família precisa fazer é dedicar tempo para absorvê-las. E aprender a diferença entre educação e *papo de vendas*.

Meu Pai Rico jogava *Banco Imobiliário* com seu filho e comigo pelo menos uma vez por semana, por anos. Ele usou lições divertidas do jogo para nos ensinar sobre a vida real. Meu Pai Pobre só perguntava: "Você já fez sua lição de casa?"

Dê a seu filho
uma vantagem
financeira,
sem dar
a ele dinheiro.

LIÇÃO #2:
O CONTO DE FADAS ACABOU

Há muitas razões para que o papel dos pais na vida de uma criança tenha assumido uma dimensão nova e crítica. Poucos argumentariam com o fato de que os tempos mudaram... e que, hoje, a mudança é uma constante em nossas vidas. Na maioria dos casos, e em minha opinião, a maioria de nós não está mudando com os tempos. O aconselhamento financeiro que recebemos dos nossos pais é velho e ultrapassado, obsoleto no mundo de hoje.

As Razões

O Conto de Fadas Acabou

Era uma vez um tempo em que todas as pessoas tinham que ir para a escola, conseguir um emprego, trabalhar duro e se aposentar. Até poucos anos atrás, a empresa para a qual você trabalhava tomava conta de você até o dia em que se aposentasse... você recebia um salário e seguro saúde pelo restante da sua vida.

Hoje, isso é um conto de fadas.

Era uma vez um tempo em que tudo que as pessoas tinham que fazer era comprar uma casa e a casa se valorizava. Os proprietários ficavam ricos enquanto dormiam. Muitas pessoas venderam suas casas, algumas embolsando pequenas fortunas para sustentá-las durante a aposentadoria, compravam um lugar menor e viviam felizes para sempre. Hoje, isso é um conto de fadas.

Era uma vez uma época em que os Estados Unidos eram o país mais rico do mundo. Hoje, isso é um conto de fadas.

Era uma vez uma época em que o dólar americano era tão valorizado quanto o ouro. Hoje, isso é um conto de fadas.

Era uma vez um tempo em que tudo que uma pessoa precisava fazer era ir para a universidade e estaria virtualmente garantido que ela ganharia mais dinheiro do que aquelas que não se graduavam. Hoje, isso é um conto de fadas.

Em 2007, o mercado imobiliário entrou em colapso em vários lugares do mundo dando início ao maior desastre financeiro da história. O conto de fadas agora é um pesadelo. E esse pesadelo não acabou... ainda.

Morrendo de medo, milhões de pais ainda continuam a aconselhar seus filhos, "Vão para a escola, diplomem-se, assim vocês podem conseguir um trabalho bem remunerado". Pais em pânico recitam esse mantra apesar do fato de que o desemprego é muito alto para os jovens, mesmo para aqueles com diplomas universitários avançados. Eles deixam a escola com dívidas estudantis, procurando por esses ilusórios empregos bem remunerados.

Educação Torna-se Mais Cara

Por que o custo da educação subiu, mesmo tendo os preços caídos em todo o mundo?

- Em 2006, os preços das casas nos Estados Unidos eram em média de 230 mil dólares. Em 2011, os preços das casas caíram 26%, para uma média de 170.000.

  Mas, ainda que os preços dos imóveis tenham caído, o preço da educação universitária cresceu 4,6% entre 2006 e 2007, para uma média de 22.218 dólares.

- Em 9 de outubro de 2007, o Dow Jones, o índice da bolsa de valores de Nova York, atingiu um recorde histórico de 14.164. Em março de 2009, o índice Dow Jones caiu mais de 50%, para 6.469.

  Ainda que o mercado acionário tenha despencado entre 2007 e 2008, a mensalidade das faculdades subiu 5,9%, para uma média de 23.712 dólares.

- Em julho de 2008, o petróleo atingiu um pico de 147 dólares o barril e caiu para cerca de 40 dólares o barril, antes de se recuperar.

Ainda que os preços do petróleo estivessem em queda entre 2008 e 2009, a mensalidade das faculdades subiu 6,2%, para 25.177 dólares.

Em 2011, as dívidas estudantis ultrapassaram as dívidas de cartão de crédito pela primeira vez, mais de 1 trilhão de dólares, apenas nos Estados Unidos.

Dívida Imperdoável

Hoje, milhares de estudantes altamente qualificados concluem seus estudos amarrados a empréstimos estudantis, a pior dívida possível de todas. Empréstimos estudantis é a pior forma de dívida, porque nunca podem ser perdoados ou dispensados. Nos EUA, com a maioria dos outros tipos de dívida, como a hipoteca da casa ou a dívida de cartão de crédito, uma pessoa pode declarar falência e os empréstimos são eliminados. Isso não é o caso de empréstimos estudantis. Mesmo se um aluno morre, seus pais são responsáveis pelo empréstimo, se forem cossignatários, como muitos são.

O Relógio está Correndo

Assim que um estudante se gradua, o relógio começa a contar e os juros sobre juros começam a acumular. Ao invés de ficarem mais ricos depois de sair da escola, milhões ficam mais pobres, afundando-se em dívidas na medida em que os juros sobre o empréstimo original da escola começam a se acumular.

Um empréstimo estudantil pode afetar negativamente o aluno por toda vida. Um empréstimo estudantil pode afetar a compra da casa (se o estudante puder pagar uma), a qualidade de vida de sua família (se eles puderem formar uma família) e suas esperanças para uma aposentadoria segura (se forem capazes de se aposentar).

Para muitos, um empréstimo estudantil será um laço em torno do pescoço... por toda vida.

Quanto Vale uma Educação Universitária?

Pela primeira vez na história, as pessoas estão questionando o valor de uma educação universitária. Algumas até dizem que o ROI (retorno sobre investimento) de uma educação universitária não vale a pena.

Entre 2006 e 2007, o salário médio inicial para graduados universitários na América era de 30 mil dólares. Entre 2009 e 2011, caiu para 27.000.

A Crise do Desemprego

O desemprego entre os jovens é um fenômeno internacional, um problema que conduziu à "Primavera Árabe", ao "Ocupe Wall Street" e outros movimentos de protesto de jovens desempregados.

> ### Choque Futuro
>
> *Pela primeira vez nos EUA, muitas pessoas acreditam que seus filhos não se saíram melhor financeiramente do que seus pais.*

Em 2012, quando a campanha presidencial americana esquentou, ambos os candidatos políticos prometeram trazer empregos de volta para a América. Como isso pode acontecer quando operários americanos ganham entre 125 a 200 dólares por dia, computados os benefícios? Em países de baixos salários, muitos trabalhadores ganham apenas dois dólares por dia.

Até mesmo a China está tendo problemas com os países de baixos salários. Estima-se que existam dezenas de países em que os salários dos trabalhadores são ainda menores do que os da China.

Você não precisa ser um professor de matemática para saber que as fábricas vão atrás dos trabalhadores de baixos salários e dois dólares por dia é menos do que 200.

Em 5 de novembro de 2012, a revista *Time* publicou este artigo de Peter Gumbel:

Por que os Estados Unidos Possuem um Problema Maior do que a Europa no Tocante ao Desemprego dos Jovens.

As últimas estatísticas de desemprego divulgadas esta semana em ambos os lados do Atlântico mostraram que o número de desempregados continua a aumentar na Europa muito acima da taxa dos EUA, e o quadro é especialmente ruim para os jovens europeus com idade inferior a 25 anos. Nas 27 nações da comunidade europeia toda, a taxa de desemprego entre os jovens subiu para 22,8% em setembro, ante 21,7% do ano anterior. Na Grécia e na Espanha, essa proporção é superior a 50%. Nos EUA, enquanto isso, a taxa de desemprego estava essencialmente inalterada em outubro, em 7,9%, conforme anunciou em 2 de novembro o centro de estatística do trabalho (Bureau of Labor Statistics). E a taxa de desemprego entre os jovens americanos com menos de 25 anos foi de 16%.

Mas essas estatísticas são bastante enganadoras, porque elas não contam a história toda. Não incluem os milhões de jovens que não estão no mercado de trabalho, porque continuam estudando ou estão envolvidos em programas de treinamento. Se você levar em conta esses jovens, o quadro continua sombrio por toda parte, mas nesse caso os EUA de fato terão um problema maior de desemprego entre os jovens do que a Europa.

A educação está se tornando mais importante do que nunca. Nossas escolas têm a importante função de formar trabalhadores especializados para sustentar a economia. As escolas treinam, por exemplo, médicos, contadores, advogados, engenheiros, professores, assistentes sociais, mecânicos, pedreiros, cozinheiros, policiais e militares, que são essenciais para uma sociedade civilizada.

No entanto, à medida que a economia global se contrai, quantas dessas pessoas, treinadas ou não, encontrarão emprego? Em abril de 2012, menos de 50% da turma de formandos dos EUA foram capazes de encontrar um emprego significativo. Muitos encontraram empregos, mas estão subempregados.

A questão é: que tipo de educação é importante?

E por que continuar a dizer aos nossos filhos: "Vá para a escola para conseguir um emprego bem remunerado", quando os postos de trabalho continuam migrando para países de salários mais baixos? Por que se tornar um contador ou advogado quando a tecnologia torna possível contratar contadores e advogados em países de baixos salários? Por que falar sobre segurança no emprego, quando avanços na tecnologia tornam muitos trabalhos obsoletos? E, tão importante quanto: por que tão pouca educação financeira, se alguma, é ensinada em nossas escolas?

Topo da Cadeia Alimentar

A maioria dos pais quer que seus filhos tenham uma boa educação para garantir um futuro seguro. Eles querem que seus filhos atinjam o topo da cadeia alimentar. Muitos pais temem a ideia de que seus filhos se extenuem em um trabalho servil, humilde, subempregado, ganhando baixos salários, pagando mais e mais impostos, combatendo a inflação por toda a vida.

Muitos pais esperam que uma educação sólida coloque seu filho no topo da classe ou na liderança do grupo – possivelmente como médico, advogado ou CEO.

Discurso de Vendas

O discurso de vendas das escolas é:

"Você precisa terminar a escola."

"Você precisa ter um diploma."

"Se você não terminar a escola, não terá sucesso na vida."

As 50 pessoas citadas a seguir não terminaram a escola, mas isso não as impediu de ter sucesso. Elas chegaram ao topo.

1.	George Washington	Presidente dos Estados Unidos
2.	Abraham Lincoln	Presidente dos Estados Unidos
3.	Harry Truman	Presidente dos Estados Unidos
4.	Grover Cleveland	Presidente dos Estados Unidos
5.	Zachary Taylor	Presidente dos Estados Unidos
6.	Andrew Johnson	Presidente dos Estados Unidos
7.	John Glenn	Astronauta, senador americano
8.	Barry Goldwater	Senador americano
9.	Benjamin Franklin	Embaixador americano
10.	Winston Churchill	Primeiro ministro da Inglaterra
11.	John Major	Primeiro ministro da Inglaterra
12.	Robert Frost	Poeta
13.	Florence Nightingale	Enfermeira
14.	Buckminster Fuller	Futurista e inventor
15.	George Eastman	Fundador da Eastman Kodak
16.	Ray Kroc	Fundador do McDonald's
17.	Dave Thomas	Fundador do Wendy's
18.	Ralph Lauren	*Fashionista* e empresário
19.	Doris Lessing	Ganhadora do Prêmio Nobel de Literatura
20.	George Bernard Shaw	Escritor
21.	Peter Jennings	Âncora da rede ABC de Notícias
22.	Christopher Columbus	Explorador
23.	TD Jakes	Pastor
24.	Joel Osteen	Pastor

25. John D. Rockefeller — Fundador da Esso (Standard Oil)
26. Karl Rove — Conselheiro presidencial
27. Ted Turner — Fundador da CNN
28. Quentin Tarantino — Diretor de cinema
29. Peter Jackson — Diretor de cinema (*Senhor dos Anéis*)
30. Mark Twain — Escritor
31. Leon Uris — Escritor
32. Carl Bernstein — Repórter do Washington Post
33. Carly Fiorina — CEO da HP (Hewlett-Packard)
34. Charles Dickens — Escritor
35. Andrew Carnegie — Industrial
36. William Faulkner — Ganhador do Nobel e do Pulitzer
37. Li Ka Shing — Homem mais rico da Ásia
38. Richard Branson — Fundador da Virgin
39. Enzo Ferrari — Fundador da Ferrari
40. Henry Ford — Fundador da Ford Motor
41. J. Paul Getty — Fundador da Getty Oil
42. Jack London — Escritor
43. Larry Ellison — Fundador da Oracle
44. Tom Anderson — Fundador da My Space
45. Mark Zuckerberg — Fundador do Facebook
46. Steve Jobs — Fundador da Apple
47. Steve Wozniak — Fundador da Apple
48. Bill Gates — Fundador da Microsoft
49. Paul Allen — Fundador da Microsoft
50. Ringo Starr — Beatle

Permaneça na Escola

Eu não estou sugerindo que as crianças devam abandonar a escola, ou mesmo que a escola não seja importante. A educação é muito importante. A questão é: que tipo de educação? E para onde a educação do seu filho irá levá-lo? Será que a educação do seu filho o está preparando para o futuro? Será que uma boa educação ajudará na segurança financeira de seu filho em um mundo com menos e menos segurança?

Este livro é sobre a educação que não é ensinada nas escolas. Trata-se de colocar seu filho em um caminho onde ele não precisará de um emprego ou de uma pensão do governo para se sentir seguro. Trata-se de chegar ao topo, ao invés de trabalhar para aqueles no topo.

Este livro é sobre o capitalismo. Ele explicará por que alguns dos maiores líderes empresariais do nosso tempo nunca terminaram a escola. Exemplos notáveis são Steve Jobs, Bill Gates e Mark Zuckerberg. Neste livro, você vai descobrir o que esses empresários sabem – e por que eles abandonaram a escola.

O Futuro da Educação

Era uma vez uma época em que todas as crianças tinham que focar em dois tipos de educação. Eram elas:

1. **Educação Acadêmica:** Esta educação possibilita o tipo geral de habilidades de aprendizagem como ler, escrever e resolver problemas matemáticos. É uma educação extremamente importante.

2. **Educação Profissional:** Esta educação possibilita habilidades mais especializadas para se ganhar o sustento. Os estudantes "A" tornam-se médicos, engenheiros, contadores, advogados ou executivos de empresas. Outras escolas nesse nível são as escolas técnicas para os estudantes que querem se tornar mecânicos, cozinheiros, construtores, enfermeiros, secretários e programadores de computadores.

O que está faltando?

3. **Educação Financeira**: Este é o nível de educação que não é encontrada em nosso sistema escolar. *Esta é a educação do futuro.* Repito, nós aconselhamos as crianças a ir para a escola para arrumarem um emprego e a trabalharem por dinheiro, mas pouco ou nada ensinamos a elas sobre o dinheiro.

As estatísticas mostram uma história triste e sombria: enquanto 90% dos estudantes gostariam de aprender mais sobre dinheiro, 80% dos professores não se sentem confortável em ensinar sobre o assunto. Algum dia, a educação financeira fará parte do currículo de todas as escolas, mas não no futuro próximo.

Minha História

Minha educação financeira começou quando eu tinha nove anos de idade, com meu Pai Rico. Ele não era meu verdadeiro pai, mas o pai do meu melhor amigo. E usou o jogo *Banco Imobiliário* como uma ferramenta educacional, e gostávamos de jogar por horas após a escola.

Quando chegava em casa, meu pai de verdade, o que eu chamo de meu Pai Pobre, perguntava: "O que você tem feito durante o dia?"

Quando eu respondia "Tenho jogado *Banco Imobiliário*", ele dizia: "Pare de desperdiçar seu tempo com esse jogo bobo. Você deveria estar em casa estudando, fazendo sua lição de casa. Se você não fizer sua lição de casa, não vai conseguir boas notas, não vai entrar em uma boa faculdade e não conseguirá um bom emprego." Dado que nunca alcancei boas notas – eu era o eterno estudante "C" – meu Pai Pobre e eu tínhamos essa discussão regularmente.

O meu melhor amigo, Mike, era filho do Pai Rico. Frequentávamos uma escola para crianças ricas. A surpresa é que éramos crianças pobres. (Meu Pai Rico ainda não era rico... e meu Pai Pobre era bem-sucedido, mas nunca foi rico.) Isso fez com que Pai Rico intensificasse a nossa educação financeira jogando *Banco Imobiliário* com frequência. Ele queria que nós nos tornássemos mais espertos e mais ricos do que as crianças ricas.

Um dia, ele levou seu filho e eu para um passeio. Em vez de ir a um museu ou a uma galeria de arte, ele nos levou para ver suas "casas verdes", suas propriedades de aluguel. Foi quando eu percebi que meu Pai Rico estava jogando *Banco Imobiliário*... na vida real. "Um dia", disse ele, "essas casas verdes se transformarão em meu grande hotel vermelho".

Quando voltei para casa e disse ao meu pai que Pai Rico estava jogando *Banco Imobiliário* na vida real, meu pai riu. Ele achou que a ideia era ridícula. Seu conselho era para eu parar de perder meu tempo com jogos e fazer minha lição de casa.

Naquela época, meu pai comandava a Secretaria de Educação de uma das ilhas do Havaí, a Big Island. Poucos anos mais tarde ele atingiu o topo do sistema educacional e se tornou o Secretário de Educação do Estado.

Meu Pai Pobre era um estudante "A", orador oficial e representante de turma. Ele amava a escola. Ele se graduou em apenas dois anos em uma graduação de quatro anos, pela Universidade do Havaí. Também foi aluno da Universidade de Stanford, da Universidade de Chicago e da *Northwestern University*.

Meu Pai Rico nunca terminou o primeiro grau, porque seu pai morreu e ele teve que assumir os negócios da família. Embora sua educação formal fosse limitada, ele se tornou eventualmente um dos homens mais ricos do Havaí. Quando eu tinha 19 anos, meu Pai Rico comprou seu "hotel vermelho" na praia de Waikiki. Em 10 anos, suas "pequenas casas verdes" transformaram-se em um gigante "hotel vermelho".

Na época, eu não sabia o quão profundamente o jogo *Banco Imobiliário* e a educação de meu Pai Rico mudariam o rumo da minha vida. Pai Rico usou o jogo para me ensinar a pensar como um capitalista.

Meu Pai Pobre e meu Pai Rico eram como dois polos opostos. Ambos eram homens muito bons, mas eles nunca se encontraram. Suas diferenças começaram quando eu tinha uns 10 anos de idade. Meu Pai Pobre não ficou feliz quando eu lhe disse que tinha acompanhado meu Pai Rico para coletar aluguéis de seus inquilinos em suas "casas verdes". Meu Pai Pobre não gostou da ideia de eu estar recolhendo aluguéis. Ele ficou muito irritado. Assim como minha mãe. Eles acharam que era uma tarefa cruel para um menino de apenas 10 anos de idade. Para mim, foi uma lição de abertura de olhos sobre a vida real.

Mais tarde eu compreenderia por que minha mãe e meu pai ficaram tão chateados. Nós éramos locatários. Eles também tinham um senhorio batendo à nossa porta para cobrar o aluguel. Alguns anos mais tarde, quando eu estava no colegial, eles finalmente economizaram dinheiro suficiente para comprar uma casa.

Minha Vantagem Injusta

A educação formal era importante para ambos os pais. Ambos esperavam que seus filhos fossem para a faculdade, e nós fomos. O filho do Pai Rico se formou na Universidade do Havaí, administrando os negócios de seu pai entre as aulas.

Meu pai não tinha dinheiro para pagar a minha faculdade. Uma vez que eu me formei no ensino médio, eu sabia que estava por minha conta. Isso me inspirou a me candidatar para as academias militares. Embora minhas notas fossem horríveis, minha pontuação para o vestibular era decente e eu era um jogador muito bom de futebol americano. Recebi duas indicações – uma para a Academia Naval dos EUA em Anápolis, Maryland, e outra para a Academia Mercante dos EUA em Kings Point, Nova York. Eu aceitei a nomeação para Kings Point e me graduei em 1969, com um título de bacharel.

Olhando para trás, posso ver como o tempo com meu Pai Rico me deu uma vantagem injusta na vida, especialmente quando se tratava de dinheiro. Entre as idades de nove e 18 anos, até que fui para a escola em Nova York, passei um ou dois dias por semana depois da escola e dois sábados por mês trabalhando de graça para o Pai Rico. Se você já leu *Pai Rico, Pai Pobre*, você sabe como isso perturbou meu Pai Pobre. Ele acreditava que Pai Rico estava nos explorando, porque ele não estava nos pagando. Sendo um membro do sindicato dos professores, eu não deveria ter ficado surpreso ao ouvir o meu Pai Pobre murmurando sobre "as leis de trabalho infantil".

Meu Pai Rico nunca nos pagou porque ele estava nos treinando para sermos capitalistas. Ele não nos pagava, porque não queria nos treinar para sermos empregados que trabalhavam por dinheiro. Ele estava nos treinando para sermos em-

> ### A Lição do Pai Rico
>
> *"Jogos são melhores professores do que os professores."*

pregadores... empresários, capitalistas que tinham TOP (talento de outras pessoas) e DOP (dinheiro de outras pessoas) trabalhando para eles.

Obviamente, as ideias do Pai Rico sobre "trabalhe para aprender, não para ganhar" irritou meu Pai Pobre, que era mais um socialista do que um capitalista.

Retratado a seguir está o Cone de Aprendizagem desenvolvido em 1969 pelo Dr. Edgar Dale, um professor de pedagogia. Dr. Dale (1900-1985) recebeu seu título de doutorado pela Universidade de Chicago e ensinou por anos na Universidade Estadual de Ohio.

De acordo com o Dr. Dale, o uso do jogo *Banco Imobiliário* como instrumento de aprendizagem do meu Pai Rico, seguido pela coleta de aluguéis, foi uma maneira efetiva de ensinar a seu filho e a mim sobre o dinheiro.

Questão: Isso significa que leitura e aulas não são importantes?

Resposta: Não, ao menos para mim. O jogo *Banco Imobiliário* me inspirou a aprender mais. Hoje, eu leio mais, estudo mais e assisto a aulas porque o jogo e suas simulações de experiências de vida real me inspiraram a querer aprender mais.

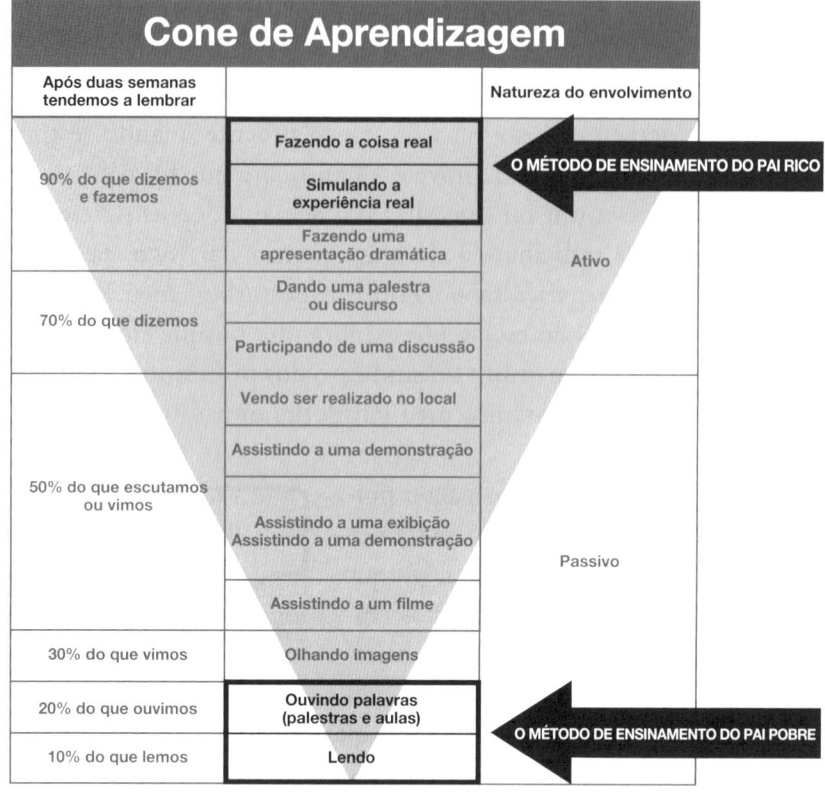

Fonte: Cone de Aprendizagem de Dale, (1969)

Reproduzido com permissão. O trabalho original foi modificado.

Embora eu seja um leitor vagaroso e pouco sofisticado, leio livros de finanças e de negócios que poucas pessoas escolheriam ler. Credito ao jogo *Banco Imobiliário* a base sólida sobre a qual construí a minha educação no mundo real.

Além disso, eu aprendi mais, retive mais e *quis aprender mais* com a minha experiência de garoto com o *Banco Imobiliário* e com a aplicação do que estava aprendendo quando da coleta de aluguel do Pai Rico. Essas aulas estão gravadas em meu cérebro. Embora eu tenha um grau de bacharel de uma grande universidade, não me lembro muito do que aprendi durante esses quatro anos. Por exemplo, eu me lembro de ter tido três anos de cálculo, mas eu não conseguiria resolver um problema de matemática utilizando cálculo hoje. Como diz o ditado, "Use-o ou perca-o". Eu precisaria de cálculo, se fosse um cientista de foguetes, mas eu não preciso de cálculo para ser rico. Nível elementar de matemática – subtração, multiplicação e divisão – é suficiente.

Em 1984, minha esposa Kim e eu fundamos uma empresa de educação financeira, com escritórios nos Estados Unidos, na Austrália, na Nova Zelândia, em Cingapura, no Canadá e na Malásia. Ensinamos investimentos e empreendedorismo utilizando jogos e simulações. Aprender fica divertido e excitante.

Em 1994, nós nos aposentamos. Kim tinha 37 anos e eu, 47. Nós nos aposentamos com renda passiva, o fluxo de caixa que recebemos de nossos investimentos. Como Pai Rico, nós estávamos jogando *Banco Imobiliário* na vida real. E ainda fazemos isso hoje. E após a crise de 2007, nossa renda (fluxo de caixa) subiu mesmo com os preços dos ativos caindo. Saber como se sair bem, mesmo em uma crise ou em mercados turbulentos, é um aspecto essencial da educação financeira.

Em 1996, Kim e eu fundamos a nossa empresa, *Pai Rico*. A Pai Rico produz produtos de educação financeira, como os jogos de tabuleiro *CASHFLOW® 101*, *CASHFLOW® 202* e *CASHFLOW®* para Crianças. Jogos de tabuleiro são ótimas maneiras para as famílias aprenderem juntas.

Temos também uma linha em expansão de jogos eletrônicos para dispositivos móveis e *tablets*. Nossos produtos eletrônicos são apoiados por currículo on-line e ferramentas de avaliação... assim você pode se autoavaliar, corrigir, aprender e melhorar.

Em 1956, quando Mike e eu tínhamos nove anos de idade, Pai Rico nos ensinou finanças e empreendedorismo utilizando jogos e simulações. Pai Rico estava à frente de seu tempo e isso nos deu uma vantagem injusta sobre os nossos colegas.

Empreendedorismo

Em seu livro, *What Americans Really Want...Really*, o Dr. Frank Luntz relata que:

- 81% das pessoas pesquisadas disseram que as universidades e os colégios deveriam ativamente desenvolver as habilidades empresariais de seus estudantes.
- 77% disseram que os estados e o governo federal deveriam encorajar as pessoas a serem empreendedoras.
- 70% disseram que o sucesso e a saúde da economia dependem disso.

Passos Iniciais de Ação para os Pais

Converse sobre o dinheiro e o papel que ele exerce em nossas vidas.

Infelizmente, em muitas casas, há pouca discussão ou conversa sobre dinheiro. E quando há, muitas vezes é sob a forma de briga.

Como um jovem garoto, tenho memórias dolorosas das brigas entre minha mãe e meu pai por causa de dinheiro. Não importa quanto dinheiro o meu pai ganhasse, nunca tínhamos dinheiro suficiente. Em vez de conversar sobre o dinheiro, minha mãe e meu pai – as duas pessoas que eu mais amava – só brigavam por dinheiro. Meu Pai Rico, por outro lado, passava horas conversando sobre as questões reais do dinheiro. Hoje, trago as conversas de meu Pai Rico para o meu casamento. Em vez de brigar por dinheiro, Kim e eu temos abertura para discutir nossos problemas financeiros.

Depois de estabelecer o ritual familiar das Noites de Educação para a Riqueza, transforme-o em um tempo para discutir problemas de dinheiro da vida real, quando eles ocorrerem no curso da vida cotidiana. Discuta sobre os problemas e desafios, o que os causou e como você vai resolvê-los.

Invista tempo para fazer com que sua casa para seja um lugar de *conversas* ao invés de *brigas* sobre o dinheiro.

LIÇÃO #3:
PREPARE SEU FILHO
PARA O PIOR

Como os primeiros e os mais importantes professores de uma criança, os pais são os que fornecem as bases fundamentais da educação. Os pais comemoram as primeiras palavras de uma criança e lhe ensina novas, eles ensinam a contar, caminhar, ler e andar de bicicleta. Conforme a criança cresce, muitos pais tornam-se pontos de apoio, guias, assessores e modelos. Os pais interagem com seus filhos todos os dias e, consciente ou inconscientemente, têm um impacto enorme e poderoso na formação de suas vidas.

Nós damos o exemplo e quando as crianças veem que os pais estão abertos a novas ideias, a novos aprendizados ao longo da vida, causam uma boa impressão. A vida de uma criança muda quando seus pais são professores que farão perguntas até que eles tenham uma compreensão clara das respostas, quando mantêm uma mente aberta a outros pontos de vista e incentivam os filhos (e cônjuges) a perseguir seus sonhos no caminho para uma vida rica e gratificante.

Costumo ver pais caminharem por uma linha tênue entre abrigar e proteger seus filhos das duras realidades da vida e proativamente preparando-os para o que, no mundo de hoje, provavelmente venha a ser um futuro incerto. O mundo de amanhã pertence a quem possa processar informações, ver as relações e tendências e ser ágil e sensível às mudanças. E, assim, como nosso mundo de hoje é muito diferente do mundo em que nossos pais cresceram, o mundo que seu filho terá de enfrentar será diferente, também. Podemos esperar novos e diferentes desafios... assim como novas oportunidades.

As Razões

A maioria dos americanos já ouviu referências "ao gorila de uma tonelada na sala". Se você ainda não ouviu a frase, isso simplesmente significa que há algo – um tema ou uma ideia que carrega algum peso ou precisa ser considerada – que todo o mundo sabe a respeito, mas ninguém quer falar.

Há Quatro Gorilas de Uma Tonelada no Futuro de Seu Filho

Vejo que há quatro gorilas – gorilas do futuro – que seu filho terá que enfrentar. Poucas pessoas estão falando sobre eles, mas eles estão à solta. Poucas pessoas estão comentando com seus filhos sobre os quatro gorilas – os gorilas do futuro – e seu filho precisa se preparar antes que ele os encontre – mais tarde na vida.

Gorila #1: O Novo Problema de Envelhecer

O problema de envelhecer é um fenômeno novo.

Nos Estados Unidos, em 1935, foi assinada a lei de previdência social, pelo presidente Franklin D. Roosevelt. Naquela época, aos 65 anos a pessoa era considerada velha. Hoje, "65 é o novo 45" – ao menos é o que muitos *baby boomers** gostam de acreditar. Nos EUA, as pessoas temem envelhecer e perder a independência mais do que a própria morte. Com os avanços da medicina e da tecnologia, o novo velho para seu filho pode ser 90 ou até mesmo 120 anos. Em

---

* *Nota da Tradutora*: Considera-se *baby boomers* a geração de pessoas que nasceram entre 1946 e 1964, quando ocorreu uma explosão demográfica após a Segunda Guerra Mundial.

outras palavras, envelhecer é uma nova e intensa oportunidade... e problema.

Em 2012, o governo finalmente admitiu que a previdência social americana entrará em bancarrota em 2033. Quantos anos terá seu filho em 2033? A maioria dos *baby boomers* estará entrando na oitava década de vida. A questão é: como os governos conseguirão sustentar, dar casa, alimentar e oferecer assistência médica a uma população em processo crescente de envelhecimento?

> ### A Idade é um Ativo ou Passivo?
>
> *Durante a Era Industrial e Agrária, ser mais velho era um ativo. Mais velho significava mais sábio. Na Era da Informação, ser mais velho é um passivo.*

Em 2012, a administração da previdência social americana divulgou que 10,8 milhões de americanos estão recebendo benefícios por deficiência. É um aumento de 53% em relação à década passada. Mais de cinco milhões de pessoas pediram benefícios por deficiência desde a crise de 2007. Quando o desemprego aumentou, mais pessoas passaram a coletar benefícios por deficiência. O que acontecerá se a economia permanecer a mesma pelos próximos 20 anos, como muitos preveem?

Hoje, muitos governos estão indo à falência, incapazes de financiar os planos de pensão de seus funcionários públicos. O sistema de pensões do estado da Califórnia, por exemplo, é um desastre.

Como os governos vão sustentar os velhos de amanhã? Esse gorila de uma tonelada será um problema de seu filho.

Pais Idosos e Crianças Bumerangues

Durante anos, o sonho americano era uma casa própria. Hoje, a habitação está se tornando multigeracional. Duas, três e até quatro gerações viverão sob o mesmo teto. É por isso que muitos construtores estão projetando casas com vários espaços separados, todos sob o mesmo teto.

Hoje, muitas famílias americanas têm crianças "Bumerangues" – crianças que saem de casa e vão à escola, só para voltar desempregadas e incapazes de sobreviver no mundo real.

Além dos filhos bumerangues, muitos adultos possuem pais idosos dependentes de seus cuidados. Nos Estados Unidos, cuidados geriátricos podem chegar a até oito mil dólares por mês, o que é muito mais do que a renda mensal de grande parte das pessoas.

A sobrevivência multigeracional será um problema de seus filhos. Seu filho irá morar com você ou será você que irá morar com ele e seus netos? Seus filhos terão como pagar por assistência geriátrica se você tiver sorte de viver uma vida longa?

O Maior Gorila de Todos

O problema mais caro no horizonte não é a previdência social ou moradias multigeracionais. O maior gorila calmamente sentado na sala é a assistência social. Nos EUA, por exemplo, o passivo estimado da assistência social do governo americano ultrapassa 100 trilhões de dólares, mais do que todo o dinheiro que existe no mundo.

Hoje, a primeira onda de cerca de 80 milhões de *baby boomers* americanos começou a recolher a previdência e assistência social. Mantendo a matemática simples, se 80 milhões de *baby boomers* receberem mil dólares por mês do governo, isso são 80 bilhões mensais em dinheiro do contribuinte ... dos impostos dos americanos e seus filhos.

Os baby boomers viverão mais do que seus pais e exigirão cuidados médicos caros para se manterem vivos, desde que alguém (seu filho e seus colegas ...) esteja disposto a financiar os anos dourados dessas pessoas. Isso leva ao gorila seguinte.

Gorila #2: Dívida Nacional em Ascensão

A maioria de nós já ouviu falar do poder dos juros compostos. Diz-se que Albert Einstein se referiu a eles como "a mais poderosa força do universo".

Um conceito paralelo é o milagre da composição das dívidas. Seu filho enfrentará a tirania da composição das dívidas e o efeito dos juros compostos sobre elas. No ano de 2000, a dívida nacional americana era de mais de cinco trilhões de dólares. Em 2012, já havia subido para mais de 16 trilhões.

Em 2011, tumultos populares estouraram na Grécia quando o governo grego declarou bancarrota. Estados Unidos, Inglaterra e Japão provavelmente não estão longe disso.

Isso nos conduz ao próximo gorila esperando por seu filho.

Gorila #3: A Nova Depressão

Ben Bernanke é, no momento, o presidente do banco central americano – o *Fed*. Ele é indiscutivelmente o banqueiro mais poderoso do mundo, simplesmente porque tem o poder de dizer ao tesouro americano que imprima dólares.

Seu primeiro emprego foi de professor universitário em Princeton e ele, particularmente, se especializou na Grande Depressão de 1929. Ele acredita que a razão para que tal depressão tenha sido tão severa foi porque o banco central não imprimiu dinheiro, o que provocou o colapso da economia. Por isso, ele acredita que a forma de salvar a economia nesta nova depressão seja através da política monetária de "flexibilização quantitativa", também conhecida como imprimir dinheiro. É por isso que o apelido dele é "Helicóptero Ben", porque, dizem, ele vive sugerindo que despejará dinheiro de helicópteros se a economia parar.

A história registra dois tipos de depressão financeira.

1. A Grande Depressão de 1929 nos Estados Unidos.

2. A hiperinflação da Alemanha na década de 1920.

Simplificando, a depressão americana foi causada pela impressão insuficiente de dinheiro e a hiperinflação alemã foi causada pela impressão excessiva de dinheiro.

Alguns comentários perturbadores do presidente do Fed, Ben Bernanke, um estudante "A", são:

- *"O governo dos EUA tem uma tecnologia chamada de prensa [ou seu equivalente eletrônico de hoje] que lhes permitem produzir tantos dólares norte-americanos quanto quiserem, sem nenhum custo." (2002)*

- *"Os preços das casas subiram quase 25% nos últimos dois anos. Embora a atividade especulativa tenha aumentado em algumas áreas, a nível nacional estes aumentos de preços refletem, em grande parte, fortes fundamentos econômicos." (2005)*

Em 2007, os preços das casas começaram a cair.

- *"O Fed não está, no momento, prevendo uma recessão." (2008)*
- *"Um mito que existe por aí é que nós estamos imprimindo dinheiro. Nós não estamos imprimindo dinheiro." (2010)*

Bernanke é um acadêmico distinto. Infelizmente, ele não é um homem de negócios. Do meu ponto de vista, as suas declarações refletem que ele está "sem contato" com o mundo real.

Depois de 2007, tornou-se claro para mim que Bernanke favoreceu o tipo alemão de depressão, uma crise financeira que, se bem-sucedida, vai levar à hiperinflação. Ele acredita que imprimir dinheiro vai resolver o problema de impressão de dinheiro. É como um alcoólatra beber mais bebida alcoólica para curar o seu vício.

A hiperinflação é um período de rápida inflação que deixa a moeda de um

---

P&R

Pergunta: Quanto tempo durou a última grande depressão americana?

Resposta: Durou 25 anos. Em 1929, o índice Dow Jones, da Bolsa de Nova York, estava a 381 antes da quebra. Apenas em 1954 o Dow Jones atingiu novamente os 381 pontos.

A Grande Depressão durou 25 anos, a Nova Depressão pode durar de 2007 até 2032.

país praticamente inútil. A hiperinflação pode arruinar as pessoas que trabalham por dinheiro e os poupadores que acreditam em poupar dinheiro. É importante notar isto, porque, durante a última depressão, os norte-americanos que trabalhavam e tinham dinheiro guardado foram os vencedores.

Durante a depressão alemã, na década de 1920, aqueles que produziam os produtos que eram necessários para a sobrevivência – produtos como moradias, empréstimos e combustíveis se deram bem. Alguns se deram muito bem, porque produtores podiam aumentar seus preços.

Na nova depressão, os poupadores, aposentados e trabalhadores de renda fixa serão os maiores perdedores. Devedores e produtores de alimentos, combustível e moradia (assim como aqueles que possuem ouro, prata e diamantes, em vez de dinheiro) serão os maiores vencedores.

O ponto é a importância de preparar seu filho para a possibilidade de ambos os tipos de depressões.

Sir Edmund Burke, que viveu de 1729-1797, disse:

"Aqueles que não conhecem os erros da história
estão condenados a repeti-los."

Esta crise financeira global é uma maldição global, porque as nossas escolas não ensinam história financeira, um elemento essencial da educação financeira.

O Alerta dos Economistas

Hoje, muitas pessoas afirmam que "imprimir dinheiro" para estimular a economia é economia keynesiana. Isso é bobagem. É uma mentira, para um público que não tem ideia do que seja economia keynesiana.

> **A Lição do Pai Rico**
>
> *A educação financeira deve incluir lições de história financeira. Ele disse, "se você quer preparar o futuro deve conhecer o passado."*

Veja o que o economista britânico John Maynard Keynes tinha a dizer sobre a desvalorização da moeda:

"Diz-se que Lênin teria declarado que a melhor maneira de se destruir o sistema capitalista era corromper a moeda. Não há nada mais sutil, mais seguro para se derrubar a base existente da sociedade do que corromper a moeda ... Por um processo contínuo de inflação, os governos podem confiscar, secreta e anonimamente, uma parte importante da riqueza de seus cidadãos

... O processo envolve todas as forças ocultas da lei econômica do lado da destruição, e faz isso de uma forma que nenhum homem em um milhão é capaz de diagnosticar."

Gorila #4: Impostos Mais Altos

Cada vez que os bancos centrais imprimem dinheiro, duas coisas acontecem.

1. Aumento dos impostos

2. Aumento da inflação (a inflação é um imposto)

Impostos Não São Patrióticos

Muitas pessoas acreditam que o pagamento de impostos é o seu dever patriótico. Aqui, novamente, elas são vítimas de uma falta de conhecimento da história financeira.

Em 1943, o Congresso dos EUA aprovou a lei atual de pagamentos de impostos para financiar outra guerra, a Segunda Guerra Mundial. Pela primeira vez na história, o governo dos EUA passou a cobrar impostos sobre os salários dos trabalhadores antes que eles os recebessem. Os trabalhadores permitiram que isto acontecesse em nome da luta pela liberdade e independência. É por isso que muitos americanos acreditam que é patriótico pagar impostos. O problema é: a Segunda Guerra Mundial acabou, mas os Estados Unidos nunca deixaram de recolher impostos.

Como você sabe, os burocratas que administram o governo sabem como gastar o dinheiro, mas não sabem como fazer dinheiro. Eles sabem apenas como aumentar impostos.

Gastos descontrolados e aumento de impostos não é um problema de ricos ou pobres. Os ricos têm programas assistenciais, assim como os pobres. Os ricos têm programas de previdência corporativa, e os pobres têm programas de previdência pública. Independentemente do que você os denomina, o contribuinte paga o preço.

Programas assistenciais para os ricos são muitas vezes chamados de "políticas bairristas ou protecionistas," como "pontes para lugar nenhum" e "fabricação de armas que os militares não querem." Políticas desse tipo são programas sociais para os ricos porque financiam projetos que geram lucros para os empresários ricos, mas que não são necessários.

Hoje, se o assistencialismo do governo para os ricos e os pobres fosse cortado, haveria uma crise ainda maior do que a crise do setor imobiliário de 2007. Admito, alguns programas do governo são muito importantes. O problema é que o seu filho pagará o preço por esses programas com impostos cada vez mais elevados.

Uma conversa que um pai deveria ter com seu filho, o mais cedo possível, é sobre a questão dos impostos, explicando quem paga mais em impostos e por quê.

Para ilustrar e explicar a questão dos impostos, Pai Rico desenhou o quadrante *CASHFLOW*® para mim.

As letras nos quatro quadrantes significam:

E **para empregado**

A **para autônomos e pequenos negócios**

D **para donos de grandes negócios (500 empregados ou mais)**

I   **para investidores**

Cada um de nós reside em, pelo menos, uma das quatro seções ou áreas do quadrante *CASHFLOW*®. A área do quadrante em que estamos é determinada por onde veem os fluxos de caixa, daí o nome quadrante *CASHFLOW*® (Fluxo de Caixa). Uma pessoa pode ter múltiplos fluxos de caixa e estar em mais de um dos quadrantes.

Empregados no quadrante A são pessoas com empregos fixos, que dependem de salários.

Aqueles no quadrante A são os autônomos que trabalham por hora, por comissão, ou por cobrança de taxas. Muitos alunos "A", como médicos e advogados, residem no quadrante A.

O quadrante D está cheio de pessoas como Steve Jobs e Bill Gates, os empresários que começam as grandes empresas.

As pessoas no quadrante I são profissionais, investidores ativos como Warren Buffett.

A maioria das pessoas é investidor passivo que investe em fundos de pensões e de previdência privada. Uma vez que elas são investidores passivos – não são investidores profissionais – seus investimentos são tributados em níveis mais elevados.

A maioria dos CEOs está no quadrante E. Eles são conhecidos como "capitalistas administradores", os funcionários que trabalham para os empresários. Capitalistas verdadeiros são pessoas como Steve Jobs, Bill Gates ou Mark Zuckerberg, os empresários cujas empresas empregam mais de 500 funcionários e que fizeram a transição do quadrante A para os quadrantes D e I.

Nossos sistemas escolares preparam as pessoas para o lado esquerdo do quadrante, os quadrantes E e A. É por isso que a maioria dos pais aconselha seus filhos a "ir para a escola e conseguir um bom emprego" (quadrante E) ou "Torne-se um médico ou advogado" (quadrante A).

As diferenças de impostos entre as pessoas dos diferentes quadrantes são extremas. Onde a pessoa reside no quadrante *CASHFLOW* – significando: de onde vem suas receitas – determina como aquelas receitas são taxadas. Em geral, nos quadrantes E e A, os impostos são maiores do que nos quadrantes D e I.

Agora você sabe por que o presidente Obama pagou mais impostos do que Mitt Romney. A diferença está na mistura de áreas dos quadrantes. O presidente Obama observa o mundo dos quadrantes E e A. A visão de mundo de Mitt Romney vem dos quadrantes D e I.

A maioria dos socialistas vive nos quadrantes E e A. Os verdadeiros capitalistas vivem nos quadrantes D e I.

Como você pode perceber, aconselhar e incentivar o seu filho a "ir à escola e conseguir um emprego" no quadrante E ou "ir para a escola e se tornar um médico ou advogado" no quadrante A, equivale a aconselhá-lo a trabalhar por rendimentos sobre os quais eles pagarão as maiores alíquotas de impostos. Os estudantes "A", os médicos e advogados no quadrante A, pagam percentuais altíssimos de impostos.

Sempre que as massas exigem, "mais impostos para os ricos", os impostos são aumentados para os assalariados dos quadrantes E e A, pessoas como CEOs, médicos e advogados. Os verdadeiramente ricos, os capitalistas verdadeiros dos quadrantes D e I, pagam pouco impostos, se é que pagam.

Para algumas pessoas, como o presidente Obama, isso pode soar desonesto e injusto. Mais à frente neste livro, veremos que reduções de impostos para os quadrantes D e I são não apenas justos, mas também importantes para manter as rodas da economia girando.

Ao compreender logo no início da vida a questão dos impostos, seu filho terá tempo para tomar melhores decisões sobre o que ele quer estudar e quais quadrantes são melhores para ele. Uma pessoa nunca deve escolher um quadrante apenas para pagar menos impostos, mas a compreensão das diferenças fundamentais entre eles é parte da educação financeira. Compreender os quadrantes, os diferentes tipos de renda e os impostos sobre o rendimento, dará a seu filho uma base para tomar decisões sólidas sobre empresas, dinheiro e investimentos.

> **Salário:**
> **1 dólar ao ano**
>
> **Pergunta**: Por que o salário de Steve Jobs era de um dólar ao ano?
>
> **Resposta**: Ele era um verdadeiro capitalista. Sua renda não vinha dos quadrantes E e A.

Preparar seu filho para os quadrantes D e I toma tempo. Steve Jobs, Bill Gates e Mark Zuckerberg começaram sua jornada nos quadrantes D e I ainda adolescentes. Esses três homens desistiram de grandes escolas, como Harvard e o Reed College, porque a escola, prepara os alunos principalmente, para os quadrantes E e A, não para os quadrantes D e I.

Na preparação do seu filho para a luta contra os gorilas que temos pela frente, é importante que a criança saiba que há diferentes opções abertas para ela além da opção de "ir para a escola, conseguir um emprego, trabalhar duro e pagar impostos cada vez mais altos".

Mais tarde neste livro explicarei por que as taxas de imposto são diferentes nos diversos quadrantes. Você também vai descobrir por que quando as pessoas gritam "Taxem mais os ricos!" as autoridades tributárias tendem a deixar os quadrantes D e I em paz. Não importa o quanto as autoridades tentem, aqueles nos quadrantes D e I sempre acharão formas legais de pagar menos impostos.

A lição sobre o capitalismo começa com o primeiro capítulo de *Pai Rico, Pai Pobre*: "Os ricos não trabalham por dinheiro." Basta dizer, as pessoas que trabalham por dinheiro, aquelas nos quadrantes E e A, pagam as mais altas alíquotas de impostos. Aquelas nos quadrantes D e I são capitalistas. Capitalistas fazem o que o governo quer que seja feito – como a criação de empregos e a construção de casas de baixo custo. Por isso eles pagam menos impostos. Isso é verdade para todo o mundo ocidental.

A diferença entre impostos será mais clarificada nas próximas seções do livro, porque impostos são parte importante na educação financeira de uma pessoa.

É Muito Tarde para Mudar de Quadrantes?

Pergunta: A pessoa precisa ser jovem para fazer a transição dos quadrantes E e A para os quadrantes D e I?

Resposta: Não. O coronel Harland Sanders começou sua jornada de sucesso depois de aposentado. Com 65 anos, uma nova autoestrada obstruiu a entrada de sua loja *Chicken Little* e o negócio desabou. Foi quando ele deixou o quadrante A e começou a sua franquia *Kentucky Fried Chicken* nos quadrantes D e I. A vantagem do coronel é que ele era muito bom em fazer frangos no quadrante A quando ele iniciou sua jornada para os quadrantes D e I.

Os quadrantes D e I são exigentes, e é por isso que uma educação financeira sólida e um início precoce são importantes. Muitos iniciam a viagem, mas poucos conseguem ter sucesso. No entanto, para aqueles que o fazem, as recompensas são imensas. O sucesso nos quadrantes D e I equivale a escalar o Monte Everest, subir para o topo do mundo, o topo da cadeia alimentar financeira. Se o seu filho começar a se preparar bem cedo, terá uma melhor chance de fazer isso.

A boa notícia é que você não tem que ser a pessoa mais inteligente do mundo para ter sucesso nos quadrantes D e I. Você não tem que ser um estudante "A" ou "B", que é mais importante no quadrante E e especialmente no quadrante A. O sucesso nos quadrantes D e I é melhor descrito como um esporte de equipe. Tudo que você tem a fazer é se cercar de pessoas inteligentes, confiáveis e trabalhadoras. E ainda que isso possa parecer bastante simples, muitas vezes é o maior desafio dos quadrantes D e I.

> ### *Inspiração* versus *Motivação*
>
> **Inspirar:** *A palavra vem do latim* "ispiratio" *significando* "in spirit" *ou* "inspirado por Deus".
>
> **Motivar:** *A palavra vem do latim* "motere" *significando* "mover-se".

Minha História

Em 1969, eu me formei na Academia da Marinha Mercante dos EUA, em Nova York. Dado que estava acontecendo a Guerra do Vietnã, eu me ofereci para servir o meu país, em vez de começar a minha carreira como oficial de um navio mercante, uma profissão para a qual eu tinha me preparado com quatro anos de escolaridade. Eu tive uma ótima oferta de trabalho como oficial de um petroleiro da Standard Oil, mas eu sabia que tinha de servir ao meu país.

Então, em 1969, em vez de ir para a Standard Oil, ofereci-me para o serviço militar como fuzileiro naval e fui para a escola de voo.

Passar pelos portões da escola de voo da Marinha dos EUA, em Pensacola, Flórida, foi o início de uma grande aventura de aprendizagem.

O segundo grau foi uma experiência horrível para mim. A academia foi difícil e competitiva. Mas a escola de voo representou meu caso de amor com a aprendizagem. Não importa o quão difícil a escola de voo tenha sido, nunca mais o amor pelo aprendizado me abandonou. Pela primeira vez em minha vida, eu adorei ser um estudante.

Gostar de aprender é importante porque a educação é um processo, como o diagrama abaixo.

PROCESSO EDUCACIONAL

A escola naval de voo foi realmente um processo de transformação da lagarta em borboleta.

A escola de voo foi mais do que educacional. A escola de voo foi transformacional. Ela me desafiou mental, emocional, fisica e espiritualmente... e eu adorei o desafio. Isso é o que a educação deve fazer... inspirar um aluno a aprender mais e tornar-se mais.

Acredito que um trabalho importante dos pais é descobrir o processo educativo que traz à tona os talentos e habilidades de seu filho e inspira o amor à aprendizagem. Pode ser na música, na jardinagem, na medicina, na arte ou nas leis. Para mim, foi a escola de voo. Como eu disse, aprender a voar renovou meu amor pelo aprendizado, assim como o jogo *Banco Imobiliário®* me inspirou a me tornar rico.

Infelizmente, se você motivar o exterior e não inspirar internamente, a motivação torna-se manipulação.

É muito importante que o processo educativo inspire as crianças e traga à tona seus talentos em vez de puni-las por não se saírem bem nos testes e fazer com que se sintam estúpidas.

Se uma criança tem uma sólida educação financeira em casa, ela pode fazer o que ama e ainda sair-se bem financeiramente. Utilizando-me de mim mesmo como exemplo, hoje eu sou um professor. Para a maioria dos professores, a renda vem do quadrante E. E, enquanto a maioria dos professores se queixa de não ganhar dinheiro suficiente, eu não tenho do que reclamar. Por quê? Porque eu sou um professor no quadrante D. Desde que eu também estou no quadrante I, eu não preciso de um salário. A maior parte do meu dinheiro vem do quadrante I, que é tributado a uma taxa muito mais baixa, muitas vezes 0%, legalmente.

Use os Quadrantes para Inspirar

A lição para os pais é "O quadrante é mais importante do que a profissão".

Grande parte deste livro é sobre as diferenças na educação, habilidades e experiências que são necessárias para se dar bem nos quadrantes D e I. A verdadeira questão é: "Qual quadrante inspira mais seu filho?"

Os quadrantes E e A não me inspiraram a aprender. Os quadrantes D e I sim.

A profissão que uma criança escolhe faz pouca diferença. Eu sou um professor, mas um professor nos quadrantes D e I, não no quadrante E.

Eu nunca sonhei que seria um professor, eu só sabia dos quadrantes sobre os quais sonhava.

> ### A Lição do Pai Rico
>
> *"Não é a profissão que determina a habilidade de uma pessoa de ganhar dinheiro. É o quadrante."*
>
> *Minha mãe e meu pai eram Es, o quadrante dos empregados. Eles diziam com frequência, "Os ricos pagam menos impostos porque eles são vigaristas." Embora eles fossem altamente letrados e diplomados, a educação deles não incluía o estudo dos quadrantes, dos diferentes tipos de receitas e impostos.*

O mesmo foi verdade para Steve Jobs. Se você ler a sua biografia saberá que ele nunca sonhou em se tornar um empregado ou dono de um pequeno negócio. Seus sonhos eram maiores do que isso.

Preparando-se para o Pior

Uma das razões por que as pessoas tenham dificuldades para mudar de quadrantes é porque a maioria delas escolhe os quadrantes por medo, ao invés de inspiração. Por exemplo, a maioria das pessoas escolhe o quadrante E porque temem não ter dinheiro, um medo financeiro que faz com que elas procurem segurança no trabalho, benefícios e um salário fixo.

Muitas pessoas gravitam para o quadrante A devido à falta de confiança. É minha experiência que a maioria das pessoas do quadrante A não confia nas pessoas. Elas querem fazer suas próprias coisas e ser seus próprios patrões, razão pela qual muitas delas dizem: "Se você quer algo bem feito, faça você mesmo."

O problema com o quadrante A é que você realmente não possui um negócio. Você possui um emprego. Se você parar de trabalhar, sua renda, muitas vezes para. Isto significa que você possui uma "ocupação", não um negócio.

Um negócio no quadrante D, por outro lado, continua a gerar receita, quer você trabalhe ou não.

Treinamento para Toda Vida

A razão pela qual Kim e eu nos aposentamos aos 37 e 47 anos respectivamente foi porque nós tínhamos renda vinda dos quadrantes D e I. Não tínhamos renda vinda dos quadrantes E ou A.

Uma razão para eu gostar tanto da escola de voo foi porque éramos inspirados a encarar nossos medos todos os dias. Eu não estava na escola de voo por causa de um salário ou de uma boa aposentadoria precoce, embora eu soubesse que era o caso de muitos dos pilotos. Fuzileiros de carreira são empregados do governo.

Eu estava no Corpo de Fuzileiros Navais e na escola de voo pela inspiração, pela preparação para a guerra. Em vez de buscar segurança, os nossos instrutores nos obrigavam a praticar "manobras de emergência" em todos os voos. Em vez de esperança e preces para que as coisas dessem certo, os instrutores intencionalmente alteravam de alguma forma a aeronave, às vezes, até faziam o motor morrer. Obrigavam-nos a enfrentar nossos medos, a manter a calma e ainda voar. Foi a formação perfeita para a vida nos quadrantes D e I.

Muitas pessoas terão dificuldades financeiras simplesmente porque as emoções controlam suas vidas. Em vez de enfrentar os seus medos financeiros, eles fogem deles. Muitos empregados no quadrante E se escondem sob o conforto de um salário fixo e de segurança no trabalho. Os autônomos do quadrante A se escondem sob o véu do individualismo, na necessidade de ser mais inteligente e melhor.

Conte a Seus Filhos Sobre os Gorilas

Ao invés de proteger seus filhos do mundo real, aconselhando-os a conseguir boas notas e um bom emprego, conte a eles sobre os quatro gorilas que assombram o futuro. Quando se trata de dinheiro, todas as crianças são espertas. Permita que elas se preparem para o seu futuro, assim como meus instrutores da escola de voo me ajudaram a me preparar para o Vietnã.

Eu sei que muitos especialistas dizem que não é bom assustar as crianças, mas não se trata de assustá-las. Trata-se de prepará-las para o futuro. Ao enfrentar seus medos e se preparar para o pior, elas têm uma chance maior de uma vida melhor.

Então, se o seu *filho* decide que prefere buscar segurança no emprego no quadrante E ou independência no quadrante A, ele irá – ao menos – tomar uma decisão mais consciente. Se ele acreditar que suas chances de sucesso são melhores nos quadrantes D e I, terão tempo para se preparar. Assim como Steve Jobs e Bill Gates começaram seu processo na adolescência, é melhor que seu filho faça o mesmo, especialmente se eles quiserem ser empreendedores.

Seu filho enfrentará um mundo muito diferente do mundo em que vivemos hoje. As oportunidades financeiras serão enormes, assim como os problemas. As falências de países inteiros estão apenas no início. A quase falência da Grécia foi apenas o começo.

Ouvimos as pessoas dizerem: "A próxima geração de americanos não vai se dar tão bem quanto as gerações anteriores." Um dos motivos para que isso possa ser verdade é porque as nossas escolas não estão preparando as pessoas para o mundo real, o mundo do futuro. Simplificando, não apenas proteja o seu filho do futuro. Prepare-o para isso.

Palavras Finais sobre História Financeira

Em 1971, o presidente Richard Nixon tirou o dólar do padrão-ouro.

Em 1971, o dólar deixou de ser dinheiro real. Tornou-se moeda corrente, um instrumento de dívida, uma duplicata assinada pelos contribuintes.

A boa notícia é que após 1971, a economia mundial cresceu rapidamente, mas era uma economia baseada em endividamento.

Em 2007, o balão do endividamento estourou. Agora estamos em uma crise financeira, a Nova Depressão.

Este deve ser o preço que estamos pagando por não termos aprendido com o passado.

A História se Repete

Mayer Amschel Rothschild, nascido em 1744 e fundador do império bancário Rothschild, explicou a causa da atual crise financeira global.

> *"Dê-me o controle sobre a moeda de um país,*
> *e não me importo com quem faz suas leis."*

Em 1971, quando o presidente Nixon desatrelou o dólar dos EUA do padrão-ouro, não fazia diferença quem fazia as leis. Republicano ou democrata – fazia pouca diferença. Os banqueiros do mundo assumiram o controle do país mais poderoso do globo, os Estados Unidos da América.

Mas o presidente Nixon não foi o primeiro americano a cair nas mãos dos banqueiros.

Thomas Jefferson, signatário da Declaração da Independência Americana e terceiro presidente dos Estados Unidos, declarou:

> *"Se o povo americano alguma vez permitir que bancos privados controlem a emissão da sua moeda, primeiro pela inflação e depois pela deflação, os bancos e corporações que florescem ao redor deles privarão o povo de suas propriedades, até que seus filhos acordem sem-teto no continente que seus antepassados conquistaram."*

Jefferson também alertou:

> *"Acredito sinceramente que as instituições bancárias são mais perigosas para a nossa liberdade do que exércitos em prontidão, e que o princípio de gastar dinheiro a ser pago pela posteridade... é burlar em grande escala o futuro."*

Em outras palavras, os bancos centrais, criados em 1913 e dos quais o *Fed* é o mais poderoso da história, vêm roubando o futuro de nossos pais, nossos filhos e dos filhos dos nossos filhos. Esse roubo já se espalhou por todo o mundo, e alimentou a crise global que enfrentamos hoje.

O Federal Reserve Bank – o banco central dos EUA – não é uma empresa americana. É um cartel controlado pelas famílias dos banqueiros mais ricos do mundo. Não é mais federal. Não temos mais nenhum controle sobre ele. Não tem reservas. Não precisa de dinheiro, imprime dinheiro. E não é um banco.

Em 1913, a Emenda 16 à Constituição dos EUA foi aprovada. Ela deu ao governo federal o poder de cobrar imposto de renda de seus cidadãos. A Emenda 16 criou o IRS, a Receita Federal americana e deu-lhe o poder de recolher impostos.

Em 1913, os cidadãos dos Estados Unidos perderam o controle sobre o seu dinheiro. As pessoas mais ricas do mundo assumiram o controle sobre o país que em breve se tornaria o mais poderoso do mundo. Um roubo de dinheiro começa com impostos, porque é pelos impostos que os ricos e poderosos colocam as mãos em nossos bolsos, através do governo que eles controlam.

Esse roubo do nosso futuro, pelas famílias de banqueiros do mundo, é a razão pela qual eu acredito que não haja educação financeira de qualidade em nossas escolas. E a razão pela qual os pais devem preencher esse vazio e preparar seus filhos para as realidades financeiras do futuro.

Thomas Jefferson, nascido em 1743, alertou para isso... e uma parte de sua advertência dizia:

> *"Os bancos e as corporações que florescem ao redor deles privarão o povo de suas propriedades, até que seus filhos acordem sem teto no continente que seus antepassados conquistaram."*

Isso pode explicar por que o governo salvou os megabancos como *Goldman Sachs* e *Bank of America* e socorreu empresas como a AIG e a GM (General Motors), resgates pagos pelos contribuintes. Não foi para salvar os empregos. Foi para salvar os ricos.

O Fim do Fed?

Durante a campanha presidencial de 2012, Ron Paul, político do Texas e candidato nas primárias republicanas, falou sobre seu livro, *End the Fed*

(Acabe com o Fed). No livro ele fala sobre o poder de um banco central que trabalha contra os interesses pessoais dos americano. Em outras palavras, quem paga o salário do presidente do Fed, Bernanke?

Ele inspirou um movimento de protesto denominado *Acabe com o Fed*. Thomas Jefferson concordaria. Por volta de 1800, Jefferson disse:

"O poder de emissão [de dinheiro] deve ser tomado dos bancos e restaurado para as pessoas a quem ele realmente pertence."

Esforço Inútil

Embora possa ser um esforço nobre, trabalhar para acabar com o Fed é uma perda de tempo. Todo o sistema corrupto provavelmente entrará em colapso, assim como ruiu o Império Romano em torno do século V. Será que entrará em colapso? Quando vai entrar em colapso? Quem sabe?

Em vez de *Acabe com o Fed*, meu Pai Rico ensinou a seu filho e a mim "Seja o Fed". "Ser o Fed" requer um alto nível de educação financeira, razão pela qual ele começou a nos ensinar muito cedo na vida.

Até o final deste livro, você vai aprender como você, também, pode inspirar o seu filho para "Ser o banco central" em vez de trabalhar para "acabar com o banco central".

Até o final deste livro, você vai aprender como eu imprimo meu próprio dinheiro e pago menos impostos, como o Fed faz e as maiores empresas também... legalmente. Digo isso porque com educação financeira, o tipo de educação que pode transformar vidas, você e seus filhos podem "imprimir seu próprio dinheiro", também.

Quero ser claro aqui: não estou dizendo que isso seja justo. Há muitas coisas na vida que não são justas. O que eu estou dizendo é que "liberdade" é um conceito nobre e pelo qual, creio, fui para a guerra. Isso inclui a liberdade de fazer escolhas. É minha opinião que o nosso sistema de ensino continuará disfuncional se não der aos nossos alunos a liberdade de escolher sobre a educação nos quatro quadrantes. Nosso mundo precisa de mais homens e mulheres como Steve Jobs, pessoas que precisaram deixar a escola para aprender sobre os quadrantes D e I. Mas por que eles precisariam deixar a escola para fazer isso? Steve Jobs criou empregos. Nossas escolas produzem CEOs suficientes, os capitalistas administradores que são funcionários que precisam de um trabalho e, muitas vezes destroem empregos.

Não é justo quando nossas escolas ensinam história de maneira seletiva ou distorcida. Por que não dizer a verdade às crianças? Grande parte da história é sobre dinheiro. É uma distorção da verdade dizer que as guerras são travadas pela liberdade. As guerras são por dinheiro. A guerra é um grande negócio.

É uma distorção, uma opinião de um único ponto de vista, dizer que Cristóvão Colombo era um explorador. Ele era um empresário, financiado pela rainha Isabel da Espanha, que foi em busca de uma rota comercial para a Ásia.

Colombo foi o Steve Jobs de seu tempo. Suas descobertas das riquezas das Américas do Sul e do Norte fizeram da Espanha o país mais rico da época.

Com todo o ouro que foi roubado pelos grandes exploradores (piratas), como Francisco Pizarro, Fernão de Magalhães e Hernán Cortés, a economia da Espanha floresceu. A Espanha, uma grande nação do passado, é hoje um dos países europeus que não consegue se mover sem ajuda, juntamente com Grécia, Itália e França. Desta vez, a economia espanhola passa por altos e baixos não por causa do ouro e da prata, mas por causa de dívidas, de dinheiro falso de bancos centrais, da mesma forma que aconteceu com o restante do mundo.

Os grandes piratas ainda percorrem o mundo. Hoje, eles não usam navios. Hoje, eles administram bancos internacionais.

Vale a pena repetir as palavras de Mayer Amschel Rothschild:

"Dê-me o controle sobre a moeda de um país, e não me importo com quem faz suas leis."

Hoje, ele poderia dizer:

"Dê-me o controle sobre as moedas do mundo, e não me importo com quem faz suas leis."

Lições do Jogo Banco Imobiliário®

As regras do *Banco Imobiliário* dizem:

"O banco nunca quebra. Se o banco ficar sem dinheiro, o banqueiro pode emitir tanto quanto for necessário escrevendo o valor em papel comum."

Por isso Pai Rico usou o jogo *Banco Imobiliário* para ensinar a seu filho e a mim sobre dinheiro. Meu Pai Rico dizia com frequência, "O *Banco Imobiliário* é o jogo da vida real".

O Mundo Hoje

Hoje, o mundo gira com dinheiro falso, dívidas e promissórias endossadas pelos contribuintes.

Os banqueiros que construíram esse castelo global de cartas ficaram muito ricos, muitos recebendo esmolas e bônus do governo, enquanto milhões de contribuintes ficaram pobres.

Isso não é verdade apenas nos EUA. É uma verdade para o mundo inteiro.

Gorilas Internacionais

Aqui estão alguns exemplos atuais do que acontece quando os piratas assumem o controle do dinheiro de uma nação.

Japão

A economia do Japão está estagnada há mais de 20 anos, embora o país tenha uma das mais altas taxas de poupança do mundo.

E tanto se fala que os americanos precisam poupar mais para salvar a economia!

Grécia

A Grécia faliu em 2012 e, em seguida, os aposentados começaram a se suicidar, indesejosos de enfrentar a velhice na pobreza. A Espanha, a Itália e Portugal são os próximos. Em muitos países, as cabeças mais brilhantes buscam oportunidades em outros lugares. Esta crise é conhecida como "fuga de cérebros".

Itália

Na Itália, no início de 2012, em apenas um dia, o preço de um galão de gasolina passou de 10 dólares para 16. Isso ocorreu por conta de um aumento de impostos para ajudar a pagar os juros da dívida nacional. O problema com os burocratas mais altamente diplomados é que eles acham que o aumento dos impostos vai salvar a economia. Impostos matam as economias, enquanto que os banqueiros e os políticos ficam mais ricos.

Três coisas acontecem quando os bancos imprimem dinheiro: os impostos e a inflação sobem e as pessoas ficam mais pobres.

França

A França, a segunda maior economia da Europa, está afundada em dívidas, enquanto que seu crescimento diminui. Em vez de trabalhar mais, os franceses querem ganhar mais, ter mais tempo de folga, trabalhar menos e se aposentar precocemente. Com isso diminui a produtividade, o mesmo acontecendo com seu país.

Para resolver o problema, a França aumenta os impostos sobre os ricos... assim como os Estados Unidos querem fazer. Quando você tributa os ricos, os ricos (e seu dinheiro) deixam o país.

China

O motor de crescimento da China está engasgando a medida que cresce o desemprego e o poder militar.

México

No México, vizinho dos EUA, os barões das drogas têm mais dinheiro, armas e influência do que o governo. Obviamente, esse não é o ambiente ideal para se criar filhos.

Dê ao Seu Filho uma Vantagem Financeira

Se você quer que seu filho tenha uma vantagem injusta na vida, ensine-o sobre o dinheiro e o impacto do dinheiro na história. Ensine-o sobre as regras verdadeiras do dinheiro e dos impostos.

Em uma próxima seção deste livro, você vai aprender as vantagens injustas da vida real que uma educação financeira pode dar a seu filho – vantagens injustas que até estudantes "A" não têm.

O Futuro de Seu Filho

Repetindo o alerta de Edmund Burke:

"Aqueles que não conseguem aprender com o passado estão condenados a repeti-lo."

Pessoalmente, prefiro aprender com a história do dinheiro... a ser esmagado pelo futuro do dinheiro.

Desde 1971, o dólar dos EUA perdeu mais de 90% de seu poder de compra. Não serão necessários mais 40 anos para que os últimos 10% desapareçam.

Considere o seguinte: se você ensinar a seus filhos a serem capitalistas, educá-los sobre as vantagens injustas que o lado D e I do quadrante oferecem para os capitalistas e informá-los sobre as regras verdadeiras do dinheiro e impostos, há menos chance de que os quatro gorilas sentados na sala venham a incomodar o futuro de seus filhos.

Passos Iniciais de Ação para os Pais

Use problemas financeiros como oportunidades para aprender.

Minha mãe e meu pai fizeram o melhor que puderam para proteger seus filhos dos problemas financeiros deles.

A questão é que nós quatro sabíamos que tínhamos problemas. Ao invés de aprender a enfrentar nossos problemas financeiros, aprendemos a nos esconder deles.

Quando meu Pai Rico tinha problemas financeiros ou problemas com funcionários, ele usava o problema da vida real como uma oportunidade para aprender. Ele refletia para explicar o problema e suas possíveis soluções.

Pai Rico costumava dizer: "Os problemas podem torná-lo mais inteligente. Problemas também pode fazer você mais pobre. A escolha é sua."

Quando ocorrerem problemas de dinheiro, sugiro que os pais usem este livro ou outros recursos para buscar possíveis soluções e, em seguida, discutir o problema e tais possíveis soluções.

Uma família pode usar os problemas de dinheiro – e suas soluções – como uma maneira de evoluir juntos. Mais tarde, quando a criança se deparar com problemas de dinheiro, esse hábito vai ajudá-la a ver o problema como uma oportunidade para se tornar mais consciente das questões financeiras.

Se o seu filho é muito jovem ou ainda não está pronto para lidar com as questões do mundo real do dinheiro, às vezes perturbadoras, leve-o ao supermercado e discuta como você administra seu dinheiro para alimentar a família. Isso será educação do mundo real.

Todos nós temos problemas de dinheiro... até mesmo as pessoas ricas. O que nos faz mais ricos ou mais pobres é como lidamos com nossos problemas financeiros. Aprendi a não desperdiçar um problema financeiro porque cada vez que resolvemos uma questão dessa natureza ficamos, como consequência, mais inteligentes.

Com Que Idade Você Deve Começar a Ensinar seu Filho sobre Dinheiro?

LIÇÃO #4:
JANELAS DE APRENDIZAGEM

Tenho certeza de que a maioria dos pais sabe que seus filhos estão cientes da existência do dinheiro. Como um bebê, moedas brilhantes chamam atenção e, à medida que crescem, as crianças passam a ter noção do custo das coisas. Muitos de nós provavelmente recordamos as admoestações de nossos pais quando queríamos um brinquedo novo ou uma bicicleta: "Você acha que o dinheiro cresce em árvores?"

As crianças veem dinheiro mudando de mãos – no supermercado, no cinema, no posto de gasolina – e logo passam a compreender a noção de salários e despesas. Elas vêm a gostar da ideia de ter dinheiro próprio, seja algumas moedas quando lhe caem os dentes ou quando ajudam o pai em alguma atividade extra, como um trabalho no quintal, ou um presente de aniversário em dinheiro da vovó.

Pergunta: Com qual idade você deve começar a ensinar as crianças sobre dinheiro?

Resposta: No momento em que elas consigam diferenciar uma nota de $1 de uma nota de $5.

As Razões

Todas as crianças passam por três importantes janelas de aprendizagem. Essas três janelas são:

Primeira Janela: do nascimento até os 12 anos

Segunda Janela: Dos 12 aos 24 anos

Terceira janela: Dos 24 aos 36 anos

As Três Janelas de Aprendizagem

Ao ensinar seus filhos, é importante estar ciente das três janelas de aprendizagem e sobre o que eles estão experimentando à medida que envelhecem e se movem pelos estágios de desenvolvimento.

Janela de Aprendizagem #1

Nascimento até os 12 anos: Salto Quântico

A maioria dos psicólogos educacionais concorda que a aprendizagem da janela #1 é o período de salto quântico de aprendizagem de uma criança. Qualquer coisa que elas possam ver, provar e sentir é uma experiência nova e excitante de aprendizagem. Elas podem não entender a palavra *quente*, mas logo aprendem o que se sente com o quente.

Durante esta janela de aprendizagem, o cérebro da criança é como argila. Seu cérebro também está inteiro. Só depois dos quatro anos de idade, é que ele começa a se dividir em um hemisfério direito e um hemisfério esquerdo.

Se uma pessoa é descrita como tendo o "lado direito do cérebro dominante", a pessoa é mais artística, criativa e mais descontraída com a sua abordagem à vida. Se uma pessoa é descrita como tendo o "lado esquerdo do cérebro dominante", a pessoa é mais estudiosa, menos criativa e mais linear. Dizem que é do lado esquerdo do cérebro que vêm a leitura, a fala, a escrita, a matemática e as habilidades e aptidões. As escolas tradicionais acreditam que os alunos com o lado esquerdo do cérebro dominante são mais inteligentes.

Escolas de música, arte e dança tendem a atrair alunos com o lado direito do cérebro dominante.

Se uma criança é canhota, as tendências de dominância do hemisfério direito ou esquerdo do cérebro podem estar invertidas.

Um número de pesquisadores acredita que grandes gênios são dominantes em ambos os lados. Um pesquisador estudou indivíduos como Winston Churchill, que, como um jovem, relatava com frequência jatos de luz no cérebro que o aturdiam. Poucos minutos depois, ele era capaz de articular lampejos de genialidade. Em termos muito simples, o lampejo ocorria em seu cérebro direito, o lado criativo. Dado que a fala vem do lado esquerdo do cérebro, o lampejo de criatividade tinha que viajar do hemisfério direito para o hemisfério esquerdo, o que lhe permitia discursar sobre suas novas ideias. Hoje, podemos dizer que, "Uma luz se acendeu em nossas cabeças". Como é de se imaginar, nem todos os pesquisadores concordam com essa escola de pensamentos.

Uma razão para que jogos, como *Banco Imobiliário,* sejam grandes ferramentas de aprendizagem é porque os jogos engajam ambos os hemisférios do cérebro. Os jogos têm o poder de envolver toda a pessoa, não apenas o hemisfério cerebral esquerdo. Isto é verdade tanto para crianças como para adultos. Em outras palavras, a aprendizagem é tanto um processo físico e emocional quanto mental.

Independentemente de qual lado desse debate você está, parece ser verdade que, durante esta primeira janela de aprendizagem, desde o nascimento até os 12 anos de idade, uma criança é uma máquina de aprender. Os pais não precisam encorajá-las a aprender. Elas aprendem ativamente, progredindo de engatinhar a caminhar, falar, comer e aprender a andar de bicicleta. As pequenas máquinas de aprendizagem muitas vezes esgotam seus pais.

Então, a criança passa a frequentar a escola.

Nesta primeira janela de aprendizagem é quando a criança aprende idiomas e sotaques. A criança pode até aprender outro idioma mais tarde, mas o sotaque desenvolvido cedo na vida com frequência se transfere para o novo idioma.

As crianças criadas na Europa têm uma vantagem distinta porque elas passam seus primeiros anos de vida, a primeira janela de aprendizagem, em contato com uma cultura multilinguística. Mais tarde, essa experiência permite que elas aprendam novos idiomas e mudem de um para outro com facilidade. Em contraste, uma criança criada em um ambiente de idioma único sofre para aprender uma segunda língua mais tarde.

Durante a primeira janela de aprendizagem, a criança adquire as preferências por culturas, comidas e música. Uma iguaria para uma criança pode ser repugnante para outra. Uma criança que cresce na cidade verá o mundo de forma diferente de uma criança que cresceu em uma fazenda distante. Uma criança que cresce no gueto verá o mundo de forma diferente da criança que cresceu no subúrbio. Da mesma forma, uma criança pobre se desenvolverá de maneira diferente de uma criança nascida na riqueza. E uma criança maltratada, muitas vezes, enfrentará desafios mais tarde que uma criança criada com amor nunca conseguirá entender.

Entre o nascimento e os 12 anos, o cérebro da criança é relativamente simples. À medida que ocorre a aprendizagem, vias neurais são formadas no cérebro.

Em termos simples, vias neurais são como estradas no cérebro.

Assim como uma pessoa que se muda para uma nova cidade precisa aprender a se mover nas ruas da nova cidade – aprender o caminho de sua casa para o supermercado, para o trabalho e para a igreja – o cérebro de uma criança está formando caminhos neurais quando aprende a engatinhar, andar, falar e andar de bicicleta.

A razão para que os 12 anos de idade seja um marcador importante é porque, depois dos 12 anos, o cérebro começa a apagar, ou se desfazer, das partes do cérebro que ainda não formaram vias neurais. Em outras palavras: "Use-o ou perca-o."

Uma vez que as vias neurais estejam formadas e as partes não utilizadas do cérebro são apagadas, torna-se mais difícil aprender coisas novas. Ligar os pontos para aprender coisas novas não é tão fácil depois dos 12 anos de idade. Em vez de simplesmente ligar os pontos, agora pontes têm que ser construídas ao longo de cumes e vales no cérebro evoluído, em processo de envelhecimento.

Então, *há* alguma verdade no ditado "Cachorro velho não aprende truques novos". Quanto mais velho você fica, mais lento fica o aprendizado e mais difícil se torna a construção de novas vias neurais.

Essas faixas etárias são chamadas de "janelas" porque isso é o que elas são – uma janela, uma abertura, um breve período de tempo durante o qual se pode aprender alguma coisa. Por exemplo, há uma janela para aprender a andar. Se a criança é privada de aprender a andar durante a primeira janela, existe a possibilidade de a criança ficar incapacitada para a vida, porque as habilidades do esqueleto, muscular e motora nunca se desenvolvem. O mesmo é verdadeiro para aprender a falar e a se socializar com outras pessoas. Se uma criança não consegue aprender a ler e escrever durante a primeira janela de aprendizagem, passará por desafios e desvantagens por toda a vida. Elas podem aprender essas habilidades mais tarde na vida, mas é muito mais difícil. Se a janela for perdida, ela se fecha.

Lembro-me de uma história de uma criança que foi trancada em um armário por seus pais. A criança perdeu a primeira janela de aprendizagem e boa parte da segunda antes que fosse encontrada. Embora ela esteja livre hoje, continua seriamente afetada mental, física, emocional e socialmente.

Ela nunca desenvolveu as vias neurais normais que a maioria das crianças desenvolve enquanto cresce.

Janela de Aprendizagem #2

Idades 12 a 24: Aprendizado por Rebeldia

Quando uma criança entra na adolescência, ela aprende, rebelando-se. Por exemplo, se você diz a um adolescente "não beba", as chances são de que ele vai beber ou pelo menos ser mais inclinado a experimentar álcool. Caso peçam o seu carro e você diz "Não corra", as chances são de que é exatamente isso que irá ocorrer. E se você diz "Não faça sexo", mais curiosos se tornam sobre sexo, especialmente com a pressão de seus pares que as crianças sofrem hoje.

A segunda janela de aprendizagem é chamada de janela de *aprendizagem por rebeldia* porque é assim que a criança aprende durante esse período da vida. *Elas* querem saber o que querem fazer ou aprender.

Querem fazer suas próprias escolhas, ao invés de obedecer ao que outros mandam. Elas começam a exercer seu poder de pensar e decidir por si.

A maior parte dos conflitos de gerações vem desta janela de aprendizagem. Por exemplo, na música, adolescência e aumento da rebeldia gera novas formas de música. Nos anos 1950, foram Chuck Berry e Elvis. O *rock and roll* chocou os adultos que ouviam jazz. Nos anos 1960, os Beatles e os Rolling Stones fizeram com que o *rock and roll* explodisse, graças ao novo meio de comunicação conhecido como televisão. Na década de 1970, John Travolta era o rei da discoteca. Na década de 1980, o Nirvana lançou a música "grunge", liderados por Kurt Cobain. O *rap* e o *hip-hop* começaram a decolar, na verdade, nos anos 1990. E, claro, Michael Jackson turvou as linhas entre preto e branco, música, dança, teatro, vídeos de música e coreografia elaborada.

O Desafio da Janela #2

O verdadeiro desafio da aprendizagem por rebeldia é que seu filho ainda não está consciente da palavra *consequência*. Por exemplo, se você diz "Não corra", ele ainda não entende as consequências do excesso de velocidade, os possíveis resultados de suas ações, consequências como multas de trânsito, acidentes de carro, e, pior ainda, a morte. Como pai, você está bem ciente dos riscos e consequências, mas seu filho não.

As vidas de muitos adolescentes se perdem durante este período rebelde. Eles podem desenvolver hábitos de drogas, abandonar a escola ou dar à luz a crianças, ou iniciar a carreira no crime, principalmente porque não entendem as ramificações de suas ações.

Não é preciso dizer que esta segunda janela de aprendizagem é uma janela muito importante. O relacionamento com os pais durante este período é crucial. Neste período, assim como na primeira janela de oportunidade, os pais são os mais importantes professores.

Isso não quer dizer que um pai é um pai ruim (ou a criança é uma criança má) se a criança começa a ter problemas durante este período. Esta segunda janela de aprendizagem tem uma função importante: é um momento em que seu filho instintivamente se rebela e experimenta, porque essa é a forma como ele ou ela aprenderá durante este período da vida.

A relação entre pai e filho é frequentemente testada na maneira como lidam com as consequências quando o filho entra em apuros. Este é um momento crítico no desenvolvimento das relações entre pai e filho. Por exemplo:

- Como é que os pais respondem quando sua filha destrói um carro em um acidente? Como os pais respondem se seu filho é preso por dirigir embriagado? Este é o momento quando a relação pai-filho é testada. É quando os pais descobrem se são bons professores... ou não.
- Como é que os pais respondem quando descobrem que seu bem cuidado filho universitário está ganhando alguns milhares de dólares por mês vendendo drogas? Será que os pais denunciam o filho ou fazem o melhor que podem para encobrir o seu comportamento criminoso?
- O que um pai deve fazer quando descobre que seu filho está faltando às aulas e tem problemas disciplinares? Culpa a escola pelos problemas de seus filhos? Ou resolve o problema de forma responsável com a escola, o professor e o aluno?
- O que um pai faz quando sua filha adolescente chega em casa, anuncia que está grávida e não sabe quem é o pai?

Obviamente, não há nenhuma resposta fácil para qualquer uma dessas situações. Cada circunstância é diferente, assim como cada criança é diferente. Em uma casa com mais de uma criança, as diferenças entre eles pode ser surpreendente. As lições entre pais e cada um dos filhos são únicas e muitas vezes desafiadoras. Este é um momento em que a comunicação é fundamental, assim como uma vontade de escutar outros pontos de vista.

Acredito que o momento mais incerto na vida de um indivíduo é durante a segunda janela de aprendizagem, com idades entre 12 e 24 anos. Se uma pessoa consegue passar por esses anos, terá melhor chance de ser bem-sucedida na vida.

Então a pergunta é: quão preparados, como pais, vocês estão para lidar com a segunda janela de aprendizagem, os anos em que o seu filho está aprendendo por rebelião? Se você tiver feito um bom trabalho durante a primeira janela de aprendizagem, pode ter uma melhor chance de guiar seu filho pela segunda. Você não está sozinho se já pensou, durante esses anos "Espero que eles superem isso". A maioria das crianças supera, embora saibamos que algumas não consigam. É quando o papel de um pai torna-se ainda mais crítico.

Janela de Aprendizado #3

Idades 24 a 36: Aprendizado Profissional

Esta janela de aprendizagem é quando o adulto aprende a "construir seu caminho no mundo". Obviamente, esta é outra janela muito, muito crucial de aprendizagem. É quando os pais observam o quão bem se saíram, eles e o sistema escolar, como pais e como professores. Como a maioria dos adultos sabe o mundo real nem sempre é justo, igualitário ou gentil. O mundo real pode ser um professor duro.

Durante a terceira janela de aprendizagem, o indivíduo começa a criar suas raízes profissionais. Por exemplo, se foi para a faculdade de medicina, descobrirá se é bom médico. Descobrirá se escolheu a profissão certa. Se não tem formação profissional, pode passar de emprego em emprego, antes de encontrar-se – se é que isso acontece um dia. Muitos jovens adultos se esforçam para encontrar a coragem necessária para seguir seus sonhos. E, muitas vezes, é nesse momento que as habilidades de uma criança – dons e talentos especiais – são descobertos.

Tradicionalmente é durante esta janela de aprendizagem que os jovens se casam, formam uma família e compram sua primeira casa. É quando as realidades financeiras do mundo real são percebidas. O dinheiro permeia mais e mais a vida – muitas vezes a falta dele. A maneira como um jovem aborda as crescentes pressões financeiras dependerá do que aprendeu sobre dinheiro durante as duas janelas de aprendizagem anteriores.

Desde 2007, milhões de jovens têm sido incapazes de encontrar empregos significativos ou estão subempregados durante a sua terceira janela de aprendizagem. Falhar em se desenvolver durante a terceira janela de aprendizagem pode afetar negativamente o restante de suas vidas. É por isso que o desemprego juvenil global é um problema maior do que apenas jovens que "não encontram um emprego". Uma geração de desempregados entre jovens adultos provavelmente representará grandes problemas em anos futuros, problemas que seus filhos poderão ter que lidar.

Um professor pode ensinar ao seu filho por um semestre ou um ano, mas um pai é um professor para toda a vida. A consistência e a estabilidade que um pai traz para a vida de uma criança como professor vitalício – ao longo de todas as janelas de aprendizagem – reiteram a questão de por que os pais são os professores mais importantes de uma criança.

Minha História

Obviamente, eu não conhecia as janelas de aprendizagem quando tinha nove anos de idade. Apenas sabia que algo estava faltando na escola. O que estava faltando era o assunto dinheiro. Por isso fui em busca do Pai Rico. Eu sabia instintivamente que precisava de outro professor, um professor diferente.

Minha busca por um novo professor realmente começou quando eu tinha sete anos e vi minha mãe sentada à mesa da cozinha, chorando. Ela estava chorando porque as contas estavam se acumulando e nossa família estava sem dinheiro. Ainda me lembro dela me mostrando o extrato bancário da família, repleto de linhas com números vermelhos.

Na década de 1950, os bancos enviavam extratos bancários datilografados para os clientes. A declaração vinha em papel dourado. No início do mês, depois que meu pai depositava seu salário, os números eram negros. À medida que meus pais emitiam cheques, os números negros ficavam vermelhos, indicando que não havia dinheiro suficiente na conta para cobrir os cheques. A conta corrente deles estava devedora.

Fiquei profundamente perturbado ao ver minha mãe chorando. Aos sete anos, não pude entender por que alguém chorava por causa de dinheiro. Minha primeira janela de aprendizagem se abriu.

Eu perguntei o que meu pai estava fazendo a respeito daquilo. Ela o defendeu, dizendo, "ele está fazendo o melhor que pode. Está trabalhando pesado e estudando para conseguir seu mestrado e depois um doutorado, assim ele pode conseguir um emprego mais bem remunerado".

Aos sete anos de idade, eu realmente não tinha a menor ideia do que ela estava falando. Simplesmente, sabia que algo estava errado, algo muito importante.

Hoje como um adulto, eu me encolho e mordo a língua quando ouço alguém dizer: "Eu vou voltar a estudar para obter outro diploma", como se isso fosse uma solução para seus problemas financeiros.

Eu ainda posso ouvir meu Pai Rico, dizendo: "Se ir para a escola fizesse alguém rico, então os professores seriam milionários."

Minha Primeira Janela de Aprendizagem

Como eu já disse, meu Pai Rico ensinou a seu filho e a mim nossas lições sobre dinheiro depois de jogar *Banco Imobiliário*. Em vez de nos dizer o que fazer e nos alertar para não cometer erros, ele usou os erros que cometíamos durante o jogo como base para discussão e lições a serem aprendidas.

De acordo com a teoria das janelas de aprendizagem, então meus caminhos neurais relacionados com o dinheiro começaram a se formar durante os jogos do *Banco Imobiliário*.

Minhas notas na escola nunca foram boas. Não importa o quão arduamente estudasse, eu era apenas um aluno médio. Meus dois pais se preocupavam com minhas notas. E o filho do Pai Rico, Mike, não se saía muito melhor do que eu na escola.

Um dia, Pai Rico nos chamou de lado e disse: "Suas notas são importantes. Mas vou contar um segredo para a vida real."

"Qual é o segredo?", perguntamos.

Inclinando-se para a frente, Pai Rico sussurrou: "Meu gerente de banco nunca me pediu para ver meu boletim. Ele não se importa se eu fui um bom aluno ou qual a escola que frequentei."

Curioso, perguntei ao Pai Rico: "O que o gerente quer ver?"

"Minhas demonstrações financeiras", disse Pai Rico, abrindo uma gaveta de sua mesa. Mostrando-nos as folhas de papel, Pai Rico disse: "A sua declaração financeira é o seu boletim quando você sai da escola. O problema é que a maioria das crianças deixa a escola sem nunca saber o que é isso."

Quando Kim e eu criamos nosso jogo de tabuleiro *CASHFLOW*®, nós o construímos em torno de uma demonstração financeira, como a que segue. Um jogo financeiro construído em torno de um balanço financeiro é a evolução do jogo *Banco Imobiliário*. É uma lição sobre dinheiro e investimento para o jogo da vida real.

PROFISSÃO

JOGADOR

Objetivo: Sair da Corrida dos Ratos e seguir para a Via Rápida ao fazer com que a **renda passiva** construída seja **maior** do que as **despesas totais**.

DEMONSTRAÇÃO DE RESULTADOS

RECEITAS

Descrição	Fluxo de Caixa
Salários:	
Juros/Dividendos:	
Imóveis/Negócios:	

AUDITOR

(Pessoa à Sua Direita)

Receita Passiva $ _____
(renda advinda de Juros/
Dividendos e Imóveis/
Negócios:)

Receita Total $ _____

DESPESAS

Impostos:	
Pagamento da Hipoteca da Casa:	
Pagamentos de Empréstimos Estudantis:	
Pagamento da Prestação do Carro:	
Pagamento dos Cartões de Crédito:	
Pagamentos de Financeiras e Lojas:	
Outras Despesas:	
Despesas com Filhos:	
Pagamentos de empréstimos:	

Número de
Filhos _____
(começar o jogo com 0 Filhos)

Despesa $ _____
por Filho

Total das Despesas: $ _____

BALANÇO PATRIMONIAL

Fluxo de Caixa Mensal (Pagamento) $ _____
Receita Total - Despesa Total

ATIVOS

PASSIVOS

Aplicações:			Hipoteca	
Ações/Fundos/Renda Fixa Quantidade		Custo	Empréstimos estudantis	
			Empréstimo do Carro	
			Cartões de Crédito	
			Financeiras	
Imóveis/Negócios Entrada		Custo	Imóveis/Negócios	Hipoteca/Passivos:
			Empréstimos	

Durante minha primeira janela de aprendizagem, Pai Rico imprimiu a imagem de uma simples declaração financeira em meu cérebro. Esse diagrama simples tornou-se parte do desenvolvimento dos meus caminhos neurais, os caminhos que um dia iriam orientar a minha vida.

Esse é o diagrama da demonstração financeira do Pai Rico, seu boletim depois que você sair da escola, o "boletim" que o gerente pede para ver.

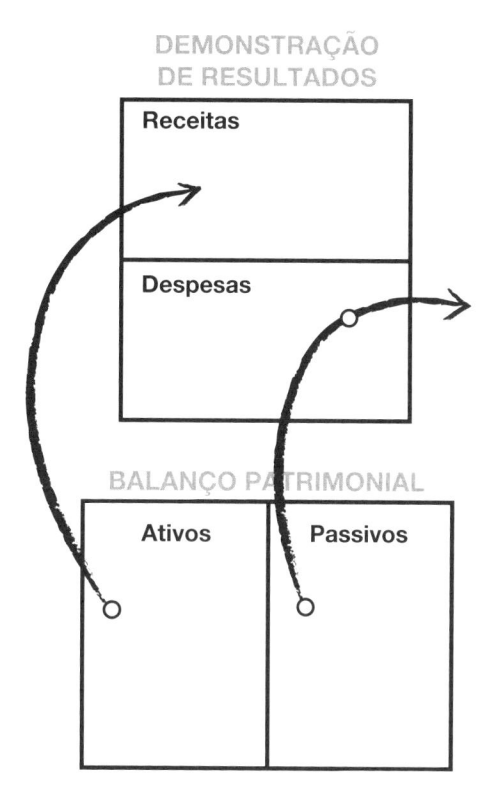

Para nos ensinar a linguagem do dinheiro, Pai Rico utilizou-se de definições muito simples para os vocábulos financeiros mais comuns. Por exemplo, em vez das definições complexas e confusas para "ativo" e "passivo" no dicionário, ele usou definições simples que qualquer um poderia entender.

Por exemplo, o dicionário define um ativo da seguinte maneira:

ativo *subst.*
a: os bens e direitos de uma pessoa falecida sujeita por lei ao pagamento de suas dívidas e herança.
b: acervo total de uma pessoa, associação, corporação ou herança aplicável ou sujeita ao pagamento de suas dívidas.

Pai Rico definia a palavra ativo em termos simples: "Algo que coloca dinheiro em meu bolso". Sua definição de passivo era tão simples quanto: "Algo que tira dinheiro do meu bolso".

As flechas do diagrama anterior ilustra o fluxo de caixa. É a direção do fluxo de caixa – dinheiro entrando e saindo – que define a diferença entre ativos e passivos.

Para Pai Rico, as palavras fluxo de caixa eram as palavras mais importantes no mundo do dinheiro. Se você não pode ver o fluxo de caixa, então, não pode distinguir um ativo de um passivo.

É por isso que Pai Rico dizia: "Minha casa não é um ativo." Ela não é um ativo porque, mesmo que esteja livre de hipotecas e de dívidas, ainda temos que pagar impostos imobiliários, energia elétrica, água e esgoto, manutenção e seguro a cada mês. Dado que a casa dele, sua residência pessoal, tirava dinheiro do bolso dele a cada mês, ela era um passivo.

Suas propriedades de aluguel eram uma história diferente. Elas eram ativos – ainda que tivesse dívidas com elas, os pagamentos de seus inquilinos cobriam a hipoteca, os impostos e os reparos e ainda colocavam dinheiro no bolso do Pai Rico.

A cada ano ele ficava mais rico, porque todos os anos ele comprava mais propriedades de aluguel, suas casas verdes, até que ele pode começar a adquirir hotéis vermelhos. Uma vez que ele tinha vários hotéis vermelhos, ele parou de comprar pequenas casas verdes.

Pai Rico repetia constantemente, "Ativos colocam dinheiro em meu bolso", e em seguida, desenhava uma linha na demonstração financeira a partir da coluna de ativos para a coluna de receitas. As palavras, a explicação e o diagrama gravaram a definição em minha mente e eu desenvolvi uma via neural em meu cérebro. Em vez de usar apenas palavras para uma definição (cérebro esquerdo), eu também tinha uma imagem (lado direito do cérebro) que estava associada à experiência física de jogar o jogo.

O mais importante de tudo é que eu tive um grande professor, um homem que era paciente e sabia o que estava falando, um homem que nos amou e deixou claro que éramos muito importantes para ele. Um homem que queria que fizéssemos o bem no mundo real. Embora fosse um homem muito ocupado, nós jogamos *Banco Imobiliário* por horas. Ele estava nos preparando para o mundo real, um mundo que funciona à base do dinheiro.

Pai Rico não dizia uma coisa uma vez e esperava que aprendêssemos a lição. Ele acreditava em repetição como componente-chave para a aprendizagem de longo prazo. Não importa quantas vezes ele nos dissesse algo importante, poderíamos contar com o fato de que ele diria aquilo de novo e de novo. Se eu ouvisse, "Ativos colocam dinheiro em seu bolso", seguido da observação do seu diagrama com linhas desenhadas a partir da coluna de ativos para a coluna de receitas uma vez, então, eu viria e ouviria isso milhares de vezes. Ele também repetia, "Passivos tiram dinheiro do seu bolso", cada vez que jogávamos *Banco Imobiliário*.

Hoje, eu sei que a minha casa, a minha residência pessoal, é um passivo, porque ela tira dinheiro do meu bolso. Eu também sei que meus apartamentos, minhas salas comerciais, meus poços de petróleo, minhas empresas, a propriedade intelectual dos meus livros e a patente dos meus jogos, todos são ativos colocando dinheiro no meu bolso mensalmente. É por causa do fluxo de caixa dos meus bens que eu não preciso de um salário ou de um plano de aposentadoria.

Como Einstein disse uma vez: "A simplicidade é genial." Meu Pai Rico não era um gênio acadêmico, mas ele era um gênio financeiro. Tudo o que ele fez foi jogar *Banco Imobiliário* na vida real.

Quase todo o mundo, mesmo os que desistiram da escola no segundo grau, podem jogar *Banco Imobiliário* na vida real. É importante que cada pessoa encontre o jogo que goste de jogar. Steve Jobs amava o seu jogo, o jogo de fazer as pessoas se sentirem modernas, inteligentes e talentosas... é por isso que as lojas da Apple têm mesas de suporte técnico em vez de escrivaninhas. Coronel Sanders amava o negócio de frango frito e o jogo de franquia. Walt Disney adorava fazer as pessoas felizes e construiu a fantasia de um reino mágico conhecido como Disneylândia. Nenhum desses três homens terminou a faculdade, mas todos eles descobriram o jogo que amavam. Sua genialidade veio à tona por meio de seus jogos.

A mesma coisa acontece com muitos atletas. Suas habilidades podem não se revelar em uma sala de aula, mas uma vez que chegam à quadra de basquete, ao campo de futebol ou de golfe, eles estão em seu elemento.

Para alguém apaixonado por música, tocar um instrumento musical ou cantar faz surgir sua genialidade. Mick Jagger frequentou uma escola de prestígio para se tornar cantor, mas encontrou sua genialidade como um dos Rolling Stone.

Os primeiros dons de uma criança são frequentemente revelados em seus sonhos para o futuro. No jogo *CASHFLOW*, antes do primeiro lançamento de dados, cada jogador escolhe seu sonho.

Durante minha primeira janela de aprendizagem, descobri a diferença entre os capitalistas e todas as outras pessoas. Descobri o jogo que eu queria jogar. Com 12 anos, esta imagem estava gravada em minhas vias neurais.

Es e As focam em segurança no emprego:

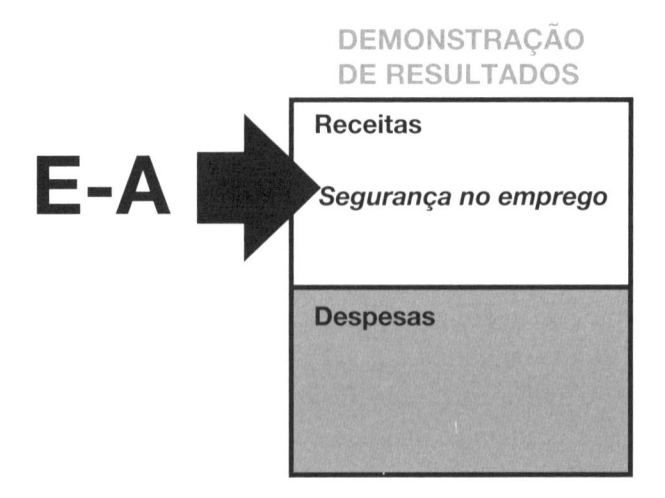

Ds and Is focam em propriedade/produção e aquisição de ativos:

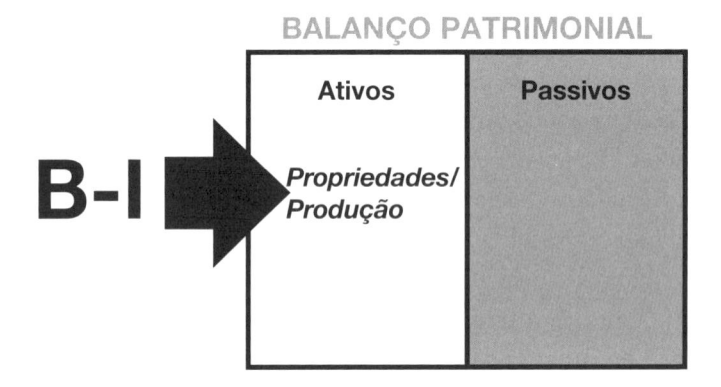

Aos 12 anos de idade, eu não sabia como fazer para adquirir ativos, como empresas e propriedades, mas meus atalhos neurais estavam se formando e eles estavam focados na coluna dos ativos. Quando eu fui com meu Pai Rico coletar aluguel de moradores ou despejá-los, minhas vias neurais ficaram mais nítidas e eu fiquei mais convencido do caminho que queria trilhar. Embora eu não tenha percebido isso na época, eu estava fazendo planos de me tornar um capitalista.

Minha Segunda Janela de Aprendizagem

O período entre 12 e 24 anos foram muito interessantes para mim. Tive problemas no segundo grau e fui duas vezes reprovado em inglês, com a idade de 15 e de 17 anos. Sou grato ao fato de que meu pai era secretário de Educação. Não fosse por ele eu teria desistido do segundo grau aos 15 anos.

Quando tive problemas com os estudos pela primeira vez, meu pai não entrou em pânico nem me repreendeu. Ele apenas disse: "Muitas vezes na vida você vai encontrar pessoas que você não gosta e que não gostam de você. Aprenda com a experiência, cresça com ela e siga em frente." Meu pai estava falando do meu professor de inglês, um professor horrível que reprovou quase dois terços dos alunos de sua sala.

Meu pai demitiu o professor, explicando para a assembleia de professores do ensino médio que "O trabalho de um professor é ensinar, não reprovar alunos. Se um estudante não vai bem, o professor falhou".

Quando eu não passei novamente aos 17 anos, meu pai sorriu e me disse, "Você está por sua conta agora". Isso fez com que eu me aproximasse do professor e conseguisse uma nota D.

Além disso, aos 15 anos meu Pai Rico estava permitindo que seu filho e eu sentássemos às mesas de suas reuniões administrativas aos sábados. Ele se reunia com seus contadores, arquitetos, construtores, gerentes de bancos, administradores de propriedades e de recursos humanos para discutir os desafios enfrentados por suas empresas e negócios.

> ### Inspirando Talentos
>
> *Muitos anos mais tarde, na Academia da Marinha Mercante, em Nova York, conheci o professor de inglês dos meus sonhos. Ele foi um grande mestre que me inspirou a escrever. Depois de sofrer com inglês todo o ensino médio, eu terminei o nível de calouro universitário com um B em inglês. Se não fosse por Dr. A. A. Norton, eu poderia não ser conhecido como um autor de best-sellers hoje.*

A Melhor Equipe Vence

Muitos dos assessores do Pai Rico – como seus advogados, contadores e banqueiros, eram estudantes "A", pessoas muito preparadas academicamente. Outros eram grandes administradores, estudantes "B", burocratas cuja habilidade era a capacidade de lidar com as pessoas, um dos mais difíceis aspectos de um negócio. Alguns de seus gerentes tinham diplomas universitários. Outros foram sendo promovidos ao longo do tempo. A equipe do Pai Rico incluía advogados, contadores, banqueiros, gerentes e outros líderes. Ele costumava dizer: "Administrar uma empresa é um esporte de equipe. A pessoa com o melhor time vence."

Pai Rico costumava dizer: "Você tem que ser inteligente nos quadrantes E e A. Nos quadrantes D e I, eu não tenho que ser a pessoa mais inteligente. Tudo que eu tenho a fazer é me cercar de estudantes "A".

Minha Equipe de Assessores

Hoje, eu tenho minha equipe de assessores. São especialistas em muitas áreas específicas de negócios e investimentos. Eles escreveram livros nos quais compartilham seus *expertises* e suas experiências e esses livros se tornaram a série Rich Dad Advisors.*

Pensar é Trabalho Árduo

Henry Ford, outro homem que não se diplomou, tinha uma grande equipe de assessores. Há uma história sobre Henry Ford que diz algo mais ou menos assim:

Um grupo de acadêmicos se reuniu em seu gabinete, em uma tentativa de provar que ele não era "culto". Uma vez que a reunião começou, os acadêmicos começaram a fazer-lhe perguntas. A cada pergunta, Henry Ford simplesmente pegava um dos muitos telefones em sua mesa e dizia: "Pergunte a ele", ou "Pergunte a ela".

Frustrado, o acadêmico líder deixou escapar: "É sobre isso que estamos falando. Você não sabe de nada. Toda vez que lhe fazemos uma pergunta, você acaba nos dizendo para perguntar para outra pessoa".

Esse era o momento que Ford estava esperando. Ele parou por um momento e então disse: "Eu contrato as pessoas mais inteligentes que suas escolas produzem. Elas me dão respostas, como vocês os treinaram a fazer. Meu trabalho é pensar."

Ele, então, disse as palavras conhecidas hoje:

> *"Pensar é o trabalho mais difícil que existe... provavelmente por isso tão poucos o fazem."*

A reunião foi encerrada.

---

* Nota do Editor: Até o lançamento deste livro, a série Rich Dad Advisors não havia sido publicada no Brasil.

O Poder das Linguagens

Eu não era bom em aprender idiomas. Não só reprovei em inglês duas vezes, mas também não passei em francês, espanhol e japonês. No entanto, em reuniões do meu Pai Rico, notei que diferentes profissões falavam linguagens diferentes. Por exemplo, os advogados falavam a linguagem da lei, os contabilistas falavam a linguagem da contabilidade, os banqueiros falavam a linguagem bancária e os jardineiros falavam a linguagem do paisagismo. Eu percebi que, se quisesse ser um capitalista, tinha que aprender os jargões diferentes dentro do idioma inglês. Eu sabia que poderia ganhar mais dinheiro do que a maioria dos estudantes "A" se eu estudasse a linguagem do dinheiro.

Enquanto eu ainda estava no colegial, durante a minha segunda janela de aprendizagem, eu me propus a prestar muita atenção nas diferentes palavras utilizadas pelos profissionais. Em outras palavras, eu sabia que teria uma vantagem injusta se eu aprendesse a falar e a entender diferentes linguagens e palavras de diferentes profissões, ainda que todos falassem inglês.

Durante minha segunda janela de aprendizagem, entre 12 e 24 anos, eu rotineiramente observava meu Pai Rico – um homem rico sem muita instrução, que deixou a escola com a idade de 13 anos – liderando pessoas muito inteligentes, talentosas e experientes.

Quando eu perguntei a ele como uma pessoa sem educação formal podia liderar com um grupo tão diversificado de pessoas, ele respondeu: "Respeito. Somos todos especialistas em algo. Todos nós temos habilidades e talentos especiais que os outros não têm. Eles sabem que eu preciso deles e eles precisam de mim. Assim, o respeito mútuo leva ao sucesso de todos." Respeito é mais importante do que dinheiro. Se uma pessoa sente que seus talentos são respeitados, ela trabalha 10 vezes mais. Se ela não se sente respeitada, então, quer mais dinheiro e menos trabalho."

Uma lição importante que eu aprendi durante a minha segunda janela de aprendizagem foi a importância da diversidade. Ter dois pais me permitiu ver que o meu Pai Pobre operava em uma monocultura profissional. Quase todos em torno dele eram professores com pelo menos um diploma universitário. Aqueles com doutorados tendem a desprezar aqueles com mestrado ou bacharelado.

Essa lição, mais tarde em minha vida, se tornaria mais relevante quando reconheci a verdade do ditado "Os pássaros de mesma plumagem voam juntos". Hoje eu percebo que os policiais gostam de estar com policiais, os advogados com advogados e os agentes imobiliários com outros agentes imobiliários.

Com 18 anos, quando entrei na academia da marinha mercante dos EUA, em Nova York, eu estava consciente de que, se quisesse ser um estudante "C" – um estudioso do capitalismo –, tinha que aprender a ser um líder e um generalista, não um especialista, como um médico, advogado, técnico ou professor. Eu sabia que tinha que aprender a trabalhar com pessoas de todas as classes sociais, pessoas com diferentes formações acadêmicas, de etnias e história econômica diversas.

Hoje, um dos meus modelos pessoais de liderança empresarial é Donald Trump. Embora ele seja rico e bem-sucedido, ele trata a maioria das pessoas, ricas ou pobres, com respeito. Minha experiência em trabalhar com Donald é que a sua comunicação, mesmo quando é difícil, é sempre respeitosa.

Uma razão pela qual tanto Donald quanto eu reconheçamos e apoiemos a indústria do marketing de rede é porque o sucesso neste setor requer tremendo desenvolvimento pessoal e habilidades pessoais de liderança. Em outras palavras, se você quiser aprender, existem pessoas e organizações nessa arena que estão dispostas a guiá-lo.

Meu ponto-chave é este: muitos alunos continuam na escola e tornam-se cultos – e muito especializados. Capitalistas, estudantes "C", devem ser generalistas e não especialistas. Habilidades de liderança e habilidades pessoais são essenciais se você quer ser um capitalista. Se você é um gênio, introvertido e gosta de mensagens de texto ao invés de falar, suas chances de se tornar um capitalista são provavelmente pequenas.

Minha Terceira Janela de Aprendizagem

Retornando do Vietnã em 1973, aos 25 anos, eu sabia que tinha algumas decisões a tomar. Eu sabia que uma coisa era certa: eu iria definitivamente me tornar um capitalista, assim que minha carreira de piloto acabasse.

Vendo o meu Pai Pobre desempregado, no auge de sua vida, aos 53 anos, sem qualquer propriedade ou opção de produzir algo – meus caminhos neurais para o capitalismo tornaram-se autoestradas. Eu sabia que podia voltar ao meu antigo trabalho com a Standard Oil da Califórnia, navegando como oficial petroleiro ou eu poderia voar para as companhias aéreas como muitos dos meus colegas pilotos da marinha estavam fazendo. Mas isso seria especialização – um foco estreito, no qual os oficiais de petroleiros saem com os oficiais de petroleiros e os pilotos gostam de estar com os pilotos.

A vantagem injusta que eu tinha era o meu Pai Rico e suas lições sobre as escolhas da vida.

Salas de Aulas Diferentes

Mostrando o quadrante *CASHFLOW* a seguir, Pai Rico dizia com frequência, "Cada quadrante é uma sala de aula diferente. Cada uma delas ensina assuntos diferentes, desenvolve habilidades diferentes e requer professores diferentes".

Quando comecei minha terceira janela de aprendizagem como um jovem adulto, eu sabia que era hora de decidir qual quadrante, qual sala de aula eram meus próximos passos. Se eu tivesse escolhido voltar a navegar ou voar, eu teria escolhido o quadrante E. Com a idade de 25 anos, eu estava pronto para minha próxima experiência educacional para os quadrantes D e I. Eu me tornaria um estudante novamente. Eu não sabia quanto tempo levaria para me formar para os quadrantes D e I, mas pelo menos eu tinha a educação que me deu meu Pai Rico – iniciada com o jogo *Banco Imobiliário* com a idade de nove anos – me preparando para o processo.

Em 1973, aos 25 anos, eu sabia que era hora de tomar uma decisão na vida, a minha primeira decisão real, como um adulto. Meu Pai Pobre sugeriu que eu voltasse para a Standard Oil, como um oficial de navio ou obtivesse um emprego voando para as companhias aéreas, como um empregado no quadrante E. Quando eu disse ao meu pai que meus dias navegando e voando estavam terminados, ele sugeriu que eu voltasse a estudar, buscasse meu mestrado, e, possivelmente, um doutorado, como ele havia feito.

Eu escutei meu pai e me inscrevi no programa de MBA da Universidade do Havaí. Não demorou muito para que as memórias antigas do quanto eu odiava a escola voltassem à tona. Após aprender a voar com pilotos verdadeiros de combate, era difícil aprender com professores universitários que tiveram pouca, se alguma, experiência empresarial na vida real.

Na minha juventude, durante minhas primeira e segunda janelas de aprendizagem, participei de muitas reuniões de gestão com meu Pai Rico e seus funcionários. Agora, de volta à faculdade, eu percebi que eu tinha mais experiência do mundo real do que meus professores da faculdade, a maioria dos quais nunca tinha iniciado ou gerido uma empresa.

Quando fazia perguntas aos meus professores universitários, com frequência recebia como respostas teorias de livros, em vez de lições da vida real. No meu terceiro mês no programa de MBA, eu mais uma vez desisti. Eu realmente queria aprender, mas aquele ambiente – a sala de aula do MBA – não era o certo para mim.

Um Negócio Não é Uma Democracia

Foi durante uma aula extremamente chata que me lembrei de um encontro muito intenso que meu Pai Rico teve uma vez com sua equipe de assessoria. Com ânimos exaltados e sua equipe discordando, meu Pai Rico finalmente disse: "Uma empresa não é uma democracia. Eu pago os seus salários. Ou vocês fazem o que eu peço, ou procurem um novo emprego."

Acredito que eu tinha cerca de 16 anos de idade na época e a discussão me perturbou. Eu nunca tinha visto homens e mulheres adultos argumentarem tão intensa e emocionalmente. Também me lembro de muitos de sua equipe recuarem quando Pai Rico ameaçou demiti-los se eles não conseguissem fazer seus trabalhos. Ele disse: "Tudo o que eu peço é que façam seus trabalhos. Eu não quero desculpas. Se você não pode fazer seu trabalho, procure um novo emprego."

Quando a reunião acabou, Pai Rico puxou de lado seu filho e a mim para se certificar de que estava tudo bem. Foi então que eu o ouvi dizer, pela primeira vez: "É por isso que os alunos 'A' trabalham para os alunos 'C'. Os 'A' podem ter sido inteligentes na escola, mas eles não têm coragem de abrir e administrar o próprio negócio. Eles vão para a escola para se tornarem especialistas, conhecendo apenas legislação, contabilidade ou vendas e marketing. Eles sabem como trabalhar por um salário, mas não sabem como construir um negócio e ganhar dinheiro. Eles têm cérebros, mas lhes falta coragem. Eles ficam aterrorizados com o risco. Se você não os pagar, então eles não trabalham. Se eles fazem trabalho extra, querem horas extras ou folga. Eles querem que eu faça as coisas à maneira deles, mas não estão dispostos a pagar por seus erros, se falham." Ele acrescentou: "Eu tenho que pagar pelos meus erros, bem como pelos deles. Se a empresa fracassar, eu fico com a bagunça, as dívidas e as perdas financeiras. Eles simplesmente procuram um novo emprego. Essa é a principal diferença entre alunos 'A' e 'C'."

Ele, então, me disse: "Pessoas como o seu pai são estudantes "A", pessoas que se saem bem na escola, mas nunca saem da escola. Então, elas se tornam estudantes 'B', os burocratas. Elas são pessoas com responsabilidade que têm pavor de risco. A maioria dos burocratas trabalha para o governo ou outras organizações burocráticas, escondendo-se em grandes empresas ou organizações em que a politicagem, a preguiça e a incompetência são toleradas. A maioria dos alunos 'A' e 'B' não consegue sobreviver nos quadrantes D e I, onde administrar o risco e viver ou morrer pelos resultados de suas decisões é tudo."

Pai Rico também criticava meu Pai Pobre por ser o presidente do sindicato dos professores. Embora ele não comentasse comigo esse assunto, ele não escondia seus sentimentos a respeito dos sindicalistas. Um dia, um grupo de funcionários se reuniu para sindicalizar seu hotel e as operações dos seus restaurantes. Ele respondeu da seguinte forma: "Eu vou fechar o negócio e todos vocês vão perder seus empregos caso se sindicalizem. Eu posso começar um novo negócio e não preciso de dinheiro, mas vocês precisam de seus postos de trabalho. Eu tenho sido justo com vocês e suas famílias. Tudo o que eu peço é que vocês sejam justos comigo e minha família." Quando a votação foi realizada, o sindicato perdeu.

Enquanto eu frequentava as aulas do programa de MBA, como um adulto e um veterano de guerra entrando em minha terceira janela de aprendizagem e entediado, compreendi melhor as lições de meu Pai Rico. Eu percebi que meu Pai Rico focava sua vida em sua coluna de ativos através da aquisição de propriedades e da produção de bens. Ele era um capitalista de verdade.

Meu Pai Pobre e os funcionários do Pai Rico, muitos dos quais eram estudantes "A" e "B", focavam em segurança do trabalho e um salário fixo.

Eles tinham formação universitária e empregos, mas nada possuíam. Eles não tinham propriedades nem produziam nada. Não é surpresa que precisassem de segurança, benefícios e planos de aposentadoria.

Sentado no programa de MBA, ouvindo monotonamente meus professores e seus livros de teoria, em vez de experiências da vida real dos negócios, percebi que eu estava aprendendo com professores que não respeitava. Isso não quer dizer que eles não eram boas pessoas. A maioria dos professores é como meu Pai Pobre – pessoas muito boas dedicadas à sua profissão. O problema com os meus instrutores do MBA era que eles eram estudantes "A" que residiam nos quadrantes E e A. Eu queria aprender com professores que viviam nos quadrantes D e I.

Eu abandonei o programa de MBA, depois de três meses, a única vez que sai da escola. Não surpreendentemente, Pai Pobre ficou decepcionado; meu Pai Rico não.

Eu não perdi tempo em continuar minha educação no mundo real. Eu tinha me inscrito para um curso de investimento imobiliário de três dias, por sugestão do meu Pai Rico. Lembro-me de desafiar sua sugestão e dizer: "Mas eu não estou interessado em imóveis." Eu também lembrei a ele que eu não tinha muito dinheiro. Pai Rico apenas sorriu e disse: "É por isso que você precisa fazer um curso de investimento imobiliário. O mercado imobiliário não trata de propriedades. O mercado imobiliário é sobre dívida e utilização de DOP, dinheiro de outras pessoas, e de ficar rico."

Finalmente me dei conta de que meu Pai Rico, mais uma vez, estava me direcionando para a educação que eu estava procurando, a educação para a vida nos quadrantes D e I. Os diagramas simples a seguir ilustram esse ponto.

A educação é um processo. Se você quer se tornar um médico, você vai para a faculdade de medicina. Se você quer se tornar um advogado, você vai para a faculdade de direito. Se você quiser vir a ser um capitalista nos quadrantes D e I, você precisa escolher os seus professores, suas aulas e seu processo educacional cuidadosamente.

Em 1974, enquanto ainda estava voando para o corpo de fuzileiros navais, eu me candidatei para trabalhar na IBM e na Xerox porque elas tinham os melhores programas de treinamento de vendas e gestão. Pouco antes de completar meu contrato com o corpo de fuzileiros navais, fui aceito no programa do treinamento da Xerox e fui levado para a sede de treinamento em Leesburg, na Virgínia. A Xerox foi mais um passo em conectar os pontos, o processo educativo, para desenvolver meus caminhos neurais para os quadrantes D e I.

Na Xerox, lutei para superar minha timidez, ao bater às portas e aprender a lidar com objeções e rejeição para vender as copiadoras Xerox. Finalmente, depois de dois anos, vender começou a ocorrer mais naturalmente, uma parte integrante do que eu estava me tornando... um capitalista nos quadrantes D e I.

Começar Cedo é uma Vantagem

Se não fosse pelos ensinamentos do meu Pai Rico, que começaram nas minhas primeira e segunda janelas de aprendizagem, eu poderia ter seguido os passos de meu Pai Pobre – cursar um MBA, subir a escada corporativa e competir com os estudantes "A" e "B", em vez de contratá-los como funcionários que trabalham para mim.

Em vez de trabalhar para adquirir propriedade e meios de produção, ativos como meu Pai Rico chamava, eu ainda poderia estar trabalhando por um salário, pagando impostos cada vez mais altos e rezando para não viver mais do que o dinheiro da minha aposentadoria.

Quero repetir um ponto importante: eu sou pró-educação – mas não a educação ministrada nas escolas tradicionais. Se você quer que seu filho seja um empregado no quadrante E ou um médico ou advogado no quadrante A, a educação tradicional está ótima. Se você quer que seu filho tenha todas as janelas para o sucesso abertas a ele, então ele deve ter oportunidades de educação. E em muitos casos, isso significa sair do tradicional para o menos convencional, aprendizagem e salas de aula da vida real.

A lição importante que eu aprendi é: cada quadrante é uma sala de aula diferente... exigindo professores diferentes.

Pergunta: E se eu não conseguir um emprego com uma empresa como a Xerox ou IBM? Onde consigo treinamento e experiência em vendas?

Resposta: Treinamento e experiência em vendas são vitais para qualquer um que queira ser empreendedor, especialmente nos quadrantes D e I. Há muitas formas de se conseguir treinamento em vendas.

Como mencionei no início deste capítulo, Donald Trump e eu sugerimos que os indivíduos olhem para as empresas de marketing de rede e a formação que elas oferecem. Muitas empresas de marketing de rede oferecem excelente desenvolvimento pessoal, administração de rejeição e medo e treinamento de vendas, especialmente para pessoas que têm medo de venda ou são novas nisso.

A melhor coisa sobre as empresas de marketing de rede é que elas não vão demiti-lo se você não se sair bem, como a Xerox teria feito se eu não tivesse conseguido vender seus produtos e serviços. Não importava há quanto tempo eu trabalhasse para a Xerox. Todo vendedor sabia que estava a apenas um ou dois meses de ser demitido, se não conseguisse vender.

> ### A Lição do Pai Rico
>
> *Lembre-se de que, em 1971, quando o presidente Nixon retirou o dólar dos EUA do padrão-ouro, o dólar e as moedas correntes dos países que também abandonaram o padrão-ouro transformaram-se em dívidas. Isso significa que aqueles que aprendem a usar dívida para adquirir ativos terão uma vantagem injusta sobre aqueles que nunca usam dívida, ou usam dívida para adquirir passivos, como casa, roupas ou carro.*

Pergunta: E se eu não conseguir dinheiro?

Resposta: É por isso que eu recomendo os cursos de investimentos no setor imobiliário. Se você realmente entender o conjunto de habilidades nos quadrantes D e I, você vai ver que deve usar o próprio dinheiro. Seu trabalho é aprender a levantar capital com DOP, dinheiro de outras pessoas (neste caso, o seu banco), e não usar seu dinheiro.

Ou seja, os capitalistas sabem como usar dívida para torná-los ricos. Isso é conhecido como DOP, dinheiro de outras pessoas.

Tornar-se um capitalista é trabalho duro e relativamente poucos fazem isso. É por isso que investir em sua educação – sua e de seu filho – é crucial nos dias de hoje. As pessoas que não estão estudando e aprendendo ativamente, independente de qual quadrante vivam e trabalhem, estão ficando para trás rapidamente.

Quando você lê as histórias de grandes empresários – capitalistas, como Steve Jobs, Bill Gates e Mark Zuckerberg – aprende que eles iniciaram seus caminhos para o capitalismo e o processo educativo durante suas primeira e segunda janelas de aprendizagem. Assim fizeram os Beatles e muitos atletas profissionais.

Isso não quer dizer que o seu filho deva saber a sua vocação profissional em suas primeira e segunda janelas de aprendizagem. O que estou dizendo é que, independentemente da profissão de escolha, todas as crianças lidarão com o dinheiro. Por que não começar a educação financeira cedo para que eles possam escolher qual é o melhor quadrante, a melhor sala de aula, para eles?

Meu Pai Rico preparou seu filho e a mim para o mundo real do dinheiro. A maioria das escolas não prepara. É por isso que o amor de um pai, paciência e orientação são essenciais ao longo das três janelas de aprendizagem, e por que lições sobre dinheiro precisam ser uma parte do que a criança aprende, desde cedo, em casa.

Cachorro Velho, Truques Antigos

Hoje, como um cão mais velho, percebo o quão devagar eu aprendo e me adapto à nova tecnologia. Muitas vezes eu preciso pedir ajuda ao utilizar o computador ou o celular. Meus antigos caminhos neurais impedem que novos caminhos sejam criados.

Eu tenho um amigo, um médico em seus setenta e poucos anos, que perdeu um monte de dinheiro na crise do mercado de 2007. Ele nunca administrou o próprio dinheiro, porque ele entregava suas economias ao longo da vida para um administrador financeiro. Esse administrador tomou algumas decisões ruins, e agora meu amigo médico não será capaz de se aposentar por muitos anos, talvez nunca.

Um conceito que ele parece não entender é o conceito de fluxo de caixa. Quando eu explico para ele que ocorre fluxo de caixa contínuo para a minha conta bancária todos os meses, ele não compreende. Mesmo quando eu explico o conceito de fluxo de caixa com o jogo *Banco Imobiliário* – por exemplo, uma casa verde que paga $10 a cada mês – sua mente tem dificuldade com o conceito do fluxo de dinheiro, sem o investimento contínuo do próprio tempo.

Tudo o que ele sabe é o conceito de ganho de capital, a margem de lucro entre o que você paga por algo – uma ação na bolsa de valores, por exemplo – e o valor pelo qual você vende. Essa é a forma como lhe foi ensinado a investir quando estava na faculdade. Ele estava indo bem até que o mercado de ações caiu de cerca de 14.000 pontos para 7.000. Agora ele está com medo de voltar para o mercado de ações, não tem certeza se os preços vão subir e com medo de que eles caiam ainda mais. A mesma coisa aconteceu com a casa dele. Ela caiu de valor, de aproximadamente quatro milhões de dólares em 2007 para 1.5 milhões hoje.

Quando eu expliquei a ele que tenho milhares de inquilinos de apartamentos de aluguel me mandando dinheiro a cada mês, um olhar vazio se estampou em seu rosto. Ele não entendeu. Ele tem

> ### Janelas de Sabedoria
>
> *Quando janelas se fecham, novas janelas se abrem. Após a idade de 48 anos, novas janelas para a aprendizagem se abrem. Essas janelas são frequentemente chamadas de "Janelas de Sabedoria." Isso significa que o nosso novo aprendizado é filtrado através do que aprendemos cedo na vida.*
>
> *Como usamos estas janelas depende da qualidade de nossa sabedoria. Isso significa que, se tivemos muitas experiências, boas ou ruins em nossas janelas anteriores – e aprendemos com elas, então nossas novas lições, combinadas com a sabedoria, podem ser muito poderosas. Tenho certeza de que você já ouviu pessoas dizerem coisas como: "Fico feliz por ter passado por aquilo. Foi uma experiência ruim na época, mas fez de mim uma pessoa melhor hoje."*

caminhos neurais que só entendem os ganhos de capital, mas nenhum caminho neural para compreender o fluxo de caixa, mesmo tendo jogado *Banco Imobiliário* quando era pequeno. Ele entende que uma casa verde paga $10 ao mês, mas em sua mente o *Banco Imobiliário* é um jogo apenas para crianças.

Boas Notícias

Lembre-se: janelas de aprendizagem se abrem e se fecham. E com a idade, na maioria dos casos, vem a sabedoria.

O quão bem aproveitamos essas "janelas de sabedoria" depende da qualidade de nossos conhecimentos. Isso significa que, se tivemos muitas experiências, boas ou ruins no início das nossas vidas – e aprendemos com elas – então nossas novas lições, combinadas com a sabedoria podem ser muito poderosas. Tenho certeza de que você já ouviu pessoas dizerem coisas como: "Fico feliz por ter passado por aquilo. Foi uma experiência ruim na época, mas fez de mim uma pessoa melhor hoje."

Experiências Ruins

A má notícia é esta: se tudo o que tivemos na juventude foram más experiências, e se nós não aprendemos com elas, nós as associamos a arrependimento, raiva ou ressentimento e qualquer novo aprendizado será contaminado pelas emoções que cercam essas experiências passadas.

Todos nós conhecemos pessoas que vivem uma vida de arrependimentos. Elas costumam dizer: "Quem me dera ter tido...", ou "Eu nunca tive a oportunidade", ou "Se eu soubesse", ou "É muito tarde para mim". Isso pode desempenhar um papel importante na tomada de decisões e ações para superar o pesar e a raiva em nossas vidas. Por que fomentar a negatividade que pode impedi-lo de avançar e viver a vida que você merece?

Tenho certeza de que se agarrar à energia limitante e destruidora do poder das más experiências não é o exemplo que os pais desejam dar a seus filhos, e o desejo de um pai de dar a seu filho todas as vantagens na vida pode ser um motivador poderoso. Os pais lideram e ensinam pelo exemplo, e as escolhas que fazemos na vida enviam mensagens para nossos filhos. Quando as crianças veem os pais aprendendo coisas novas, abertos a outros pontos de vista e admitindo (e aprendendo) com seus erros a mensagem para os filhos é clara: aprender é um processo contínuo para toda a vida.

Esses são os tipos de modelos que as crianças precisam... e se esse modelo é um pai que encarna a lição da vida real para aprender com os desafios e as experiências ruins, então, a criança realmente tem, em seus pais ou naquele professor especial, pessoas que servem de exemplo no tocante ao poder da mudança e das escolhas.

Passos Iniciais de Ação para os Pais

Introduza novas ideias, palavras, conceitos e experiências para seu filho em base regular e, idealmente, no curso diário da vida.

Isso pode ocorrer em casa, no banco, no cinema, no shopping, em férias – e mesmo na igreja. Use as janelas de aprendizagem como um guia da idade apropriada aos tópicos e exercícios para aprendizagem experimental.

Os pais podem criar um jogo ou um exercício em torno de um novo conceito ou ideia e oferecer reforço positivo durante todo o processo. Procure maneiras de integrar novas palavras e ideias às suas conversas diárias, de modo que os novos conceitos e palavras tornem-se uma segunda natureza para o seu filho.

Janelas de Aprendizagem #1: Nascimento até os 12 anos – Salto Quântico

O investimento de tempo em jogos, lazer, discussões e ligação familiar será recompensado quando a criança entrar na segunda janela de aprendizagem. A primeira janela é quando o cérebro está inteiro e as vias neurais estão sendo conectadas. Depois de 12 anos de idade, o aprendizado é um pouco mais difícil. A fim de aprender algo novo, um novo caminho neural precisa ser construído a partir do zero.

É realmente difícil "ensinar a um cachorro velho novos truques" – por isso que esta janela é muito importante, e você deve dispensar tempo para trabalhar com o seu filho no aprendizado de novas palavras e definições e começar a explicar conceitos básicos como *dívida, ativos, passivos, lucro, inovação e abertura do próprio negócio*. O guia de estudo, *Awaken Your Child's Financial Genius*, que citei anteriormente, oferece jogos, palavras cruzadas e jogos de busca de palavras que reforçam o aprendizado desse vocabulário.

Janelas de Aprendizagem #2: Idades 12-24 anos – Aprendizado por Rebeldia

Esta é uma fase em que se deve incentivar a exploração. Assim, encoraje seu filho a encontrar respostas para as perguntas que surgem. Forneça as ferramentas para investigar as consequências das ações e esteja aberto a discutir o processo com eles.

Este é um grande momento para introduzir o conceito de consequências. Nesta fase de aprendizagem por rebeldia, dizer a uma criança para não fazer algo é susceptível a desencadear a resposta oposta. Ao invés de dizer

"Não ...", faça alguma coisa, pergunte: "Quais você acha que serão as consequências, se você fizer isso?"

Incentive seu filho a tomar as próprias decisões e, se eles vacilarem ou fracassarem, não se apresse a resgatá-los. Aprendemos por experimentar na vida real as consequências de nossas ações e decisões e ultrapassá-las. Procure maneiras de fazer com que a palavra "consequência" seja parte do seu vocabulário diário.

Uma das melhores maneiras de se demonstrar o valor da educação e do aprendizado contínuo é aprender e evoluir junto com seus filhos, à medida que eles amadurecem.

Janelas de Aprendizagem #3: Idades 24-36 – Aprendizado Profissional

À medida que seu filho vai encontrando seus caminhos na vida, é provável que tanto o seu papel como pai quanto seu relacionamento evolua. Se você tiver estabelecido uma boa relação com o seu filho e tiver investido tempo em família com educação financeira, são boas as chances de se receber dividendos. Você pode até mesmo ver o seu filho ou filha se espelhando nas atividades e discussões que você teve com eles quando estavam nas primeira e segunda janelas de aprendizagem.

Uma forte base de educação financeira em casa preparará as crianças para as escolhas que se apresentam à medida que crescem, e idealmente, sua filha ou filho devem começar a enxergar como eles podem fazer o dinheiro trabalhar para eles enquanto estão na segunda janela de aprendizagem.

Este é o período em que os pais veem seus filhos adultos explorando e descobrindo suas paixões. Além disso, é uma oportunidade para que os pais apoiem suas decisões e escolhas que permitirá que eles criem a vida e o estilo de vida que levam em conta seus talentos únicos e como eles compartilharão isso com o mundo.

Muitos jovens adultos abandonam os estudos, mesmo com um diploma universitário, sem saber o que querem fazer quando amadurecerem. Hoje uma criança tem mais opções, carreiras e profissões disponíveis a elas. Se eles têm uma atitude firme em relação à aprendizagem, podem dar maior valor ao aprendizado sobre o dinheiro.

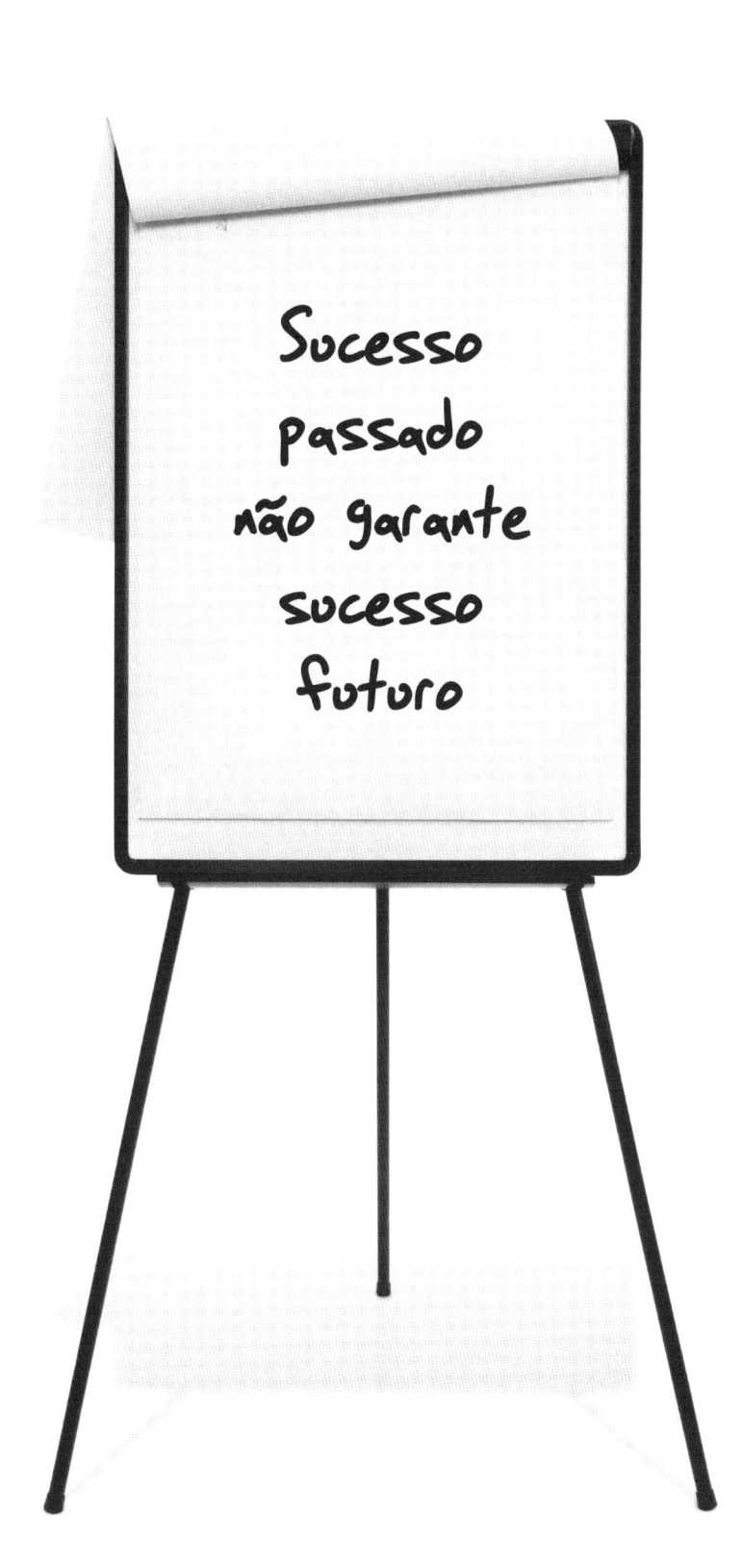

LIÇÃO #5:
POR QUE OS MELHORES ALUNOS DA TURMA FRACASSAM

Boas notas e sucesso nos estudos podem ser uma faca de dois gumes. No curto prazo, ser louvado como um aluno "A" na via rápida para o sucesso corporativo pode abrir algumas portas e ajudar naquilo que as universidades costumam insistir: os "melhores e mais brilhantes" graduados arrumando bons empregos. E, embora o sucesso acadêmico possa preparar alguns alunos para a vida como um "E", há mais para se viver uma vida feliz e maravilhosa além do emprego para o qual você se qualificou bem. O mundo real é um novo jogo – emocionante, rápido, onde se aplicam regras diferentes.

A maioria das pessoas concorda que boa parte dos empresários de classe mundial – Jobs, Branson, Gates e Zuckerberg, entre eles – *não* se encaixa nessa descrição:

"Eles obedecem às regras, trabalham duro e gostam de aprender, mas não são inovadores. Eles funcionam melhor dentro do sistema e não são susceptíveis às mudanças."

O mundo do futuro pertence àqueles que podem aceitar a mudança, antever o futuro e antecipar suas necessidades e responder às novas oportunidades e desafios com criatividade, agilidade e paixão.

As Razões

Por que os Melhores Alunos de Turma Fracassam... Especialmente como Capitalistas

Em 1981, Karen Arnold, professora da Universidade de Boston, fez um estudo dos melhores alunos de turma que se formaram nas escolas de Illinois. Arnold afirma:

Embora esses alunos tivessem os atributos para garantir o sucesso escolar, estas características não necessariamente se traduziram em sucesso no mundo real. Acho que descobrimos as pessoas "amestradas" que sabem como agir dentro do sistema.

Saber que alguém é o melhor aluno da turma serve apenas para saber que ele ou ela é extremamente bom em conseguir boas notas. Isso nada diz sobre como eles reagem às vicissitudes da vida.

O que Acontece com os Melhores da Turma de Alunos?

Em seu livro *Lives of Promise: What Becomes of High School Valedictorians (Vidas Promissoras: O Que Acontece com os Melhores Alunos de Turma)*, a professora Karen Arnold afirma que os melhores alunos das turmas de nível médio se dão bem na faculdade. A maioria busca trabalho em carreiras convencionais como contabilidade, medicina, direito, engenharia e pedagogia.

Arnold diz que "Ainda que os melhores alunos de turma possam não mudar o mundo, eles o administram e administram bem... mas só porque eles eram alunos 'A' isso não significa que eles podem traduzir desempenho acadêmico em desempenho profissional". Ela também declarou que "eles nunca se dedicam a uma única área em que podem colocar todas as suas paixões... as oportunidades de se tornar famoso ou mudar o mundo como contador, por exemplo, são poucas e remotas ... Eles obedecem a regras, trabalham duro, e gostam de aprender, mas não são inovadores. Eles funcionam melhor dentro do sistema e não são susceptíveis a mudar isso".

Notas Altas e Felicidade

Em outro estudo, 95 estudantes de Harvard, da turma de 1940, foram avaliados até a meia-idade. O estudo descobriu que os homens com a mais alta pontuação de testes na universidade não foram particularmente bem-su-cedidos em termos de salário, produtividade ou *status* em suas áreas de atuação, quando comparados aos seus pares de menor pontuação. O estudo de Harvard também descobriu que as notas mais altas não se traduziram em maior felicidade ou em melhores amigos, família ou relacionamentos românticos.

A *Harvard Business Review* publicou um artigo sobre o sucesso acadêmico afirmando:

> *"Conforme previsto, o sucesso do tipo acadêmico não foi um bom prognos-ticador de produtividade no trabalho, nem o QI se revelou um fator de importância."*

O artigo da Harvard também afirmou que:

> *"Muitas pessoas que receberam boas notas tornaram-se muito presunçosas com relação à sua inteligência, mesmo em face de repetidos fracassos fora da sala de aula."*

A Mente Milionária

Em seu livro *A Mente Milionária*, Thomas J. Stanley analisa estatísticas em profundidade para identificar quais variáveis levaram as pessoas a se tornarem bem-sucedidos nos negócios e se tornarem super-ricas. Ao contrário da crença popular, não houve correlação entre notas na escola, posição de classe, notas do vestibular e sucesso.

Na verdade, 33% daqueles na lista das 400 pessoas mais ricas da Forbes não começaram a faculdade ou desistiram dela. E o patrimônio líquido médio daqueles que abandonaram era muito maior do que a de seus colegas graduados. Esses desistentes tinham um patrimônio líquido médio de 4,8 bilhões de dólares. O patrimônio líquido dos graduados era em média de 1,5 bilhão. Quando o patrimônio líquido dos desistentes foi comparado a seus pares que se formaram em escolas da Ivy League*, como Harvard, Yale e Princeton, o patrimônio líquido dos desistentes era 200% maior.

---

* Nota do Editor: A Ivy League é um grupo de oito universidades privadas do nordeste dos Estados Unidos. Originalmente, a denominação designava uma liga esportiva forma-da por essas universidades, algumas das mais antigas e de maior prestígio científico no mundo. Atualmente, a denominação tem, sobretudo, conotação de excelência acadêmica. Fazem parte da liga: Universidade da Pensilvânia, Brown, Columbia, Cornell, Dartmouth College, Harvard, Princeton e Yale.

Lições do Cone de Aprendizagem

O Cone de Aprendizagem aparece novamente a seguir. O cone explica porque os melhores alunos da turma se saem bem nos quadrantes E e A, mas tendem a fracassar no quadrantes dos capitalistas.

Cone de Aprendizagem

Após duas semanas tendemos a lembrar		Natureza do envolvimento
90% do que dizemos e fazemos	Fazendo a coisa real	Ativo
	Simulando a experiência real	
	Fazendo uma apresentação dramática	
70% do que dizemos	Dando uma palestra ou discurso	
	Participando de uma discussão	
50% do que escutamos ou vimos	Vendo ser realizado no local	Passivo
	Assistindo a uma demonstração	
	Assistindo a uma exibição / Assistindo a uma demonstração	
	Assistindo a um filme	
30% do que vimos	Olhando imagens	
20% do que ouvimos	**Ouvindo palavras (palestras e aulas)**	
10% do que lemos	**Lendo**	

Fonte: Cone de Aprendizagem de Dale, (1969)

Reproduzido com permissão. O trabalho original foi modificado.

A maioria dos melhores alunos se dá bem na base do Cone de Aprendizagem. A maioria deles é excelente leitor e aprende ouvindo aulas expositivas.

Estudos descobriram que apenas cerca de 25% dos estudantes aprendem principalmente através da leitura e aulas expositivas. A maioria dos alunos não aprende melhor dessa maneira. O sistema educacional enfatiza leitura e aulas como as principais formas de aprender, mesmo que no longo prazo a aprendizagem e a retenção através desses métodos seja mínima.

Uma razão pela qual a maioria dos melhores alunos de turma não obtém sucesso em níveis mais elevados do Cone de Aprendizagem é porque os alunos "A" são condicionados a pensar que cometer erros é ruim e mostra que eles são estúpidos. Então eles evitam o risco de cometer erros.

Por isso, muitos não conseguem ser bem-sucedidos no topo do Cone de Aprendizagem – "Fazendo a coisa real". Mais uma vez, a professora Karen Arnold declarou que, "Eles obedecem às regras, trabalham duro e gostam de aprender, mas não são inovadores. Eles funcionam melhor dentro do sistema e não são susceptíveis às mudanças".

Minha História

Meu Pai Foi o Melhor Aluno da Turma

Meu pai cresceu em uma família de seis filhos. Três deles eram o melhor de suas turmas e meu pai era um deles. Todos os três fizeram doutorado. Dois dos que não eram melhores fizeram mestrado. A sexta criança apenas o bacharelado.

Meu pai era, provavelmente, um gênio acadêmico. Ele lia e estudava com voracidade e obteve seu grau de bacharel, na Universidade do Havaí, em apenas dois anos. Apesar de ter trabalhado em tempo integral e ter criado uma família, ele também encontrou tempo para participar de cursos de aperfeiçoamento na Universidade de Stanford, na Universidade de Chicago e na *Northwestern*. Ele obteve seu doutorado pela Universidade do Havaí. Além disso, foi reconhecido como um dos dois maiores educadores do Havaí.

Ele perdeu o emprego com a idade de 53 anos e não estava preparado para fazer qualquer outra coisa. Ele tinha o espírito do professor, um ex-funcionário do governo, com poucas habilidades de trabalho fora da área educacional.

Utilizando seu fundo de aposentadoria e poupança, ele comprou uma marca nacional de franquia de sorvete. O negócio logo faliu. Voltei do Vietnã, em 1973, para encontrar o meu pai, um homem muito bom, sentado em casa, procurando emprego em anúncios de jornal.

De acordo com o Cone de Aprendizagem, meu pai tentou "fazer a coisa real" no topo do cone e perdeu tudo. Ser o melhor aluno da turma não o ajudou no mundo dos negócios onde vale a lei do mais forte. Ele foi do quadrante E direto para os quadrantes D e I – e perdeu.

Meu pai se saiu muito bem na escola como um estudante "A". Ele se saiu bem como um burocrata do governo. Infelizmente, quando se tratava de dinheiro, negócios e investimentos, ele perdeu *todas as três* janelas de aprendizagem. Ele não seria capaz de sobreviver no mundo de competição feroz dos quadrantes D e I.

Sucesso Não Garante Sucesso

Minha mensagem neste capítulo é simples: o sucesso em um quadrante, não garante o sucesso em outro. No caso do meu Pai Pobre, ter sido o melhor aluno de sua turma o ajudou no quadrante E, como um burocrata do governo, mas suas notas boas não foram de nenhuma ajuda nos quadrantes D e I.

Isso apoia as conclusões da Universidade de Boston e os estudos da Universidade Harvard. É por isso que a maioria dos melhores alunos permanece nos quadrantes E e A, enquanto os desistentes da universidade, como Jobs, Gates e Zuckerberg e centenas de outros, encontram e desenvolvem sua genialidade nos quadrantes D e I.

Meu Pai Rico costumava dizer: "A maioria dos alunos 'A' fica contente em saber que 2 + 2 = 4. Mas a maioria deles não sabe como transformar 2 + 2 em quatro milhões de dólares ou mais. Os capitalistas querem saber como fazer com que 2 + 2 = 4.000.000. Para um capitalista, esse é o tipo de matemática que vale a pena estudar."

Uma Palavra Final

A maioria dos melhores alunos se dá bem se atuar com segurança dentro dos quadrantes E ou A. Mas, no momento em que penetram no mundo altamente competitivo e acelerado do capitalismo, os quadrantes D e I, as escolas que frequentaram e a média das notas não os ajudam. Correndo o risco de me repetir neste ponto importante insisto:

Sucesso em um quadrante não garante o sucesso em outros.

Quanto mais cedo um pai ensina a seu filho sobre os diferentes quadrantes, mais cedo o seu filho pode começar a se preparar para a vida.

Passos Iniciais de Ação para os Pais

Discuta os sonhos do seu filho e as diferentes maneiras em que o sucesso é definido fora do sistema escolar.

Eu acredito que os dons de uma criança são revelados em seus sonhos. Criar um ambiente em que a criança se sinta livre para discutir seus sonhos – mesmo as mais grandiosas visões para o futuro – é um exercício importante e significativo. Você pode se surpreender com a natureza viva e mágica que o seu filho irá compartilhar. E esse é um momento para incentivar e apoiar o pensamento de que a criação do futuro depende deles.

Use o Cone de Aprendizagem como um guia para a discussão. Explique a seu filho por que a leitura não é sempre a melhor maneira de aprender. Explique a importância de simulações ou práticas e como elas nos preparam para experiências do mundo real.

Você pode querer levar seu filho para ver o treinamento de uma equipe esportiva. Explique a ele que é treinando que os times simulam a coisa real – que os erros que eles cometem nada mais são do que oportunidades de aprender com os desafios e contratempos que possam surgir no futuro.

LIÇÃO #6:
POR QUE ALGUMAS PESSOAS RICAS QUEBRAM

O primeiro passo para fazer mudanças em nossas vidas começa com uma alteração, uma alteração de contexto, uma mudança na forma como olhamos para as coisas e nos filtros que usamos para processar informações e experiências. Muitas vezes vemos a imagem de uma lagarta se transformando em uma borboleta sendo usada para ilustrar a mudança. É um bom visual porque a mudança é um processo, e o que nos tornamos no processo é tão importante e poderoso quanto a forma com que saímos.

Ao aprender a transformar renda ordinária em renda passiva e de portfólio, você terá a chave para desvendar o seu futuro e o futuro de seu filho. No capítulo sete, vou falar mais sobre os diferentes tipos de renda e por que compreender as diferenças é importante. O mundo é um lugar excitante e em constante mudança. Isso significa novos desafios e oportunidades, o tempo todo. Preparar seu filho para o mundo de amanhã é um dos papéis mais importantes que um pai desempenha na vida de uma criança. E isso pode ser assustador. Assumir esse desafio começa com a compreensão de que nossos pensamentos e nossas ações – o que colocamos em nossos cérebros e como agimos com essas informações – precisam mudar... à medida que muda o mundo.

As Razões

Há mais de 2.000 anos atrás, a Grécia foi o império mais poderoso da terra. Muitas palavras em nosso vocabulário hoje podem ser rastreadas aos gregos, incluindo as palavras democracia, teatro, jogos olímpicos, maratona, as letras (A) alfa e (B) beta, que nos deram a palavra alfabeto. Os gregos também nos deram o conceito de "julgamento por júri" e, no teatro, a tragédia. Hoje, o espetacular país da Grécia está na UTI, atravessando a pior situação financeira da Europa, uma tragédia grega moderna.

A Tragédia Grega

No cenário mundial, Japão, Inglaterra, França e os Estados Unidos também têm um papel nesse drama grego. Se outra nação poderosa implodir, será uma tragédia global.

Em todo o mundo, milhões de aposentados – a geração dos *baby boomers* global, muitos dos quais já foram ricos – agora vivem com medo de viver mais do que a poupança de suas aposentadorias. Homens e mulheres da minha geração se sentem como se eles também tivessem pequenos papéis nisso tudo, suas tragédias gregas pessoais. Os filhos, netos e bisnetos da geração dos *baby boomers* estão na plateia ... perguntando-se quando a tragédia vai acabar.

A Ascensão dos Déspotas

Se a crise financeira global não for resolvida, o ato final não vai ser bonito. Em tempos de crise financeira, um novo tipo de líder frequentemente surge, os líderes conhecidos como *déspotas*. Alguns desses líderes são execráveis. Entre eles Franklin Delano Roosevelt, Adolf Hitler, Mao Tsé-Tung, Joseph Stálin, Robespierre e Napoleão. Parece irônico que a palavra déspota seja uma palavra francesa derivada da palavra grega *despotes*.

Eu sei que pode parecer uma blasfêmia colocar FDR (Franklin Delano Roosevelt) nessa galeria. Muitas vezes sou criticado por fazer isso. Ele é um dos presidentes americanos mais queridos. Antes de fechar este livro, indignado, permita-me oferecer-lhe meu raciocínio.

Razão #1 Hitler e Roosevelt chegaram ao poder no mesmo ano: 1933

Razão #2 Os dois homens foram eleitos para resolver o mesmo problema: a depressão

Razão #3 Os dois homens não conseguiram resolver o problema. A solução de Hitler foi ir para a guerra. A solução de FDR foi ir para a guerra, assim como iniciar a previdência social. A lei da previdência social de 1935 é o programa de governo mais querido da América

O problema é que as soluções de FDR não funcionaram. Roosevelt simplesmente "chutou o balde" e empurrou o problema para os futuros líderes. Hoje a previdência e assistência social são elefantes enormes sentados na sala. O mesmo é verdade para a Grécia, a Inglaterra, o Japão e outros países. O problema é que o balde não pode ser chutado muito mais longe. Isso significa a ascensão de um novo déspota?

A minha geração, os *baby boomers*, afirma que merece os benefícios da previdência e assistência social. E eles merecem. Eles contribuíram para os programas sociais. O problema é que todos os programas sociais do governo são esquemas Ponzi. Um esquema Ponzi é uma fraude em que os investidores mais antigos são pagos com o dinheiro dos novos investidores.

A maioria de nós já ouviu falar de Bernie Madoff, o campeão pesopesado na área de esquemas de Ponzi privados. Ele foi para a cadeia. O que ele fez é ilegal, e, em minha opinião, o que o governo dos EUA está fazendo é imoral. Bem-estar social está destruindo a alma da América. Os programas sociais são cânceres que crescem dentro do espírito das pessoas que eles foram criados para servir. Os programas sociais não fazem as pessoas mais fortes. Eles mantêm as pessoas fracas, dependentes do governo para resolver os seus problemas.

Sei que existem pessoas que podem merecer programas de governo. Algumas pessoas realmente têm necessidade. O problema é que milhões de pessoas saudáveis e capazes também estão nos programas sociais do governo. Isso inclui os líderes de governo – do presidente para baixo. O presidente e os membros do Congresso recebem do governo cheques que fariam corar até mesmo Bernie Madoff. A distribuição de pão do governo inclui os militares aposentados, funcionários públicos, assim como a polícia, os bombeiros e os professores.

Eu não critico essas pessoas ou suas profissões. Tenho enorme respeito pelo trabalho dos nossos militares, policiais, bombeiros, professores e trabalhadores de outros serviços do governo. O trabalho deles é importante.

O que eu temo é a crescente "mentalidade de direitos", a atitude de que "o governo deveria cuidar de mim", que se tornou tão difundida em nossa cultura. Hoje, quando um trabalhador perde seu trabalho, a primeira coisa que faz é dar entrada em seu seguro desemprego. Como é que pode ser chamado de "seguro"?

O que faz o crescente sentimento de direitos em relação a este livro e aos pais que trabalham para preparar seus filhos para o futuro? É realmente muito simples, quando você pensa sobre isso. Sou crítico de nosso sistema escolar e de boa parte da educação tradicional por não ensinar às pessoas a pescarem. Em vez de ensinar às crianças a pescarem – ensinando-as as habilidades e atitudes que irão torná-las fortes, autossuficientes e criativas – nossas escolas ensinam uma cultura de direitos. É essa mentalidade de direitos que está corroendo os alicerces sobre os quais foi construído os Estados Unidos. A "mentalidade de direitos" está destruindo o império americano e o mundo.

O Precipício Fiscal

A poeira mal tinha abaixado após a eleição presidencial de 2012, nos EUA, quando a batalha do precipício fiscal envolveu Washington. A batalha foi entre democratas que queriam "mais imposto para os ricos" e os republicanos que queriam reduzir os gastos com os programas assistenciais. Os problemas subjacentes a essa crise não foram resolvidos e ela está se transformando.

A razão para a não resolução da crise é porque os *problemas financeiros* são *problemas sociais*. São muitas pessoas que não apenas estão *esperando* que o governo tome conta delas... elas *precisam* do governo para cuidar delas. Porque elas não podem, ou não querem, pescar peixes para si.

Como você já sabe, esse problema em breve será problema do seu filho, um dos muitos que a próxima geração vai herdar. Então, o que é que um pai deve fazer?

O Vagão do Assistencialismo

Insanidade

Algumas pessoas dizem que Albert Einstein nos deu esta definição da palavra insanidade:

Insanidade é fazer sempre a mesma coisa e esperar resultado diferente.

É insanidade dizer a seu filho: "Vá para a escola e consiga um emprego", quando os trabalhos estão sendo transferidos para o exterior ou substituídos por avanços na tecnologia.

É loucura dizer, "trabalhe duro", se quanto mais você trabalha, para ganhar mais dinheiro, mais impostos você paga.

É loucura dizer, "economize dinheiro", quando o dinheiro não é mais dinheiro... mas dívida, promissória dos contribuintes.

É insanidade dizer: "Sua casa é um ativo", quando na verdade é um passivo.

É loucura dizer: "Invista a longo prazo no mercado de ações", quando investidores profissionais e corretoras estão usando computadores de vários milhões de dólares para investir no curto prazo, muitas vezes em milisse-gundos por HFT (*High-Frequency Trading*), contra investidores amadores ... em alguns casos, seus próprios clientes. Melhor ir para Las Vegas.

Também é creditado a Albert Einstein o ditado:

"Nós não podemos resolver problemas usando o mesmo tipo de raciocínio que usamos quando os criamos."

A seguir estão alguns novos pensamentos sobre como resolver um problema antigo, o problema de como preparar seu filho para o futuro e o papel que o dinheiro desempenha nele. Aqui está um ponto de vista diferente sobre a educação.

Começamos a resolver o problema alterando o contexto do problema.

Conteúdo versus *Contexto*

A seguir está a figura de um copo, parcialmente cheio de água.

Para os fins desta lição, a água no copo representa o conteúdo. O copo de água em si representa o contexto.

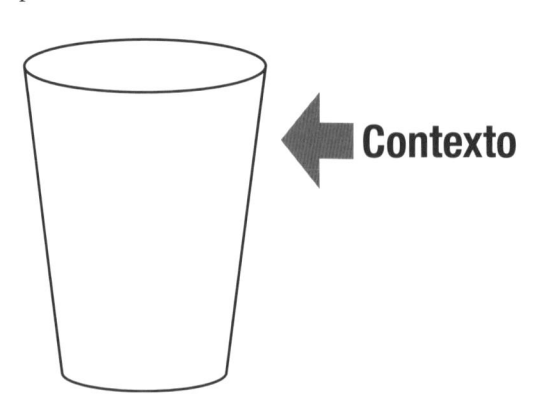

A Educação Trata do Conteúdo

A educação tradicional se concentra em *conteúdo*: leitura, escrita e aritmética.

A educação tradicional *não* foca no contexto: o *aluno*.

Meus problemas na escola começaram quando eu não gostava do conteúdo (a água) que meus professores estavam despejando na minha cabeça. Toda vez que eu me opunha, dizendo "Por que estou estudando isso?", a resposta dele era uniformemente a mesma, "Se você não tiver uma boa educação não vai conseguir um bom emprego".

Eu passei a achar que as respostas de meus professores demonstravam uma falta de preocupação com o meu contexto. Eles assumiram que eu queria ser um empregado.

Qual é o Contexto?

O contexto contém o conteúdo. Os contextos podem ser visível, invisível, humano ou não humano.

O contexto de uma pessoa inclui:

- Filosofias
- Crenças
- Ideias
- Regras
- Valores
- Medos
- Dúvidas
- Atitudes
- Escolhas

O contexto de uma pessoa pobre pode ser vislumbrado em suas palavras:

- "Eu nunca vou ser rico."
- "Os ricos não vão para o céu."
- "Eu prefiro ser feliz."
- "O dinheiro não é importante para mim."
- "O governo deveria cuidar de pessoas."

A razão para que muitas pessoas pobres sejam pobres é porque o contexto delas é de pobreza. Na maioria dos casos, mais dinheiro não vai fazer uma pessoa pobre mais rica. Em muitos casos, dar dinheiro a um pobre o mantém pobre por mais tempo... não raro, para sempre.

Essa é também a razão pela qual os ganhadores de loteria logo quebram. O mesmo vale para muitas estrelas do esporte.

Observe a mudança de prioridades, valores e palavras que o contexto de uma pessoa de classe média comunica:

- "Eu tenho que ter uma boa educação."
- "Eu preciso de um emprego bem remunerado."
- "Eu quero uma bela casa em um bom bairro."
- "A segurança no emprego é muito importante."
- "Quanto tempo de férias que eu tenho?"

Pessoas com um contexto de classe média, normalmente, não ficam ricas. Muitas vão fundo em dívidas para "manter as aparências". Em vez de investir, as pessoas com um contexto de classe média apenas consomem mais. Elas compram uma casa maior, tiram férias agradáveis, dirigem carros caros e gastam muito dinheiro em educação.

Como a maioria das pessoas compra a crédito, com frequência se afundam em dívidas – dívidas ruins, dívidas de consumo – em vez de ficarem mais ricas.

Quando ouvem "Há dívidas boas e dívidas ruins", seu contexto se fecha. Tudo o que elas conhecem é dívida ruim, dívidas que as fazem mais pobres. A maioria não pode compreender a ideia de dívida boa, o tipo de dívida que pode torná-las mais ricas.

Para muitas dessas pessoas, o melhor é simplesmente seguir o conselho daqueles que recomendam "Corte seus cartões de crédito e fiquem completamente fora das dívidas". Esse é o conteúdo (a água) que seu contexto pode manipular.

Quando se trata de investir, as pessoas de classe média têm um contexto, um sistema de crenças, que apoia a posição de que "investir é arriscado". Isso porque a maioria investe em educação tradicional por diplomas universitários, mas falham em investir em educação financeira.

Os exemplos de declarações que refletem o contexto de uma pessoa rica podem incluir:

1. "Eu tenho que ser rico."
2. "Eu tenho meu próprio negócio e meu trabalho é minha vida."

3. "A liberdade é mais importante do que a segurança."
4. "Eu aceito desafios para aprender mais."
5. "Eu quero saber até onde posso ir na vida."

Essas pessoas são verdadeiros capitalistas. Elas sabem como usar TOP (talento de outras pessoas) e DOP (dinheiro de outras pessoas).

Quando uma pessoa de classe média põe seu dinheiro em poupanças ou fundos de previdência em um banco, o banqueiro empresta esse dinheiro para o capitalista.

Esse foi o jeito do Pai Rico dizer, "O contexto é mais importante do que o conteúdo".

Uma das razões para a escola ter sido difícil para mim é que eu não tinha planos de ser um empregado. Eu queria ser um *empregador*, um empreendedor.

Cada vez que um professor tentava me motivar com "Se você não tirar boas notas, não vai conseguir um bom emprego", eu saía do ar... minha mente se desligava. Quando tinha 12 anos, eu já estava trabalhando com Pai Rico há três anos. Eu não vivia mais o contexto de um empregado.

A afirmação "Você não vai conseguir um bom emprego" funcionava com meus colegas que queriam ser empregados. Não comigo.

Se o professor tivesse dito "Eu vou te ensinar como levantar capital para que você possa iniciar o seu próprio negócio", eu teria sido todo ouvidos. Eu teria me sentado na primeira fila da sala de aula. Eu teria dito, "Manda ver, despeje esse conteúdo!".

Minha História

Contexto Antes de Conteúdo

Quando Pai Rico falou sobre "ensinar porcos a cantar", ele viu isso como uma proposição de perde-perde: "Você desperdiça seu tempo. E isso irrita o porco."

Sua mensagem foi:

> *"Você não pode ensinar uma pessoa pobre a ser rica até que ela mude seu contexto. Ensinar uma pessoa com contexto de pobre ou de classe média é um desperdício de tempo... e isso vai irritá-la."*

Eu tenho ensinado empreendedorismo e investimentos por mais de 30 anos. Ensino as lições que meu Pai Rico me ensinou. Posso atestar o fato de que o Pai Rico estava certo. Quando *Pai Rico, Pai Pobre* foi lançado, foi mais do que rejeitado. Ele foi descartado pelos estudantes "A" do mundo editorial. É por isso que, em 1997, eu autopubliquei aquele livro. A maioria dos jornalistas é estudante "A", acadêmicos, que não compartilham o mesmo contexto dos alunos "C" ou os capitalistas. Em 2002, quando o livro *Nós Queremos que Você Fique Rico* foi publicado... pareceu *déjà vu*. Esse livro, que Donald Trump e eu escrevemos juntos, alertou para a iminência da crise financeira e seu impacto potencial sobre a classe média. Ele não foi bem recebido pelo mundo financeiro. Quando eu me perguntei? "Por que a comunidade financeira atacou o nosso trabalho?" As possíveis respostas não foram difíceis de descobrir, quando considerei todos os diferentes contextos em jogo: os proprietários de mídia, seus anunciantes, os jornalistas e suas audiências.

> ### A Lição do Pai Rico
>
> *"Não ensine porcos a cantar.*
>
> *Você perde seu tempo. E isso irrita o porco."*

A Vida é um Contexto

Nossa vida é feita de contextos. Alguns contextos são invisíveis, enquanto outros são físicos e tangíveis. Alguns exemplos de outros contextos são:

1. **A Constituição dos Estados Unidos é um contexto.** A Constituição representa os valores sobre os quais a América foi fundada e que regem o seu funcionamento.
2. **A religião é um contexto.** Por exemplo, os cristãos vivem em um contexto diferente dos muçulmanos. Isso significa que o seu conteúdo também é diferente. Os cristãos acreditam que Jesus é o Filho de Deus e os muçulmanos acreditam que Jesus é um profeta.

   Em outro exemplo, se eu disser a um cristão devoto "O Profeta Mohammed disse...", as chances são de que seu contexto se feche. Mas se eu disser "Jesus dizia ..." para um cristão, as chances são de que seu contexto permaneça aberto.

Em outras palavras, quando alguém diz "Mantenha a mente aberta", ela realmente está dizendo "Mantenha o contexto aberto".

Durante a corrida presidencial dos EUA de 2012, os oponentes do presidente Obama disseram que ele era muçulmano, embora o presidente tenha dito que é cristão. Os opositores de Mitt Romney sussurravam: "Ele não é cristão, ele é mórmon." É o quão poderoso podem ser os contextos.

3. **Filosofias econômicas são contextos.** Por exemplo, durante a mesma eleição, muitas pessoas chamaram o presidente Obama de socialista. Outros chamavam Mitt Romney de capitalista.

    Dependendo do seu contexto econômico pessoal, você aceita ou rejeita o candidato com base em suas filosofias econômicas. Por exemplo, se você fosse um socialista, Mitt Romney ser rotulado como um "capitalista" seria um problema. Se você fosse um capitalista, a ideia de votar em um socialista seria impensável.

4. **A igreja é um contexto físico.** Assim como a academia de ginástica. Nós vamos à igreja com uma finalidade e à academia com outra. Uma é para o reavivamento espiritual e a outra para o físico.

5. **A escola é um contexto físico.** Assim como um prédio de escritórios. Hoje, muitas escolas incentivam os pais a levar seus filhos para o trabalho. Infelizmente, quando a maioria das crianças vai trabalhar com seus pais, elas são confrontadas com o contexto de empregados em vez do contexto dos empresários, os empregadores que criaram o negócio.

6. **A casa é outro contexto físico.** Como pais, perguntem a si mesmos esta questão: Qual é o contexto da nossa casa? É o contexto de uma família pobre, de uma família de classe média de ou de uma família rica?

Mude Seu Contexto... e Mude Sua Vida

Quando voltei do Vietnã, em 1973, meu Pai Rico me sugeriu fazer um seminário sobre o mercado imobiliário. Ele disse: "Se você quer ser rico, tem que aprender a usar dívida para enriquecer."

Dado que meu contexto já era "Quero ser rico", eu segui sua sugestão. Meu contexto facilmente aceitou o conteúdo "de dívidas me enriquecerão". Então, eu me inscrevi em um seminário de investimentos imobiliários de três dias.

Se eu tivesse um contexto pobre ou de classe média, eu teria dito: "Vou pensar sobre isso. Antes de estudar o setor imobiliário, eu acho que vou voltar para a escola e buscar o meu MBA."

Hoje, quando eu digo para as pessoas "O mercado imobiliário é sobre dívidas... dívidas que podem enriquecê-lo. E quanto mais você tem dívidas, menos impostos você vai pagar", não leva muito tempo para seus contextos se fecharem. Dedos vão para os ouvidos e, como crianças, eles repetem o contexto que seus pais lhe incutiram: investir é arriscado. Dívida é ruim. Os ricos são gananciosos. Dívida e impostos não podem torná-lo rico.

Mais uma vez, a lição é: "O contexto determina o conteúdo" ou "Não ensine porcos a cantar... a menos que eles queiram ser porcos que podem cantar."

O seminário de três dias que fiz foi maravilhoso. Embora eu já tivesse aprendido muito com Pai Rico e possuísse o apartamento em que eu morava, o curso me ensinou muito e me fez perceber que eu ainda tinha muito a aprender.

O instrutor era um excelente professor. Era óbvio que ele ensinava porque amava ensinar. Ele era um bem-sucedido investidor imobiliário que não precisava de um salário. Ele era real. Ele praticava o que pregava. O que fazia de suas aulas ainda melhores é que ele não estava ensinando porcos a cantar. A turma toda estava lá para aprender.

Quando o seminário acabou, o instrutor afirmou, "Agora sua educação começa". Ele sorriu para nós e disse: "Esta é a sua atribuição: nos próximos 90 dias, o seu trabalho é buscar, inspecionar, analisar e escrever uma avaliação em 100 ou mais propriedades de aluguel potenciais."

A maioria de nós ficou entusiasmada com a atribuição. Alguns nem tanto. Eles permitiram que seu "contexto perdedor" obstruísse o caminho. Algumas das suas desculpas foram:

1. "Eu não tenho tempo."
2. "Eu tenho que passar algum tempo com minha família."
3. "Eu tenho um trabalho de período integral."
4. "Eu estou saindo de férias."
5. "Eu não tenho dinheiro."

O instrutor apenas sorriu, dizendo: "Eu repito o que eu disse." O curso acabou. Agora, sua educação começa.

Mais do que um Modelo Mental

Muitas pessoas pensam que o contexto é apenas o seu modelo mental. Mas o contexto é mais do que seus pensamentos. O contexto é o seu núcleo, seu corpo, sua mente e o seu espírito. Enquanto a mentalidade possa ser fácil de mudar, uma mudança completa no contexto é mais profunda.

Usando o dinheiro como exemplo, a razão para que tantas pessoas sejam pobres é que elas têm contexto de uma pessoa pobre relativamente ao dinheiro. Fazer um curso de três dias sobre o mercado imobiliário, sem internalizar e aplicar o que se aprendeu, não vai mudar o seu contexto.

Quando eu contei a meu Pai Rico a atribuição do instrutor de olhar e avaliar 100 propriedades em 90 dias, ele sorriu e disse: "Bom professor."

Pai Rico não usou a palavra contexto. Em vez disso, ele disse, "Se você fizer a tarefa, você mudará a si mesmo e sua visão sobre o mundo. Você vai começar a ver o mundo através dos olhos de uma pessoa rica. A atribuição não vai garantir o sucesso, nem que você vai ficar rico, mas você vai começar a fazer o que os ricos fazem".

Você deve se lembrar do Cone de Aprendizagem de um capítulo anterior. No topo do cone, e considerada a melhor maneira de aprender algo novo e manter o que você aprende, está "fazer a coisa real". A atribuição de olhar para 100 propriedades em 90 dias era uma simulação do real.

Graduação

No final do seminário imobiliário, o instrutor dividiu o grupo em equipes. Havia seis pessoas na minha equipe. Tínhamos que fazer o exercício de 90 dias juntos.

Na primeira semana após o curso, dois membros de nossa equipe desistiram. Eles não apareceram para o nosso primeiro encontro. Nós nunca mais soubemos deles. O contexto deles venceu.

Sobraram quatro pessoas. Continuamos com a nossa missão por cerca de mais quatro semanas, quando outro membro deixou a equipe, dizendo: "Imóveis não são para mim". Mais uma vez, o seu contexto venceu.

No início do terceiro mês, 60 dias no processo, uma quarta pessoa saiu após nos dizer: "Quero passar mais tempo com minha família".

Dois de nós terminou o processo de 90 dias. Foram avaliadas 104 propriedades. John, a pessoa que concluiu o processo comigo, tornou-se um construtor imobiliário e fez milhões. Eu também não me sai muito mal. Nós dois pagamos 385 dólares pelo curso de três dias.

Educação versus *Transformação*

Minhas escolhas educacionais mudaram a minha vida. Após alguns meses do início do meu programa de MBA, um gesto para manter meu Pai Pobre feliz, eu perdi o interesse e cai fora. O problema com esse programa era que eu sabia que ele não iria transformar minha vida. Eu já tinha duas profissões que remuneravam bem e para as quais eu poderia voltar: uma como oficial petroleiro da Standard Oil, a outra como piloto de companhias aéreas. Mesmo se eu tivesse concluído o programa de MBA, eu ainda teria que ser um empregado.

Eu me inscrevi para o seminário sobre imóveis porque estava buscando minha nova escola de voo. Eu queria ser transformado. Eu queria evoluir para uma borboleta, e não passar a vida como uma lagarta, uma pessoa apegada a um emprego, a um salário fixo e benefícios.

Contextos e o Quadrante

Os quatro quadrantes do quadrante *CASHFLOW* são contextos. Para que uma pessoa pare seu trabalho para começar o próprio negócio, primeiro ela tem que mudar seu contexto. A evolução dos quadrantes E ou A para os quadrantes D ou I é, novamente, uma mudança de contexto.

Mudar de contexto leva tempo. Isso não acontece da noite para o dia. É mais do que uma mudança de mentalidade. Exige mais do que pensamento positivo. É um processo de evolução mental, física e espiritual. Ela exige muita fé, coragem, autoestima e uma avidez por aprender rapidamente.

Donald Trump e eu adoramos falar para os jovens nas universidades. Adoramos especialmente falar com as organizações de marketing de rede. A razão é que as pessoas nos marketings de rede são aprendizes vorazes. Elas têm muita

A Lição do Pai Rico

Se você quer mudar sua vida... mude seu contexto.

energia e estão animadas e ansiosas para aprender. Por que elas são tão energéticas? Porque elas estão no processo de transformação, um processo que requer muita energia, mais do que apenas educação. A maioria está evoluindo para fora dos quadrantes E e A, indo para o

> **A Lição do Pai Rico**
>
> *Se você quer transformar sua vida... você precisa aprender a transformar sua renda.*

mundo dos quadrantes D e I. Elas sabem que não estão aprendendo a procurar um emprego. Elas sabem que o mundo em que estão entrando é um mundo sem salário fixo. É por isso que são grandes plateias. Donald e eu compartilhamos de seu contexto, razão pela qual elas amam o nosso conteúdo.

A maneira como uma pessoa se transforma é transformando seu tipo de receitas. Quando uma pessoa transforma as suas receitas, transforma a sua vida.

A educação financeira deve incluir o conhecimento dos três tipos de receitas.

A maioria das pessoas, até mesmo os estudantes "A", aprende sobre apenas um tipo de renda. Os ricos trabalham pelos outros dois tipos adicionais.

Os Três Tipos de Renda

No mundo do dinheiro, existem três tipos de renda:

1. Ordinárias (também chamadas de comuns)
2. Portfólio (também chamada de carteiras)
3. Passiva

Esses três tipos de rendimentos existem em todo o mundo. E, na maioria dos casos, os pobres e a classe média trabalham por receitas ordinárias. Os ricos trabalham por rendimentos de carteira ou passivas.

Mesmo o jogo *Banco Imobiliário* ensina essa lição vital. No *Banco Imobiliário*, quando você compra uma casa verde – digamos que você pague $200 pela casa verde e ela, por sua vez, lhe paga $10 – o jogador converteu seu dinheiro. O jogador converteu $200 da renda de um salário em $10 pela receita passiva recorrente a cada mês. Você não precisa ser um estudante "A" para entender essa transformação da renda.

Por que Algumas Pessoas Ricas Quebram

A razão de tantos vencedores de prêmios milionários de loteria e atletas profissionais bem pagos acordarem um dia e descobrirem que estão quebrados é porque eles não conseguiram transformar sua renda.

Muitos médicos, advogados e empresários de alta renda do quadrante A estão com problemas hoje, ou não são tão ricos quanto poderiam ser, porque eles não conseguiram transformar sua renda.

Especialistas em finanças dizem, "Trabalhe duro, poupe dinheiro e invista em fundos de previdência", mas uma pessoa que segue esse conselho não transforma seu dinheiro.

Quando as pessoas trabalham por dinheiro estão trabalhando por renda ordinária, a mais altamente tributada de todas as três formas de renda. Quando as pessoas economizam dinheiro, elas estão trabalhando por receitas ordinárias, neste caso, os juros sobre suas economias. E quando as pessoas retiram dinheiro de seus planos de aposentadoria, elas retiram o dinheiro como renda ordinária.

Isso é verdade não só nos Estados Unidos, mas também na maioria dos países ocidentais, embora os nomes dos planos de aposentadoria ou programas possam ser diferentes.

É fundamental que os pais compreendam as distinções entre os diferentes tipos de renda e ensinem seus filhos a transformar suas vidas, aprendendo a transformar o seu dinheiro.

Quais são as principais diferenças entre os três tipos de renda?

Renda Ordinária é o dinheiro do *salário*, geralmente. É o mais altamente tributado de todos os três rendimentos. A maioria das pessoas vai para a escola para aprender a trabalhar por renda ordinária. Após a formatura, a maioria vai se tornar assalariada. Se você trabalha por dinheiro, você está trabalhando por renda ordinária. Ironicamente, os fundos de previdência também são tributados como receitas ordinárias. Quando você se aposenta, os rendimentos da sua aposentadoria serão tributados como renda ordinária. Em minha opinião, existem maneiras melhores de se poupar para a aposentadoria do que um plano dessa natureza.

Rendas de Portfólio (ou de Carteiras) também são conhecidas como *ganhos de capital*. A maioria dos investidores investe por portfólio, receitas ou ganhos de capital. Um ganho de capital ocorre quando você compra na baixa e vende na alta. Por exemplo, se você comprar uma ação por $10 e vendê-la por $15, este é um evento de ganhos de capital, com um lucro de $5, depois é tributado como renda de portfólio.

Os impostos são uma das muitas razões pelas quais eu raramente invisto em ações. Não faz sentido para mim correr riscos investindo em ações apenas para pagar impostos, se eu ganhar. Os ganhos de capital sobre ações são atualmente tributados a 20%.

Renda Passiva é também conhecida como fluxo de caixa. No jogo *Banco Imobiliário*, os $10 que o jogador recebe para alugar uma casa verde é um exemplo de renda passiva ou fluxo de caixa. A renda passiva costuma ser tributada a taxas mais baixas do que as outras fontes de renda.

Investir em fluxo de renda de baixa tributação requer o mais alto nível de educação financeira e experiência. Isso será discutido mais em seções posteriores deste livro.

Transforme Sua Vida

A atribuição de 90 dias, após meu seminário de três dias, foi um processo de transformação. Assim como ilustra o Cone de Aprendizagem, foi um processo de simulação, antes de fazer a coisa real.

Simulação no mundo dos esportes é conhecida como *prática*. No teatro, a simulação é conhecida como *ensaio*.

Na escola, não há espaço para erros. Um aluno faz um exame, o professor subtrai os números errados dos certos, dá uma nota e as aulas continuam.

Uma razão pela qual muitos alunos "A" não vão tão longe quanto poderiam na vida é porque sob seu contexto, que nesse caso é o seu sistema de crenças arraigadas, cometer erros significa ser estúpido.

Nos negócios, os empresários sabem que os erros são experiências de aprendizagem, e – em muitos casos – são *feedbacks* valiosos de seu modelo de negócio, produto ou serviço.

A razão para que eu recomende que, quando as pessoas jogam o jogo *CASHFLOW*, joguem pelo menos 10 vezes, não é para ganhá-lo, mas cometer tantos erros quanto possível e aprender com eles. Cada jogo, especialmente aqueles em que você perde, na verdade o tornam mais inteligentee e mais preparado para o mundo real. Como o Cone de Aprendizagem ilustra, simulações (jogos, prática, ensaios) são o que você faz antes de fazer a coisa real.

Por que os Estudantes Fracassam

Uma razão para que ser um estudante "A" não garanta o sucesso na vida é porque há mais do que a inteligência que é reconhecida pelo sistema escolar.

Em 1983, Howard Gardner, professor da escola de pós-graduação da Universidade Harvard, publicou seu livro *Estruturas da Mente: A Teoria das Inteligências Múltiplas.*

A seguir, uma breve descrição das Sete Inteligências de Gardner.

1. **Verbo-Linguística** Pessoas dotadas de inteligência verbo--linguística tendem a ser boas em ler, escrever e memorizar palavras e datas. Elas aprendem melhor lendo, tomando notas e ouvindo palestras. Essas pessoas têm o cérebro esquerdo dominante.

   A escola é relativamente fácil se você é forte nessa inteligência. A maioria dos alunos "A" é forte na inteligência verbo-linguística. Muitos se tornam jornalistas, advogados, escritores e médicos.

2. **Lógico-matemática** Aqueles dotados com essa inteligência se dão bem em matemática. Eles se sentem confortáveis com os números, com problemas numéricos, lógica e abstrações. Essas pessoas costumam ter o cérebro esquerdo dominante.

   Estudantes com essa inteligência também se dão muito bem nos ambientes das escolas tradicionais e com frequência se tornam estudantes "A". Muitos se tornam engenheiros, cientistas, médicos, contadores e analistas financeiros.

3. **Corpo-Cinestésica** Esses alunos são muitas vezes dotados fisicamente. Eles tendem a aprender melhor, se movimentando e executando coisas.

   Essa inteligência se manifesta nas aulas de educação física, nos campos de futebol, nos estúdios de dança, de artes dramáticas, carpintaria ou concessionárias de automóveis.

   Os atletas profissionais, dançarinos, atores, modelos, cirurgiões, bombeiros, soldados, policiais, pilotos de avião e carros de corrida e mecânicos são muitas vezes dotados com essa inteligência.

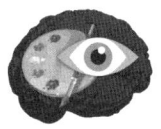

4. Espacial Essa inteligência é forte em arte, visualização, projeto e resolução de enigmas. Essas pessoas são geralmente consideradas com o lado direito do cérebro dominante.

Alunos superdotados com essa inteligência tendem a não se dar bem em ambientes tradicionais de educação. Eles se dão melhor nas escolas que se concentram em arte, cor, design e arquitetura. Esses alunos se tornam artistas, decoradores, designers de moda e arquitetos.

5. Musical Essa inteligência é sensível a música, ritmo, afinação, melodia e timbre. Essa pessoa muitas vezes canta e toca instrumentos musicais também.

Essa inteligência não se dá bem em um ambiente de educação tradicional. Uma pessoa com esse dom ficará melhor em ambientes musicais de aprendizagem, como escolas de artes.

6. Interpessoal Essas pessoas são comunicadores. Elas são geralmente populares e extrovertidas, exibindo sensibilidade a humores, sentimentos, temperamentos e motivações das outras pessoas.

Uma pessoa dotada dessa inteligência muitas vezes se dá bem na escola, especialmente em concursos de popularidade como disputa para representante de turma ou do centro acadêmico. Essas pessoas tendem a se dar bem em vendas, política, educação e trabalho social.

7. Intrapessoal Essa inteligência é muitas vezes chamada de inteligência emocional. Essa inteligência lida com a autorreflexão e a introspecção. A inteligência emocional refere-se a ter uma profunda compreensão de si mesmo, conhecer os próprios pontos fortes e fracos e aquilo que o torna único, com a capacidade de lidar com as reações e emoções.

A inteligência intrapessoal é crucial para ambientes de alta tensão. Na verdade, a inteligência intrapessoal é fundamental para o sucesso em quase todos os campos ou profissões.

A Inteligência do Sucesso

A inteligência intrapessoal significa a comunicação voltada para dentro de si mesmo. Isso significa ser capaz de falar com você mesmo e controlar suas emoções. Por exemplo, quando alguém está irritado e diz para si mesmo "Conte até dez antes de falar", essa pessoa está exercitando a inteligência intrapessoal. Em outras palavras, ela fala consigo mesma antes de abrir a boca e deixar suas emoções falarem.

A inteligência intrapessoal é importante para o sucesso, especialmente quando os tempos são difíceis e uma pessoa quer sair do emprego ou está com medo.

Todos nós conhecemos pessoas que são altamente emocionais. Ao invés de pensar logicamente, as pessoas altamente emocionais tendem a deixar as suas emoções comandarem suas vidas, muitas vezes, dizem ou fazem algo que se arrependem mais tarde.

A inteligência emocional não significa ser desprovido de emoções. Inteligência emocional significa que você sabe que é bom estar com raiva, mas a raiva não foge do controle. Você sabe que não há problema em se sentir magoado, mas há problemas em fazer algo estúpido em nome da vingança.

Muitos de nós conhecemos uma pessoa que é muito inteligente, vamos dizer em matemática, mas permite que suas emoções danifiquem outras áreas de suas vidas.

Vícios são muitas vezes causados pela falta de inteligência emocional. Quando frustrada, com raiva, ou com medo, a pessoa pode comer, beber, fazer sexo ou usar drogas para anestesiar a dor emocional. Algumas pessoas vão às compras quando entediadas, gastando o dinheiro que não têm.

No lado positivo, todos nós conhecemos pessoas que foram vítimas de abuso extremo e os superaram. Um exemplo é Nelson Mandela. Ele foi injustamente preso na África do Sul, ainda assim emergiu como um grande homem, em vez de um homem vingativo. Eventualmente, ele veio a ser o líder do país que o prendeu. A grandeza é muitas vezes o reflexo de uma pessoa com alta inteligência emocional.

A inteligência emocional é muitas vezes sinônimo de "inteligência do sucesso", porque as pessoas de sucesso são bem-sucedidas em controlar suas emoções, especialmente em situações estressantes.

- "Ela é calma sob pressão."
- "Ela atinge seus objetivos."

- "Ele controla seu temperamento."
- "Ele consegue enxergar os dois lados."
- "Ele deixou de fumar faz cinco anos."
- "Ele será verdadeiro, mesmo que aparente ser ruim."
- "Ela mantém suas promessas."
- "Ele é persistente e disciplinado."
- "Ela não dá desculpas."
- "Ele admite os seus erros."

Estes são também os comentários muitas vezes feitos sobre pessoas bem-sucedidas.

Agindo Como Crianças

A maioria de nós já viu crianças...

- Chorarem quando infelizes
- Reclamarem quando não conseguem o que querem
- Desistirem quando estão cansadas
- Tornarem-se egoístas com seus brinquedos
- Culpar alguém por seus erros
- Mentir
- Correr para mamãe e papai em busca de segurança
- Tornarem-se ciumentas quando um amigo ganha um brinquedo novo
- Recusarem-se a pegar suas roupas
- Esperarem que lhe deem tudo.

A maioria dos adultos pode tolerar esses comportamentos em crianças, porque, afinal, elas são apenas crianças. A maioria dos adultos dirá: "Elas vão crescer e superar isso tudo."

Infelizmente, muitas pessoas não superam esses comportamentos infantis. Muitos adultos se tornar hábeis em disfarçar ou esconder sua imaturidade emocional por trás de uma fachada, um ato.

Todos nós conhecemos adultos que sorriem e são educados quando são apresentados a você. Então, depois que você começa a conhecê-los melhor, percebe a criança mimada atrás de uma máscara de adulto. Assim que passamos a conhecê-las um pouco melhor, vemos muitas vezes a falta de maturidade emocional. Você pode perceber essa imaturidade em declarações como:

- "Você não pode confiar nele."
- "Ela vai dizer-lhe qualquer coisa que você queira ouvir."
- "Ele sorri, e então te apunhala pelas costas."
- "Ele perde a paciência facilmente."
- "Ele vai sair quando as coisas ficarem difíceis."
- "Ela só se queixa."
- "Ele trai a mulher."
- "Ela é gananciosa."
- "Ele não aceita críticas."
- "Ela gosta de fofoca."

Em outras palavras, muitas pessoas crescem fisicamente, mas falham em amadurecer emocionalmente. Muitos adultos ainda são crianças interiormente. Eles vão para a escola, arrumam um emprego e a criança emerge no ambiente de trabalho. Recebem seus salários e mais uma vez a criança emerge e eles gastam todo o dinheiro. Os anos passam e um dia eles ficam imaginando o que aconteceu com suas vidas. Trabalharam por anos, mas nada têm o que mostrar.

É essa falta de desenvolvimento emocional que muitas vezes dificulta a vida dos adultos no mundo real. Muitos adultos passam a vida fazendo o que querem fazer, em vez de fazer o que precisam fazer.

A inteligência emocional é essencial para o sucesso no longo prazo. Na prática, isso pode significar:

- Ir à academia, em vez de ficar na cama
- Ter aulas de educação financeira, mesmo se você não quiser
- Ser gentil, quando os outros não são
- Caminhar, em vez de comer
- Não beber, mesmo estando a fim
- Dizer a verdade, mesmo se isso te faz mal
- Fazer uma chamada telefônica que você não quer fazer
- Voluntariar-se mesmo quando você está ocupado
- Controlar o seu temperamento, em vez de perdê-lo
- Desligar a TV e passar tempo com sua família, especialmente se estiver passando o seu programa favorito.

Em outras palavras, ser adulto muitas vezes significa crescer emocionalmente.

De Lagarta para Borboleta

Quando o meu curso de três dias foi concluído, a minha transformação começou. Avaliar 100 propriedades em 90 dias não foi realmente difícil. Quase todo o mundo poderia fazê-lo. Tudo o que eu tinha a fazer era continuar por 90 dias e aplicar o que eu tinha aprendido. Como a maioria das pessoas, eu não tinha muito dinheiro. Oficiais da Marinha não ganham muito dinheiro. E eu não tinha muito tempo, dado que eu ainda estava voando para o corpo de fuzileiros navais e cursava o MBA à noite.

Os 90 dias foram um teste da minha inteligência emocional, a inteligência do sucesso.

No final do período de 90 dias, eu sabia exatamente qual propriedade seria meu primeiro investimento. E, eu sabia o porquê. Eu estava animado. Como Pai Rico disse muitas vezes, eu estava vendo um mundo que poucos conseguiram ver.

A propriedade era um apartamento de um quarto na ilha de Mauí. Ele ficava do outro lado da estrada de uma das praias mais bonitas da ilha. Todo empreendimento estava em execução de hipoteca e o preço do apartamento era de 18.000 dólares.

Eu não tinha o dinheiro. Eu não tinha sequer o pagamento da entrada.

Seguindo o que me foi ensinado, eu usei meu cartão de crédito para pagar 1.800 dólares, referentes aos 10% da entrada. O vendedor financiava os restantes 16.200 dólares. Depois de todas as despesas pagas, incluindo o pagamento da hipoteca, eu colocava líquido 25 dólares no bolso a cada mês. Esse pequeno negócio mudou minha vida.

Embora a renda passiva não fosse muito dinheiro, a minha transformação pessoal foi enorme. Agora eu sabia que poderia ser rico. Eu já tinha o contexto do meu Pai Rico. Eu sabia que nunca mais iria precisar de dinheiro. Eu sabia que nunca poderia dizer "Eu não posso pagar". Mais importante, a minha vida foi transformada de um estudante "C" na escala de classificação acadêmica para um aluno "C" no mundo do capitalismo. Meu desejo de aprender era imenso.

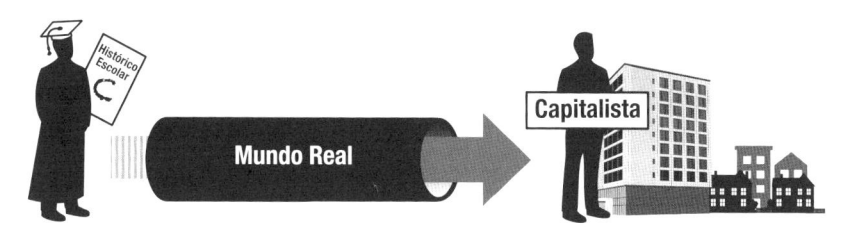

Eu já não me importava com meus títulos universitários ou quais escolas eu havia frequentado. O único histórico escolar que conta para os alunos "C" no mundo do capitalismo é a sua demonstração financeira.

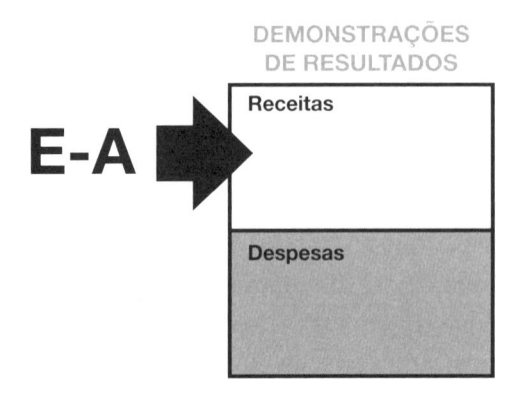

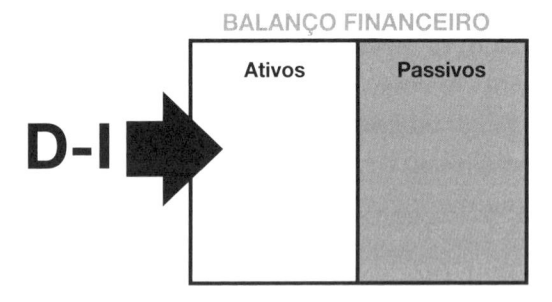

Como Vocês Fizeram?

Quando Kim e eu nos aposentamos, ela tinha 37 anos e eu tinha 47. Muitas pessoas nos perguntaram como nós fizemos. Dizer que era difícil de explicar é um eufemismo. Imagine dizer a pessoas normais, muitas vezes bem diplomadas, que usamos dívidas e impostos para ficar ricos e nos aposentarmos mais cedo.

Em vez de falar, passamos os próximos anos criando nosso jogo *CASHFLOW*. É o único jogo no mundo que usa uma declaração financeira como tabuleiro.

O objetivo do jogo é ensinar aos jogadores como transformar sua renda ordinária em renda passiva e de portfólio. Muitos jogadores relatam que o jogo mudou suas vidas. Ele mudou porque foi projetado para alterar o contexto de uma pessoa.

Minha Vida Mudou

Apesar de eu ter aprendido muito, depois de anos com Pai Rico, foi preciso um curso de imóveis e 90 dias para cometer erros para as luzes se acenderem em minha cabeça. Quando isso aconteceu, eu sabia que a minha transformação havia começado. Vinte e cinco dólares por mês não é muito dinheiro, mas foi um passo gigante para os quadrantes D e I.

Meu ponto de vista mudou. Meu foco mudou. Minha transformação estava começando.

Conclusão

A tragédia grega que está acontecendo mundo afora não é um erro. É o que acontece sempre que um país, organização ou pessoa descansa sobre os louros. É o resultado de ficar preso ao passado – e se esquecer de que o mundo está mudando.

A razão pela qual muitos atletas profissionais, ganhadores de loteria e muitas pessoas de alta renda perdem tudo é porque não aprendem a transformar o dinheiro ... e que, na transformação de seu dinheiro, eles poderiam transformar suas vidas.

O problema com a escola é que a maioria das crianças é proveniente de lares (contexto) onde os pais trabalham por renda ordinária e frequentaram escolas (contexto... reforçado) onde aprenderam a trabalhar por renda ordinária. Isso é educação, não transformação.

A razão para que a transformação seja difícil, mesmo para os alunos "A", é porque a transformação requer inteligência emocional mais do que qualquer outro tipo de inteligência.

Quando uma pessoa aprende a transformar seu dinheiro de renda ordinária para renda passiva e de portfólios, ela começa sua transformação do contexto dos quadrantes E e A para o contexto dos quadrantes D e I. É o mesmo processo de transformação que uma lagarta passa antes de se transformar em borboleta.

Se você quer mudar sua vida, mude o seu contexto e aprenda a mudar o tipo de renda para a qual você trabalha.

E lembre-se, não tente ensinar porcos a cantar... a menos que o porco *queira* aprender a cantar.

Passos Iniciais de Ação para os Pais

Ensine seu filho que o dinheiro não faz as pessoas ricas.

Muitas pessoas acreditam que é o dinheiro que faz as pessoas ricas. Na vida real, o dinheiro pode fazer as pessoas pobres – e com frequência faz.

Durante as suas Noites de Educação para a Riqueza em família use o exemplo das estrelas milionárias dos esportes que vão à falência. Esse paradoxo de pensamento fará com que a mente do seu filho se abra e procure respostas para entender a relação entre *dinheiro* e *ser rico*.

Em seguida, use o jogo *Banco Imobiliário* ou o *CASHFLOW* para explicar por que as pessoas com mais casas verdes e hotéis vermelhos – com mais ativos em sua declaração financeira – são as pessoas mais ricas do mundo.

Fale sobre o que faz as pessoas ricas e use este livro para explicar as razões por que algumas pessoas ricas ficam pobres. As discussões vão levar o seu filho a perceber que sua mente – não seu dinheiro – é o que o torna rico. E ele pode perceber que não precisa de dinheiro para se tornar rico.

Ganância ou Generosidade... O que Ensinam as Escolas?

LIÇÃO #7:
POR QUE OS GÊNIOS SÃO GENEROSOS

Qual é o segredo para criar um filho que seja generoso? É realmente muito simples: sem educação financeira, muitas pessoas deixam a escola financeiramente desesperadas, carentes e gananciosas. A educação financeira, o tipo de educação financeira que transforma a mente e o espírito, abre nossos olhos para outros pontos de vista. Ela nos mostra o quanto é importante ver os dois lados de uma moeda.

O que nossas escolas estão ensinando a nossos filhos? Estão dando-lhes peixe para comer... mantendo-os necessitados e, muitas vezes, gananciosos? Ou será que elas ensinam as crianças a pescar... para serem autossuficientes, inovadores e responsáveis o suficiente para alimentarem a si próprios?

Como pai, você pode mostrar a uma criança um caminho na vida em que se pode aprender a usar seus dons – seus talentos, sua genialidade – para criar uma vida em que estejam livres do medo e da preocupação de como vão sobreviver. Ao encontrar e desenvolver os dons de seu filho você pode também ensiná-los a serem generosos.

As Razões

Existem dezenas de perguntas que faço a mim mesmo quando penso sobre o que as crianças aprendem na escola e como a maioria das escolas preparam mal nossos filhos para o mundo real.

- Por que a maioria dos estudantes quando sai da escola busca segurança no trabalho?
- Por que tantos funcionários esperam que seus empregadores cuidem deles por toda vida?
- Por que, hoje, os programas de assistência social são os maiores programas da história dos governos?
- Por que os EUA estão indo à falência, incapazes de financiar os seus vários programas de assistência social?
- Essa carência é causada pela incapacidade de um sistema de ensino que prepare os alunos para o mundo real?
- As escolas promovem "a mentalidade de direitos"?
- As nossas escolas estão matando o sonho capitalista?

América: Terra dos Necessitados

Mais de 150 anos atrás, Alexis de Tocqueville, um aristocrata francês, escreveu sobre o poder do sonho americano e como milhões de pessoas de todo o mundo emigravam para a América em busca desse sonho.

Na Europa e na Ásia, na época, havia basicamente duas classes de pessoas: a realeza e todos os outros. Se você nascesse na classe camponesa, nunca poderia ser um nobre, não importa o quão arduamente você trabalhasse. O sonho americano representou a oportunidade para alguém que era um camponês de se tornar um americano "nobre", alguém que poderia possuir propriedades, controle de produção (de bens ou serviços de uma empresa que poderia possuir), e trabalhar duro para criar a vida dos seus sonhos. O sonho americano, o espírito do empreendedorismo, é a força motriz por trás do capitalismo.

Esse sonho foi o espírito que levou as pessoas a deixarem suas terras e emigrar para a América. Enquanto a maioria ficou feliz em ingressar para a classe média americana, os Estados Unidos de fato criaram a sua própria realeza – empresários como Henry Ford, Thomas Edison, Walt Disney, Steve Jobs e Mark Zuckerberg.

Alexis de Tocqueville acreditava que os americanos podiam tolerar o fosso entre os ricos e os pobres, desde que houvesse esperança de que pessoa pudesse se mover do campesinato para a classe média e, talvez até mesmo, se tornar rica.

Em 2007, quando os mercados despencaram, o sonho americano começou a morrer. Como a crise econômica se alongou e mais pessoas perderam seus empregos, casas, empresas e fundos de aposentadoria, o espírito que tinha sido a força motriz dos EUA começou a morrer.

A base do *status* de classe média era possuir uma casa própria. Hoje, milhões de casas valem menos do que o valor de suas hipotecas. Milhões de pessoas perderam suas casas e estão alugando. Hoje, mais pessoas estão deixando de ser da classe média e estão ingressando nas fileiras da pobreza, em vez de passar para a classe média alta ou se juntar aos ricos.

Em 2011, o número de americanos vivendo na pobreza chegou a 46,2 milhões de pessoas. Aproximadamente um em cada seis americanos vive, hoje, na pobreza, e o número está crescendo. Quando uma pessoa não tem nenhuma propriedade, ela engrossa as fileiras dos pobres e se torna dependente do governo, para que cuide dela. Infelizmente, alguns se voltam para o crime – crime nas ruas e crimes de colarinho branco.

Quanto mais as pessoas perdem seus bens pessoais, mais provável se torna que as filosofias do comunismo, socialismo e fascismo floresçam dentro da América. E os capitalistas se tornarão o novo inimigo.

A América tornou-se uma grande nação, porque as pessoas iam em busca de oportunidades para uma vida melhor. Elas queriam ter sucesso. Elas queriam ser capitalistas. Então, alguma coisa mudou. Hoje, em vez de trabalhar duro em busca do sonho americano, muitos sentem que têm *direito* ao sonho americano.

Em todo o mundo, milhões de pessoas, não só os americanos, parecem pensar que o mundo lhes deve o sustento. Muitas pessoas vão para a escola, recebem uma ótima educação, conseguem um emprego e depois esperam que a empresa para a qual trabalham ou o governo cuidem delas para sempre.

O crescimento da "mentalidade de direitos", da mentalidade do assistencialismo, joga importante papel na maneira como os indivíduos veem suas responsabilidades financeiras pessoais.

Estas perguntas vêm à mente:

- Até que ponto os problemas financeiros, especialmente aqueles enfrentados por Grécia, França e o estado da Califórnia, são resultado de uma mentalidade de direitos?
- Por que alguns dos melhores benefícios assistenciais vão para nossos líderes – o presidente da República, os líderes do Congresso e outros funcionários públicos? Uma vez que um presidente ou deputado é eleito, nós, os contribuintes, cuidamos deles por toda a vida. Eu me

pergunto: se eles são qualificados para serem nossos líderes, por que não podem cuidar de si mesmos?

- Por que nossos funcionários públicos se sentem no direito à segurança financeira vitalícia? Quando a mudança de serviços públicos para serviços de interesse próprio ocorreu? Quantos funcionários públicos trabalham por segurança do trabalho e por benefícios, em vez de estar a serviço do público?
- Por que os CEOs e outros executivos de empresas se sentem no direito de receber melhores pacotes financeiros do que os seus empregados? Se eles são inteligentes o suficiente para serem funcionários altamente remunerados, eles não deveriam ser inteligentes o suficiente para cuidar de si mesmos?
- Por que as pessoas de todo o mundo sentem que têm o direito de ter seu governo ou seu empregador cuidando delas por toda vida?

De onde vem essa mentalidade de direitos? Será que vem de nossas escolas e de um sistema escolar dirigido por sindicatos de professores que lutam pela posse e segurança do trabalho e os benefícios por toda vida? Por que os professores dão notas nos testes dos alunos, mas se recusam a receber notas por seu desempenho como profissionais? Será que eles passam a mentalidade de direitos aos nossos filhos? A educação financeira poderia ter um impacto sobre a mentalidade assistencialista que vemos dentro do sistema de ensino?

A Visão Americana do Capitalismo

Na introdução deste livro, citei o livro do Dr. Frank Luntz, *What Americans Really Want...Really* (*O que os Americanos Realmente Querem*). Especificamente, citei os comentários sobre quem os americanos respeitam hoje e quem eles odeiam. Quero repetir o que ele escreveu aqui, porque é muito alinhado com os pontos-chave deste capítulo, a ideia de que nossas escolas ensinam aos alunos a serem carentes e gananciosos.

"... É difícil dizer qual se tornou a emoção mais forte: respeito por empresários ou ódio dos CEOs."

Dr. Luntz também afirma:

"Na verdade, em uma relação de 3 para 1, os americanos agora confiam mais nos empresários do que confiam nos CEOs de sucesso."

"No mundo de hoje, os 'capitalistas' assustam as pessoas, e 'capitalismo' é abreviação para CEOs, presidentes de empresas, tomando para si dezenas de milhões de dólares no mesmo dia em que suas canetas eliminam 10.000 postos de trabalho."

Dr. Luntz descobriu que os americanos respeitam os empresários que ainda perseguem o sonho americano. Ele escreve:

"A pequena empresária, mesmo que ela (mulheres proprietárias de pequenas empresas estão entre os segmentos de crescimento mais rápido da economia em crise) seja bem-sucedida, não está se pagando bônus que totalizam dezenas de milhões de dólares. Ela não tem paraquedas dourado, a menos que seu negócio esteja oferecendo aulas de paraquedismo. Ela tem que olhar seus empregados diretamente nos olhos quando chega a hora de colocá-los para fora, em vez de apenas emitir um decreto corporativo. Ela passou uma vida inteira de noites mal dormidas, sem saber se seu negócio iria dar certo e se ela iria decepcionar seus empregados."

"Os americanos percebem que existe um risco muito maior em investir o próprio tempo, o próprio dinheiro e o próprio coração para começar um negócio – e é ainda mais difícil transformá-lo em um sucesso. E esses riscos assumidos pelos proprietários de pequenos negócios são todos em busca de recompensa financeira muito menor do que aquelas de suas contrapartes, os CEOs."

Repetindo as afirmações do Dr. Luntz sobre os MBAs:

"Esqueça os MBAs. A maioria das escolas de negócio ensina a ser bem-sucedido nas grandes corporações, ao invés de ensinar a abrir seu próprio negócio."

Capitalistas versus *Capitalistas Administradores*

John Bogle, um empreendedor e *verdadeiro capitalista*, é o fundador do *Vanguard Fund*, uma das maiores empresas de fundos de investimento do mundo. Ele é muito crítico dos *capitalistas administradores*.

Em seu livro *The Battle for the Soul of the Capitalism* (*A Batalha pela Alma do Capitalismo*), Bogle aborda "como o sistema financeiro minou os ideais sociais, danificou a confiança nos mercados, roubou trilhões dos investidores".

Em uma entrevista sobre seu livro, ele declarou: "Nós tivemos o que eu descrevo em meu livro como uma mutação patológica do *capitalismo tradicional de propriedades*, onde os proprietários colocam a parte do leão do capital e recebem a parte do leão das recompensas, para um nova forma de capitalismo de gestão, onde os administradores estão colocando seus interesses à frente dos proprietários diretos." Por *proprietários diretos*, Bogle está se referindo aos acionistas das empresas de capital aberto.

Bogle está dizendo que muitos de nossas maiores corporações são dirigidas por *capitalistas administradores*, não capitalistas verdadeiros. Eles são empregados, não empreendedores. Muitos capitalistas de gestão são os estudantes "A", graduados das melhores escolas de negócios. Capitalistas de gestão não são empresários. Eles não iniciaram o negócio. Eles não possuem o negócio. Como capitalistas administradores, eles têm responsabilidades, mas não correm riscos financeiros pessoais. Eles são pagos se fazem um trabalho bom ou ruim. Eles são pagos... se o negócio prospera ou não e até mesmo quando os funcionários perdem seus empregos ou acionistas perdem o seu investimento.

John Bogle é especialmente crítico de Jack Welch, ex-CEO da General Electric. Jack Welch era um capitalista de gestão, um empregado da GE. Thomas Edison foi o empresário que fundou a General Electric. Thomas Edison não terminou a escola e seus professores o rotularam de "tolo".

Jack Welch, por outro lado, é um homem de alta formação, um engenheiro químico com doutorado pela Universidade de Illinois. Ele também é um dos CEOs mais respeitados do mundo. Muitos acreditam que ele tenha sido um dos melhores CEOs do mundo. Jack Welch é convidado assíduo de programas de entrevistas financeiras, como sendo uma autoridade em negócios.

Bogle discorda, descrevendo Welch como um capitalista administrador que fez um grande trabalho para encher os bolsos de Jack Welch, mas um mau trabalho para os funcionários e os acionistas da General Electric.

A ganância de Jack Welch foi exposta durante o seu processo de divórcio. Em seu livro *A Batalha pela Alma do Capitalismo*, Bogle diz sobre Jack Welch:

"Jack Welch, da General Electric, ganhou um holofote igualmente indesejável para os seus pecadilhos extraconjugais. Seu processo de divórcio trouxe à tona as compensações 'ocultas' que são normalmente concedidas a executivos

aposentados, mas raramente divulgadas. (Se não fosse por seu divórcio, mesmo os acionistas, os verdadeiros donos da GE, nunca teriam tido conhecimento do quanto Welch estava sendo pago.) Enquanto sua remuneração total como CEO da GE certamente se aproximou de um $1 bilhão, seus benefícios suntuosos de aposentadoria, avaliado por um comentarista como sendo de 2 milhões de dólares por ano, incluía um apartamento em Nova York com entregas de flores e vinho diariamente e uso ilimitado de um jato da companhia. No entanto, ele parece ter pouco de sobra, dado que a sua doação para caridade não passou de 614 dólares por mês.”

Bogle salienta que as compensações milionárias da aposentadoria de Jack Welch foram concedidas pelo Conselho de Administração da GE... também capitalistas administradores.

“Eles deram esses prêmios, apesar do fato de que o mercado de ações não achou que Welch tinha feito um trabalho muito bom. Em 2000, o valor de mercado da GE era de 600 bilhões de dólares. Quando Jack Welch se aposentou, o valor da GE havia caído para 379 bilhões de dólares no início de 2005.”

Se Thomas Edison fosse vivo, você acha que ele teria recompensado Jack Welch tão generosamente?

A Indústria dos Fundos de Investimentos

Expressando preocupações sobre o “sistema de aposentadoria” como um todo, Bogle mira nos CEOs de empresas de investimento. Ele acredita que a aposentadoria será a próxima *grande crise financeira*.

Bogle, um participante da indústria de fundos, está especialmente perturbado pela ganância dessa indústria. Ele diz:

“Quando vim para este negócio as empresas eram relativamente pequenas, privadas e administradas por profissionais de investimento.”

“Hoje, isso mudou em todos os sentidos. Estas são as empresas gigantes. Elas não são privadas mais. São propriedades de conglomerados financeiros gigantes, como Deutsche Bank, Marsh & McLennan, ou Sun Life do Canadá. Basicamente, a maior parte dos ativos dos fundos mútuos é administrado por conglomerados financeiros, e eles estão no negócio para ganhar um retorno sobre capital deles no negócio – e não um retorno sobre o seu capital.”

Bogle afirma que, em fundos de investimentos, você, como investidor, coloca 100% do dinheiro e corre 100% do risco. A administradora do fundo não coloca dinheiro, não corre riscos e ainda fica com 80% dos retornos. O investidor recebe de volta 20% dos ganhos, se houver ganhos.

Warren Buffett Concorda

Warren Buffett é considerado um dos maiores investidores do nosso tempo. Ele é um capitalista e um empreendedor. Ele *não* é um capitalista administrador.

Isto é o que Warren Buffett tem a dizer sobre estes gestores corporativos de dinheiro, capitalistas de gestão, a maioria dos quais são alunos "A" de grandes escolas.

Ele diz:

"Profissionais dedicados de outras áreas, digamos dentistas, fazem muito pelas pessoas comuns. Mas, no agregado, essas pessoas nada recebem por seu dinheiro com os gestores profissionais."

Se isso é verdade, pode-se afirmar de outra forma: aqueles que escolhem não se tornarem financeiramente educados ou desempenharem um papel ativo em seus investimentos e, em vez disso, entregam seu dinheiro a gestores profissionais de dinheiro, estão abdicando a responsabilidade pelo seu futuro financeiro e – se Buffett estiver certo – recebendo pouco valor por isso. Posicionando de outra forma: qual o tamanho do risco de entregar seu dinheiro a um "profissional" que pouco se importa com a promessa de fazer o seu dinheiro trabalhar para você?

Burocratas: Estudantes "B"

A maioria dos estudantes que se forma no primeiro e no segundo grau são estudantes "B". Eles são ensinados, em grande parte, por alunos "A"... alguns dos mais brilhantes alunos que continuaram a sua educação superior para se tornarem professores. O que acontece com os alunos "B" quando escolhem o que farão na vida? É minha opinião que eles se tornam burocratas.

O Que é Burocracia?

Décadas atrás, Pai Rico disse: "O problema com o mundo é que ele agora é gerido por burocratas." Ele definiu um burocrata como alguém que está em uma posição de autoridade, como um CEO, presidente, gerente de vendas, ou funcionário público – mas que não assume riscos financeiros pessoais. Explicando mais, disse ele: "Um burocrata pode perder um monte de dinheiro, mas não perde nenhum dinheiro próprio. Eles são pagos, quer façam um bom trabalho ou não."

Quando você olha para os burocratas que dirigem os EUA, especialmente os líderes políticos, eu acho que você verá que a maioria é advogado. Ben Bernanke, presidente do banco central americano, o Fed, é um ex-professor universitário. Ele também é um estudante "A" que se tornou um estudante "B" (um burocrata) e o banqueiro mais poderoso do mundo. E nós ficamos nos perguntando por que estamos em uma crise financeira.

Pai Rico disse: "Um verdadeiro capitalista, um empresário, sabe como pegar um dólar e transformá-lo em 100 dólares. Dê um dólar a um burocrata e ele vai gastar 100."

E nós ficamos nos perguntando por que estamos em uma crise financeira.

O Que Ensinam as Escolas?

Sem educação financeira, muitas pessoas saem da escola financeiramente desesperadas, carentes e gananciosas. A maioria de nós já ouviu o ditado "pessoas desesperadas fazem coisas desesperadas". Pode-se dizer também que "as pessoas *carentes* fazem coisas desesperadas".

O diagrama a seguir é a Hierarquia das Necessidades de Maslow. Ela descreve uma teoria proposta pela primeira vez pelo psicólogo Abraham Maslow, em seu artigo de 1943, intitulado "Uma Teoria da Motivação Humana". Sua teoria se expressa plenamente em seu livro, de 1954, *Motivação e Personalidade.*

A hierarquia de Maslow sugere que as pessoas são motivadas a satisfazer suas necessidades básicas antes de buscar outras necessidades mais avançadas. Essa hierarquia é frequentemente mostrada como uma pirâmide, em que os níveis mais baixos são compostos das necessidades mais básicas, enquanto que as necessidades mais complexas encontram-se no topo da pirâmide.

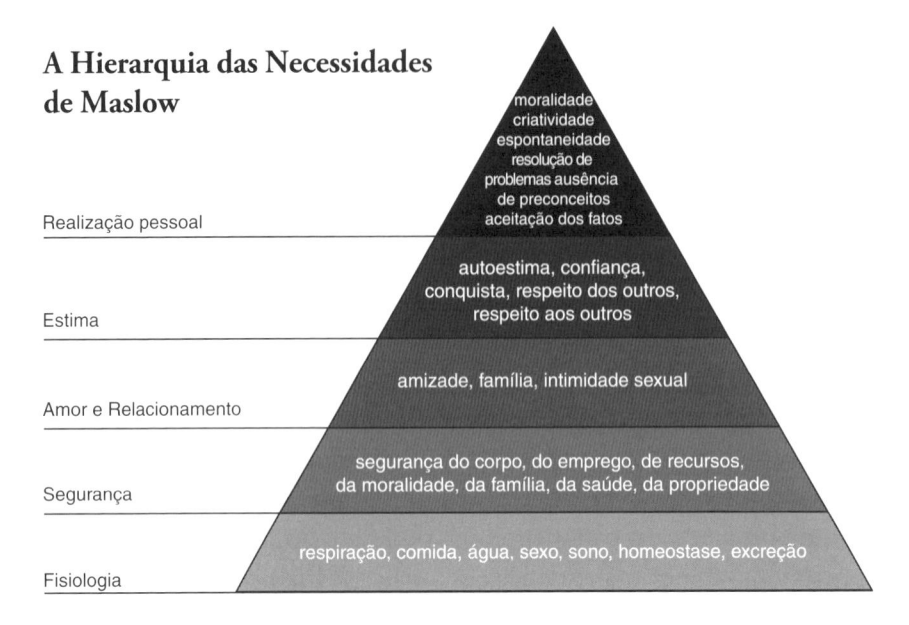

A Hierarquia das Necessidades de Maslow

Realização pessoal — moralidade, criatividade, espontaneidade, resolução de problemas ausência de preconceitos aceitação dos fatos

Estima — autoestima, confiança, conquista, respeito dos outros, respeito aos outros

Amor e Relacionamento — amizade, família, intimidade sexual

Segurança — segurança do corpo, do emprego, de recursos, da moralidade, da família, da saúde, da propriedade

Fisiologia — respiração, comida, água, sexo, sono, homeostase, excreção

Fonte: Abraham Maslow
Reproduzido com autorização. O trabalho original foi modificado.

O Segundo Nível de Maslow: Segurança

Em minha opinião, nossas escolas falham por preencher as necessidades de uma criança no segundo nível da teoria de Maslow – segurança. É por isso que tantas pessoas saem da escola carentes e gananciosas.

Sem uma verdadeira educação financeira, as pessoas nunca podem se sentir seguras, ou no controle de seus recursos, da segurança de sua família, de sua saúde e de seu patrimônio.

A maioria das pessoas sai da universidade necessitando de segurança financeira, também chamada de salário fixo. Muitas pessoas vão fazer de tudo para manter seus empregos... e eu realmente quero dizer *qualquer coisa*. Sem segurança financeira, as pessoas ficam desesperadas, agarrando-se a um emprego, com medo permanente de perder o emprego, a casa, os benefícios e as pensões. Muitos terminam seus anos de trabalho precisando – dependentes – da assistência e previdência social.

É por isso que alguns CEOs e gestores de dinheiro violarão seus princípios morais e éticos e suas crenças e valores, em alguns casos, enganando ativamente seus empregados, acionistas ou clientes. Tenho certeza de que você pode pensar em exemplos de CEOs de empresas ou gestores de dinheiro que usaram fraude e comportamento ardiloso, ou até mesmo criminoso, para criar a própria riqueza.

Vários dos que me vêm à mente fizeram manchete e história, e podem estar na cadeia hoje.

É por isso que as palavras de John Bogle, aqui reiteradas, são tão descritivas em termos do que se passa nas salas de reuniões das nossas maiores empresas:

"Jack Welch, da General Electric, ganhou um holofote igualmente indesejável por seus pecadilhos extraconjugais. Seu processo de divórcio trouxe à tona a compensação 'oculta' normalmente concedida a executivos aposentados, mas raramente divulgadas."

Em outras palavras, se Jack Welch não tivesse traído a mulher, poderíamos nunca ter descoberto o quanto ele e seus administradores estavam traindo os verdadeiros donos da GE. Novamente: outra questão moral. Note que a palavra "moral" está no segundo nível da pirâmide de Maslow.

É isso que nossas melhores escolas estão ensinando aos nossos alunos mais brilhantes? Temo que sim.

Minha História

Eu acredito que o sonho americano está morrendo porque muitos de nós perdemos nossas bússolas morais. Nossas escolas não estão cumprindo as necessidades educacionais dos nossos alunos, especialmente no segundo nível da hierarquia das necessidades de Maslow – a segurança. Vemos tantas crianças, especialmente em bairros pobres, que recorrem ao crime nas ruas e à violência.

Pai Rico disse muitas vezes, "as pessoas carentes se tornam pessoas gananciosas. Pessoas gananciosas tornam-se pessoas desesperadas. E pessoas desesperadas fazem coisas desesperadas".

O maior presente que meu Pai Rico me deu foi ter me mostrado os dois lados da moeda Empregado-Empreendedor. Ele expôs a Mike e a mim a vida de um empresário e nos ofereceu um ambiente em que o espírito empresarial poderia prosperar. Hoje, eu não preciso de um emprego, um salário fixo, dinheiro, bônus, apoio do governo ou da assistência e previdência social. Minha esposa e eu chegamos ao quarto nível da hierarquia de Maslow, o nível da estima. Essa autoconfiança nos permitiu sermos empreendedores, com a *Rich Dad Company* (Companhia Pai Rico), em 1996, dois anos depois de "termos nos aposentado" em 1994.

A Companhia Pai Rico nos impulsionou ao quinto nível de Maslow, o nível da autorrealização. Nós não precisamos de contracheques. Nós trabalhamos porque amamos nosso trabalho, porque compartilhamos o que sabemos para que outros também possam crescer e prosperar. Ainda que façamos um monte de dinheiro, a maior parte desse dinheiro não vai para os nossos bolsos. A maior parte do dinheiro é gasto com o crescimento da empresa, com investimentos em tecnologias novas e melhores, em contratação de mais pessoas e desenvolvimento de novos produtos. Isso é o que os verdadeiros capitalistas fazem.

Infelizmente, muito dinheiro é gasto para proteger o negócio de pessoas gananciosas.

Pessoas Gananciosas

Como a maioria dos proprietários de negócios, encontramos algumas pessoas muito gananciosas no curso dos negócios. Nós fomos enganados, traídos e roubados por pessoas carentes e gananciosas, a maioria delas estudantes "A"... algumas delas criminosos de colarinho branco. Infelizmente, isso é parte do processo empresarial e do assim chamado "sistema de justiça". Ou, de um ponto de vista diferente: o nosso sistema de injustiça.

Ricos ou pobres, todos nós tivemos os nossos próprios desafios com pessoas desonestas ou fraudadoras. Isso é o que acontece quando as escolas deixam de cumprir as necessidades dos alunos no segundo nível da hierarquia das necessidades, segundo Maslow. Muitos alunos, mesmo estudantes "A", saem da escola carentes, gananciosos, desesperados, e – pior ainda – com uma mentalidade de "direitos", a ideia de que o mundo lhes deve o sustento.

As Boas Notícias

A boa notícia é que nós encontramos algumas pessoas fantásticas ao longo do caminho. Nós nunca as teríamos conhecido se não tivéssemos nos atirado com fé e começado a Companhia Pai Rico.

Nós não as teríamos conhecido se tivéssemos nos aposentado em 1994, economizado nosso dinheiro e jogado golfe todos os dias.

Eu me lembro da primeira vez que Donald Trump disse algo que meu Pai Rico dizia com frequência:

"Em toda parceria ruim, encontrei bons parceiros."

Isso é verdade para Kim e para mim também. Nós conhecemos a maioria dos nossos parceiros na Companhia Pai Rico por causa de transações comerciais que foram, inicialmente, pouco agradáveis ou lucrativas. Essa lição comprova o ditado de que "toda nuvem tem um halo prateado", significando que há males que vêm para o bem, que nem toda nuvem pressagia mau tempo. Meus assessores foram o halo prateado, o lado positivo de tempos muito sombrios e difíceis da minha vida.

O Fracasso da Educação

Pergunta: O que acontece quando o sistema educacional falha no segundo nível de Maslow?

Resposta: Um novo sonho americano emerge. Alexis de Tocqueville falou ao mundo sobre o poder do sonho americano, o sonho que qualquer pessoa pode ficar rica.

Mais de 150 anos depois, parece que o novo sonho americano é que a assistência e a previdência do governo manterão as pessoas vivas.

A Nova América

De acordo com o gabinete de orçamento do Congresso americano, o CBO (*Congressional Budget Office*), o aumento da renda entre 1979 e 2007, nos Estados Unidos, ficou assim:

Pobres:	**a renda cresceu 18% em 30 anos**
Classe Média:	**a renda cresceu 40% em 30 anos**
Rico:	**a renda cresceu 275% em 30 anos**

Então, em 2007, houve uma queda, quando a economia entrou em crise. Hoje, a renda para a classe média e os pobres deixou de subir, mas os ricos parecem estar ficando mais ricos mais rapidamente.

Em 2011, o número de americanos vivendo na pobreza chegou a 46,2 milhões de pessoas. Isso se traduz em cerca de um em cada seis americanos que agora vivem na pobreza e esse número está aumentando. Quando uma pessoa não tem nenhuma propriedade, ela engrossa as fileiras dos pobres e se torna dependente do governo. Muitas vezes isso leva ao aumento da violência, tanto nas ruas quanto nas residências.

Estudantes em Programas Sociais

Quase 47 milhões de americanos dependem de benefícios federais de assistência alimentar (chamados nos EUA de *food stamps* – cupons de alimentação), a taxa mais alta em 12 anos, atribuída à fraca economia dos EUA e às altas taxas de desemprego ao longo dos últimos cinco anos. Um fato menos conhecido é que os estudantes universitários estão entre o segmento de mais rápido crescimento da nossa economia que dependem de cupons de alimentação. Como as mensalidades das escolas sobem e as oportunidades de ajuda financeira desaparecem – e os pais que antes eram uma fonte de apoio financeiro perderam empregos ou casas e se tornaram inelegíveis para os empréstimos estudantis de seus filhos – os estudantes tiveram que cuidar de si mesmos.

O Próximo Pobre

Os professores estão se encaminhando para as fileiras da pobreza?

Em 2011, o sistema de aposentadoria dos professores do estado da Califórnia, o CalSTRS, percebeu que enfrentava um déficit de longo prazo de 56 bilhões de dólares. Um déficit é a diferença entre ativos e passivos estimados. O CalSTRS recolhe 6 bilhões de dólares por ano, mas precisa de 10 bilhões a cada ano para cumprir suas obrigações. Um déficit de mais de quatro bilhões ao ano é muito dinheiro, especialmente para os burocratas do governo que não sabem como investir ou como fazer dinheiro. A maioria dos gestores de fundos de pensão não é do quadrante I. A maioria é formada de empregados no quadrante E, fingindo ser investidor profissional. Se fossem verdadeiros investidores, eles provavelmente não seriam funcionários dos fundos.

Se o fundo de pensão dos professores da Califórnia for à falência, os contribuintes ficarão responsáveis por mais um resgate enorme. E, pior de tudo, milhões de professores deslizarão da classe média e juntar-se-ão aos pobres.

Mais uma vez, repetindo as palavras de John Bogle: "O sistema de aposentadoria inteiro... está, penso eu, muito mal e será a próxima grande crise financeira nos EUA..."

Capitalistas Generosos

Os pais podem ensinar os filhos a serem capitalistas generosos. E isso pode começar em casa.

Isso é importante porque a criança não vai aprender a ser capitalista, muito menos uma pessoa generosa, na escola. Meu Pai Rico ensinou seu filho e a mim a sermos capitalistas generosos usando o Triângulo D-I.

Nossas escolas programam os alunos a procurarem trabalho no lado direito do quadrante, nos quadrantes E e A.

> **Publicidade do USDA – o Ministério da Agricultura dos EUA**
>
> *No blog NRO Corner, de Veronique de Rugy, o anúncio, surpreendente do USDA (U.S. Department of Agriculture, Ministério da Agricultura) sobre como os cupons de alimentação do governo ajudarão você a parecer "incrível!".*
>
> *Ouvem-se duas senhoras aposentadas falando sobre uma amiga em comum, "Margie", que "parece incrível". Uma pergunta à outra: "Qual é o segredo dela?" A resposta, ao que parece, é o* food stamp *– a ajuda governamental de alimentação.*

Observe que o Triângulo D-I é composto das oito integridades de um negócio. Elas são:

1. Missão
2. Liderança
3. Equipe
4. Produto
5. Leis
6. Sistemas
7. Comunicações
8. Fluxo de Caixa

Especialistas versus *Generalistas*

A maioria das escolas ensina os alunos a serem especialistas. Estudantes que se formam em *design* de produtos buscam emprego no nível do *produto* do Triângulo D-I. Os alunos que se formam na faculdade de direito atuam no nível *jurídico* do triângulo. Aqueles com formação em engenharia ou ciência da computação tendem a se concentrar em trabalhos no nível de *sistemas* do triângulo. Os estudantes que recebem diplomas em marketing focam em trabalhos na seção de *comunicação* do Triângulo D-I. E os alunos que recebem diplomas em contabilidade, geralmente encontram trabalho no nível do *fluxo de caixa* do triângulo.

Empreendedores são generalistas. Uma razão pela qual empreendedores, como Steve Jobs e Bill Gates, deixam a escola é porque eles não querem ser especialistas. Eles contratam especialistas.

Generalistas devem se pautar pela *missão*, ter habilidades fortes de *liderança* e se cercar de uma *equipe* inteligente, muitas vezes estudantes "A" com experiência no mundo real.

Por que a Maioria dos Empreendedores Fracassa

Há três principais razões pelas quais a maioria das empresas de pequeno porte falha. Elas são:

1. **O empresário não tem todos as oito integridades no lugar.** Por exemplo, a maioria dos novos empresários foca em produto. Eles podem ter um grande produto, mas é provável que sejam deficientes em algumas ou todas as outras sete integridades.

2. **O empreendedor é um monoprofissional.** O ditado "Aves da mesma plumagem voam juntos" se aplica aqui. Por exemplo, advogados se juntam a outros advogados para formar um negócio, como um escritório de advocacia. Ou técnicos de tecnologia se juntam a outros técnicos para formar uma empresa de *web*. De novo, eles podem ser profissionais inteligentes, mas não terão força profissional para as outras sete integridades.

3. **O empresário não tem um sentido de missão**. Você deve se lembrar de que, entre as Sete Inteligências, a inteligência emocional e um senso de missão são essenciais para apoiar um empreendedor pelos altos e baixos de começar um negócio.

Quase todos os empresários notáveis enfrentaram provações e tribulações que destruiriam meros mortais.

Steve Jobs foi expulso da Apple, a empresa que ele fundou. Ele foi demitido pelo CEO que contratou, John Scully, e seu conselho de administração (todos, por sinal, capitalistas de gestão...) retornando somente anos mais tarde e fazendo com que Apple viesse a ser a empresa mais rentável do mundo.

Bill Gates foi a julgamento no caso conhecido como os *Estados Unidos contra a Microsoft*. O Ministério da Justiça americano entrou com uma ação, em 1998, por alegada violação da Lei Sherman de Antitruste. A Microsoft foi acusada de ser um monopólio.

Mark Zuckerberg foi a julgamento contra os gêmeos Winklevoss, que afirmavam que eles deram a Mark a ideia do Facebook. Zuckerberg pagou 160 milhões de dólares a eles. Mas os gêmeos ainda estão pedindo mais.

Como diz o ditado, "O sucesso tem muitos pais, mas o fracasso é órfão". Sem o sentido de missão do empreendedor, e inteligência emocional forte, a Apple, a Microsoft e o Facebook não estariam aqui hoje.

Generosidade é a Chave do Sucesso

Ao contrário da crença popular, muitos dos empreendedores mais bem-sucedidos são generosos. Se você olhar para o Triângulo D-I, você vai ver que para iniciar um negócio de sucesso, um empresário do quadrante D precisa gerar empregos.

A maioria dos alunos conclui os estudos *à procura* de emprego. Eles precisam de um emprego porque as escolas não ensinam os alunos como fazer para satisfazer uma das necessidades básicas de Maslow, a necessidade de segurança. É por isso que a maioria dos alunos "A" trabalham para os alunos "C".

Se um pai explicar a Hierarquia das Necessidades de Maslow e o Triângulo D-I para o seu filho, a criança pode, ao longo do tempo, perceber que seu objetivo de vida é chegar ao quinto nível de Maslow, a autorrealização, em vez de ficar preso no segundo nível, atolada na necessidade de segurança do emprego e do contracheque.

É difícil descobrir nosso dom, a magia em nós, se vivemos aterrorizados no segundo nível da hierarquia de Maslow.

Acredito que a genialidade é encontrada no quinto nível de Maslow. Nesse nível são encontradas palavras poderosas e belas, valores e habilidades essenciais para o mundo de hoje. As palavras são:

1. **Moralidade:** *você não tem que enganar as pessoas para ser rico*

2. **Criatividade:** *descobrir a sua genialidade, seus dons e talentos*

3. **Espontaneidade:** *viver sem medo de errar*

4. **Solução de problemas:** *foco em soluções*

5. **Ausência de Preconceitos:** *ter um contexto mais amplo sobre a vida*

6. **Aceitação do fato:** *não ter medo de enfrentar a verdade*

Considerações Finais

A capacidade do seu filho de sonhar com a vida que ele gostaria de viver – e perseguir esse sonho – é definida pela segurança, pela confiança e pelo amor que experimentar em casa.

Passos Iniciais de Ação para os Pais

Discuta a diferença entre ganância e generosidade

Meu Pai Pobre sempre achou que meu Pai Rico era ganancioso. Pai Rico dizia que Pai Pobre era ganancioso. Eles tinham dois pontos diferentes de vista com base em seus contextos relacionados a ganância, dinheiro e generosidade.

Empreendedores e capitalistas são generosos quando eles optam por investir em negócios, produtos e serviços que criam empregos e oportunidades para os outros prosperarem.

Discuta também por que e como Steve Jobs se tornou um bilionário, ao compartilhar sua genialidade e revolucionar o modo como o mundo se comunica. Em seguida, discuta Mark Zuckerberg ou os fundadores do Google... bem como atletas talentosos ou músicos que generosamente compartilharam seus dons e talentos com o mundo.

Em uma base regular incentive seu filho a encontrar seus dons e talentos – sua genialidade – e compartilhá-los.

Seu desafio será o fato de que o sistema escolar tem sua própria definição do que sejam dons e talentos. Pode não ser a mesma definição dos dons de seu filho.

Lembre-se de que a genialidade aparece de forma diferente em ambientes diferentes. A genialidade de Thomas Edison apareceu em um laboratório e a de Steve Jobs na garagem de sua família, onde ele começou a Apple. Mark Zuckerberg criou o Facebook em seu dormitório da faculdade, inventando uma maneira de seus colegas se conectarem e se comunicarem.

Um dos seus trabalhos mais importantes como pai é encorajar seu filho a encontrar o ambiente onde seus dons e talentos – a sua genialidade – brilhem.

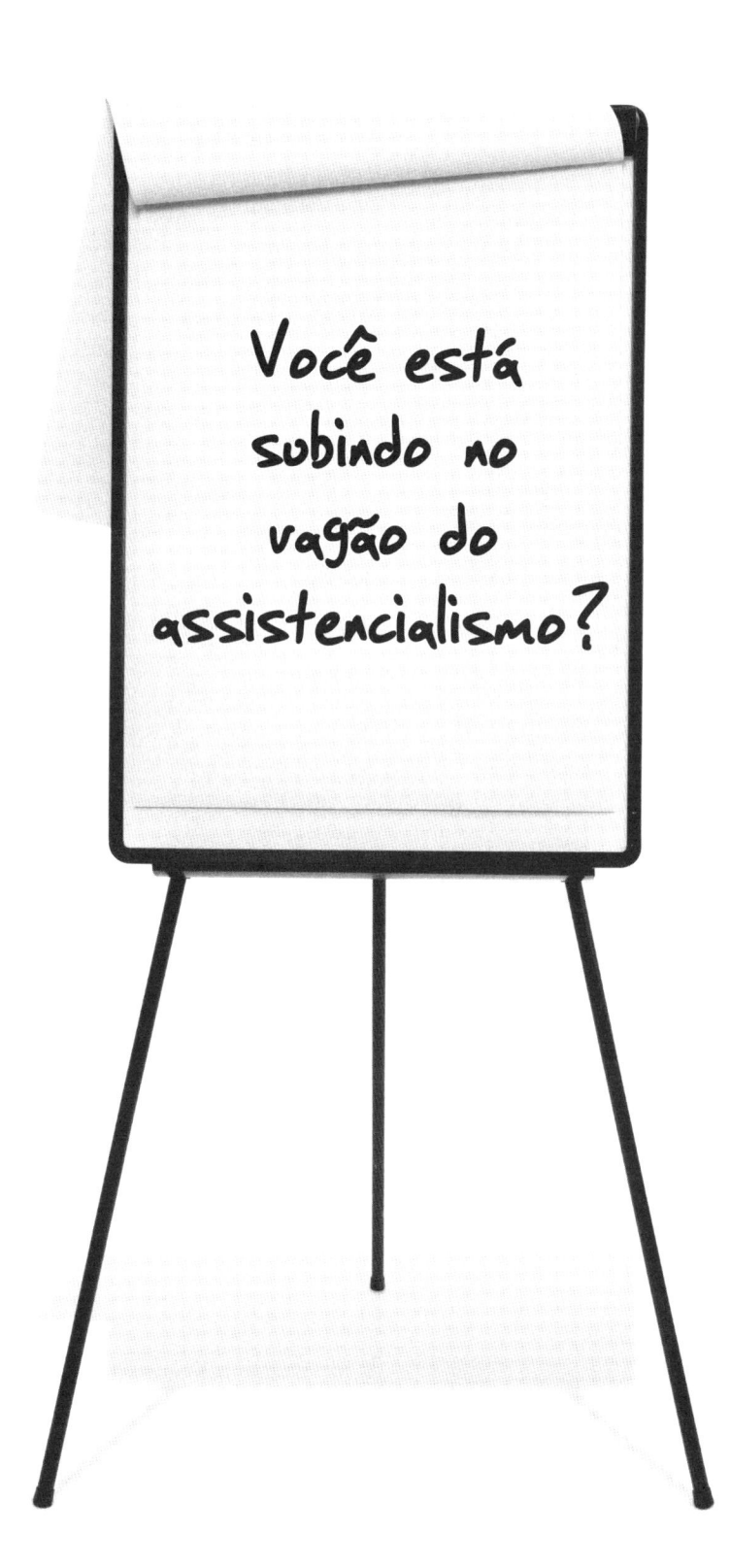

LIÇÃO #8:
A MENTALIDADE DE DIREITOS

Em janeiro de 2013, o ator francês Gerard Depardieu obteve um passaporte russo e deixou a França. Os impostos para os ricos eram muito altos.

Em 2013, o estado da Califórnia elevou as alíquotas dos impostos de renda do estado e os ricos começaram a se mudar para outros estados, como Nevada, onde não há impostos governamentais sobre a renda.

Em 2013, um amigo meu desistiu dos negócios da família, uma vinícola na Itália, e se mudou para um país que ofereceu isenções fiscais para os ricos.

Em 2013, um amigo de um amigo que tinha uma empresa de construção com 400 empregados fechou as portas depois de 24 anos. Ele disse: "O programa assistencial do presidente Obama (conhecido como Obamacare) elevou o seguro médico dos meus empregados em 24%. Eu perco dinheiro se permanecer no negócio."

Em 2013, uma pediatra que conheço parou de praticar medicina. Ela disse: "Eu não ganho para pagar o meu seguro de erro médico. Não faz sentido trabalhar para a companhia de seguros."

As Razões

Em 1935, o presidente americano Franklin Delano Roosevelt assinou a lei de seguridade social. O ato foi uma tentativa de limitar o que, então, eram vistos como riscos da vida moderna americana: a velhice, a pobreza, o desemprego e o pesado encargo de viúvas e órfãos.

Hoje, a seguridade social é um dos maiores programas de governo na história americana.

Em 1964, o presidente Lyndon Johnson lançou sua iniciativa Grande Sociedade, programas governamentais destinados a salvar os pobres. Esse programa levou à criação dos programas de assistência sociais nos EUA conhecidos como Medicare, Medicaid e o *Older American Act*. Esses programas foram ampliados sob os presidentes republicanos Richard Nixon, Gerald Ford e George W. Bush.

Hoje, o Medicare é o programa mais caro da história americana.

Em 2010, o presidente Barack Obama passou os programas *The Patient Protection* e *Affordable Care Act*, mais popularmente conhecidos como Obamacare.

Infelizmente o "*Affordable Care Act*" está custando às empresas americanas cerca de 29% a mais de seguro médico para seus empregados. Quando as despesas sobem para um negócio, muitas vezes isso significa que empregos serão perdidos. O Obamacare vai cobrar um pedágio dos trabalhadores pobres e da classe média, assim como dos ricos e dos proprietários de empresas.

Salvando a Classe Média

Em 2012, durante a corrida presidencial, tanto o presidente Obama quanto o candidato republicano Mitt Romney prometeram "salvar a classe média".

O que aconteceu com salvar os pobres? Por que precisamos salvar a classe média?

Será que a classe média de hoje será o pobre de amanhã?

Minha História

Durante anos, os meus professores de escola dominical martelaram esta lição na minha cabeça: "Dê a um homem um peixe e você o alimentará por um dia. Ensine um homem a pescar e você o alimentará por toda a vida."

Nossas escolas estão falhando em ensinar as pessoas a pescarem? Nossas escolas estão ensinando que os estudantes têm direito a receber seu peixe diariamente? É por isso que há mais e mais pessoas dependentes do sustento do governo?

No capítulo sete, observando a Hierarquia das Necessidades de Maslow, pareceu-me óbvio que nossas escolas fracassam em preparar os estudantes no segundo nível de sua pirâmide, segurança.

Maslow descreve as necessidades a este nível como sendo:

Segurança: física, de emprego, de recursos, da moral, da família, da saúde e da propriedade.

Uma dúzia de perguntas vem à mente. Será que não ensinar às crianças a pescarem é uma das razões para a ruptura na cultura americana? Poderia ser que o desemprego, a diminuição dos recursos financeiros, a perda da casa e cuidados inadequados com a saúde sejam as forças motrizes por trás do aumento da criminalidade, da imoralidade, da obesidade e da instabilidade familiar?

Os programas sociais, como a seguridade social, o Medicare e o Obamacare pioram ou melhoram as coisas? Será que dar peixes às pessoas aumenta sua dependência dos programas de governo? E é por isso que seguridade social, Medicare, e agora, Obamacare estão se transformando em desastres financeiros? Mais importante ainda, as crianças americanas terão que pagar essa conta?

À medida que mais e mais dos 76 milhões de *baby boomers* americanos começarem a coletar a aposentadoria social e requerer benefícios do Medicare, isso fará com que mais americanos de classe média deslizem para a pobreza?

É por isso que, em 2012, tanto o presidente Obama quanto Mitt Romney prometeram salvar a classe média? Como a maioria de vocês sabe, é a classe média que carrega o fardo mais pesado dos impostos. Para muitos, os impostos são a maior despesa. Se estudarmos o Obamacare, veremos que ele é realmente um imposto não um plano de saúde acessível. A pergunta é: quem vai pagar esse imposto? Nem os ricos nem os pobres. Essa carga tributária cairá sobre a classe média, possivelmente as crianças americanas no futuro, devido em grande parte ao fato de que as escolas não conseguem ensinar aos alunos a pescarem.

"Eu tenho direito"

Em 2012, eu estava ouvindo o rádio enquanto dirigia meu carro. Um congressista dos EUA era o convidado e estava respondendo a perguntas dos ouvintes. Um homem jovem que ligou disse: "Eu ingressei na Marinha em 1990 e me aposentei em 2011. Tenho 39 anos de idade. Onde estão os benefícios da aposentadoria a que tenho direito?".

O congressista nunca respondeu à pergunta. Tudo o que ele fez foi agradecer ao jovem pelos serviços prestados ao país.

Isso resume essa tendência preocupante. E coloca a questão inevitável: como tão poucas pessoas poderão puxar um vagão tão pesado?

O Vagão dos Direitos

Enquanto ouvia ao programa de rádio, fiquei pensando de onde vinha essa "mentalidade de direitos". Eu lutei no Vietnã. Eu servi no Corpo de Fuzileiros Navais por seis anos. Eu não acho que eu tenho direito a nada.

Enquanto eu dirigia, meus pensamentos se voltaram para 1969, ano em que entrei para o corpo de fuzileiros navais. Lembrei-me de que dois dos meus parentes, dois oficiais de alta patente do exército aposentados, vieram até mim, apertaram minha mão e disseram: "Lembre-se de ficar por 20 anos." Isso significava que, ao permanecer por 20 anos, eu teria direito aos benefícios de aposentadoria, ou seja, salário e assistência médica por toda a vida.

Na época, eu pensei que era estranho. Tinha me demitido de um emprego bem remunerado na Standard Oil da Califórnia, ganhando 4.000 dólares por mês (que em 1969 era um bom salário inicial e incluía cinco meses de folga a cada ano), e me juntado ao corpo de fuzileiros navais, ganhando 200 dólares por mês. Entrei para os fuzileiros navais para servir o meu país, não pelo salário ou uma vida inteira de direitos. Eu era um adolescente quando o presidente John Kennedy tomou posse, e eu estava atento às palavras do seu discurso de posse: "Não pergunte o que seu país pode fazer por você – pergunte o que você pode fazer por seu país."

Em 1974, pedi demissão da minha comissão e deixei o corpo de fuzileiros navais. Eu não permaneci por 20 anos. A Guerra do Vietnã estava quase no fim, eu tinha servido ao meu país e era hora de seguir em frente. Para mim, foi um privilégio servir ao meu país. Eu não tinha direito a nada. Eu estava grato pela experiência. Se senti algo, foi que eu ainda devia mais ao meu país.

Crise Financeira... ou Crise Educacional?

Conforme prosseguia o programa de rádio, o jovem aposentado naval não deixava o congressista se esquivar, exigindo que ele tinha direito a mais benefícios.

Mais uma vez, eu me perguntei: de onde vem esta mentalidade de direitos? E por que tantas pessoas dependem do governo para as necessidades básicas de vida? Por que é que a seguridade social é o maior programa da história dos EUA?

E o que o Obamacare, esta "lei de saúde acessível", fará com minhas empresas? Será que serei forçado a demitir funcionários quando os custos com saúde aumentarem? O que vai acontecer quando 75 milhões de *baby boomers* americanos, 38% dos quais são classificados como obesos, começarem a necessitar de cuidados médicos, que eles têm "direito de acordo com a lei".

E o que vai acontecer quando os *baby boomers* sobreviverem às suas poupanças de aposentadoria? A média de benefício mensal da previdência social foi de 1.200 dólares. Se a inflação subir, não será apenas um aumento da pobreza, mas um aumento dos desabrigados, do crime, da degeneração moral e dos impostos, bem como um governo que imprimirá mais dinheiro falsificado para resolver o problema. Nós não precisamos de hiperinflação – 50% dos americanos *já* estão no limite.

Por que 15% de todos os americanos – 46 milhões de pessoas – recebem cupons de alimentação (*food stamps*)?

Hoje parece haver muito mais perguntas do que respostas.

Então, novamente, eu pergunto: "Por que não há educação financeira nas escolas?" E, é a falta de educação financeira a razão por que tantas pessoas sentem que o governo deve cuidar delas? Não é óbvio que a nossa crise financeira é uma crise na educação?

Em um artigo de fevereiro de 2013, a revista *The Week* relatou que "cerca de 46.200.000 americanos agora vivem em famílias em que alguém está trabalhando, mas ganhando menos do que a linha de pobreza: 11.702 dólares por ano para um indivíduo ou 23.021 dólares para uma família de quatro". Eu entendo que muitas pessoas *precisam* de apoio do governo. Também estou ciente de que muitas não precisam. No entanto, não surpreendentemente, elas devem estar se perguntando: por que trabalhar quando o governo está distribuindo dinheiro, pagando para que você não trabalhe?

"Por que Você Não me Ensina Sobre Dinheiro?"

Como um jovem garoto, muitas vezes eu perguntei a meus professores, "Por que você não me ensina sobre dinheiro? Por que você não me ensina a ser rico?".

Eu nunca recebi uma resposta para essas perguntas. Levei anos para perceber que havia dois motivos para que meus professores não pudessem responder às minhas perguntas. Um deles, porque eles próprios não tiveram educação financeira e por isso não podiam me ensinar a ser rico. E dois, eles não achavam que a aprendizagem sobre o dinheiro fosse importante, porque esperavam que o governo cuidasse deles.

Meus professores eram muito parecidos com o meu Pai Pobre, também um professor e presidente do sindicato dos professores. Hoje temos professores (e sindicatos de professores) espalhando o evangelho de direitos. Pergunte à maioria dos professores qual é a sua ambição na vida e sua resposta será: "estabilidade (não poder ser demitido do emprego público)." Outra palavra para direitos.

146 Milhões de Americanos Classificados como Trabalhadores Pobres

Como relatado pela The Week, *em fevereiro de 2013:* "*Muitos economistas têm uma definição mais ampla, dizendo que os trabalhadores pobres são aqueles cujos rendimentos não cobrem as necessidades básicas: alimentação, vestuário, habitação, transporte, assistência à criança e cuidados com a saúde.*

"*Por esse padrão, há mais de 146 milhões de americanos da classe pobre, mas trabalhadora. Pessoas nesta categoria geralmente não têm poupança e sobrevivem de salário a salário, muitas vezes preenchendo lacunas com dívida.*"

Mentalidade de Direitos das Massas

Milhões de pessoas querem a segurança de um salário e benefícios para toda a vida. A mentalidade de direitos é especialmente prevalecente com os estudantes "B", as pessoas que buscam uma vida de segurança trabalhando para burocracias governamentais.

O sistema legal muitas vezes alimenta esse frenesi de direitos. A maioria dos casos judiciais é mais sobre dinheiro do que justiça. E, enquanto os juízes desempenham um papel importante na sociedade, o sistema de justiça tornou-se um circo romano de processos judiciais frívolos, uma batalha entre ricos e pobres.

O aumento do custo do seguro de negligência médica para os médicos é apenas uma das razões para o aumento do custo da assistência médica. Muitos ajuízam contra os médicos simplesmente porque ele é um "médico rico", que tem seguro. O alto custo do seguro de negligência está fazendo com que muitos médicos deixem a profissão.

> ### A Lição do Pai Rico
>
> *Meu Pai Rico sempre dizia, "Você sempre consegue aquilo pelo que paga. Se você pagar às pessoas para não trabalharem, terá mais pessoas que não trabalham."*

Há muita conversa sobre uma "reforma da responsabilidade civil", que significa limitar as quantias exorbitantes de dinheiro que os juízes e jurados podem conceder a um paciente. Uma razão para que nunca haja tal "reforma" é porque a maioria dos legisladores em Washington são advogados. Os demais são políticos que recebem dos advogados grandes contribuições para as campanhas políticas.

Anúncios na televisão nos bombardeiam dia e noite em busca de novos clientes. "Você já foi ferido em um acidente?", eles dizem. "Ligue para nós. Somos advogados e vamos conseguir o dinheiro a que você tem direito."

A Mentalidade de Direitos na Academia de Ginástica

Minha esposa Kim e eu vamos para a mesma academia e nos exercitamos com o mesmo treinador. Essa academia é muito simples. Nada de extravagâncias. Ela é especializada em treinamento de atletas profissionais, como jogadores de futebol e basquete e aspirantes olímpicos. Você não vai encontrar um estúdio de ioga, roupas de cores coordenadas de treino ou uma lanchonete para socialização. Uma grande área da academia é dedicada à fisioterapia.

Por mais de três anos, um assistente jurídico foi à academia, três a quatro dias por semana, para fazer "fisioterapia". Ele não ia durante seu horário de almoço, nem depois do expediente. Ele ia durante o horário de trabalho. Um fisioterapeuta trabalhava em seu ombro por cerca de uma hora e depois ele voltava para o "trabalho". Ele não levantava pesos nem fazia qualquer coisa extenuante. Tinha mais ou menos a minha idade, cerca de 60 anos, e estava severamente acima do peso. Um dia eu perguntei o que ele estava fazendo na academia. Ele sorriu educadamente e disse: "O governo paga pela minha reabilitação, assim tomo vantagem disso. Eu só tenho mais dois anos antes de me aposentar e quero ter certeza de que conseguirei tudo a que tenho direito."

Eu sei que a maioria dos funcionários públicos são pessoas boas. Ainda assim, fico perturbado cada vez que ouço a palavra direito. É difícil para mim ser objetivo. Muitos funcionários públicos não conseguem perceber que os governos não têm dinheiro para sustentar esses programas e benefícios. O dinheiro vem dos contribuintes, dos concidadãos, e, em breve, dos nossos filhos.

Mas "Eu tenho direito"

Muitos americanos dizem: "Eu tenho direito a assistência e previdência social. Paguei anos por esses programas." Embora isso possa ser verdade, aqui estão os fatos: se um americano começou a pagar a previdência social em 1950, receberá pelo menos 30 dólares de volta para cada um que pagou. Isso leva à conclusão de que a previdência e assistência social é um esquema de Ponzi ou de pirâmide. Dado que o governo não tem dinheiro, os 30 dólares vêm de trabalhadores mais jovens, roubando do filho para pagar o pai.

Líderes com Mentalidade de Direitos

A mentalidade de direitos começa com o presidente e prevalece no senado e na câmara dos deputados. Ao longo dos anos, esses servidores públicos votaram – para si mesmos – o mais generoso pacote de benefícios e direitos da história.

É isso que acontece quando as nossas necessidades educacionais não são satisfeitas no segundo nível de Maslow. Segurança?

A Verdadeira Questão da Eleição

Durante a campanha presidencial de 2012, o ex-governador Romney foi secretamente gravado falando para um público de doadores ricos, em uma festa privada. Ele estava falando sobre os 47% de americanos que não pagam imposto de renda.

O discurso de 30 minutos, repleto de declarações polêmicas, foi postado na Internet. Romney caracterizava esses 47% de norte-americanos isentos de impostos de renda como pessoas "dependentes do governo" e que se sentiam com "direito à saúde, à alimentação, à moradia e o que mais você quiser".

O vídeo provocou uma tempestade de protestos. Os democratas, sentindo sangue na boca, atacaram. Eles deram razões que justificavam o fato dos 47% não estarem pagando impostos. Muitos argumentaram que os fatos apresentados por Romney eram imprecisos.

Apenas os Fatos

Segundo o Centro de Política Fiscal bipartidário, aqui estão os fatos: em 2011, cerca de 46% dos americanos, 76 milhões de pessoas – que entregaram a declaração de imposto de renda federal –, não pagaram um centavo de imposto.

Se a conta de 47% era precisa ou não, Romney levou um soco no queixo e não se recuperou. O vídeo secreto provou ser mais um prego no caixão da sua campanha. O presidente Obama partiu para a ofensiva atacando os ricos, dizendo que 1% dos ricos não paga sua "parte justa" de impostos.

Romney deveria ter usado fatos para conter as emoções contrárias. Os fatos são:

- Para estar nesse 1% dos americanos mais ricos você deve ganhar 370.000 dólares por ano. Em 2011, esse 1% mais rico pagou 37% de todos os impostos sobre a renda recolhidos nos EUA.
- Para se classificar entre os 50% da base que declaram imposto de renda, você deve ganhar 34.000 dólares por ano ou menos. A base inteira dos 50% paga 2,4% de todos os impostos.

Em resumo: se 1% dos americanos mais ricos paga 37% de todos os impostos recolhidos, enquanto a metade dos americanos que ganham 34.000 dólares por ano ou menos pagam apenas 2,4%, não parece razoável perguntar: quem não está pagando sua parte justa?

É provável que eu vá arder em brasas, apenas por fazer essa pergunta, mas se você se indignou com ela, por favor, pergunte a si mesmo: quão emocionalmente você está apegado aos direitos? E, em vez de se distrair com o espetáculo político de "ricos contra pobres", você não estaria melhor sendo financeiramente educado?

Taxando os Ricos

Em 2013, o presidente Obama manteve sua promessa de campanha de "taxar os ricos". Mas ele está realmente tributando os ricos? Em 2013, os impostos sobre os indivíduos que ganham mais de 400.000 dólares por ano subiu. Uma vez mais, o 1% está sendo solicitado a pagar mais do que sua parte justa, mais do que os 37% da carga tributária que já carregam.

Milhões de americanos acham que isso é justo. Eles acreditam que devem tributar os ricos.

Meu ponto de vista é diferente. Obama não está tributando os ricos. Ele está taxando pessoas de alta renda. É a classe média que paga a maior parte dos impostos cobrados.

É por isso que tanto o presidente Obama quanto o candidato Romney prometeram salvar a classe média. A classe média está deslizando lentamente para a pobreza. Até o ano 2020, milhões de *baby boomers*, que eram de classe média durante os seus anos produtivos, vão se aposentar e se juntar às fileiras dos pobres, justamente quando a previdência e a assistência social estarão mais perto de falir.

Os jovens americanos pagarão por isso.

Isso é o que acontece quando damos às pessoas peixe, em vez de ensiná-las a pescar.

Pergunta: Por que você diz que estamos tributando pessoas de alta renda, não as pessoas ricas?

Resposta: Com um pouco de educação financeira, a resposta é clara.

Uma Lição Simples de Educação Financeira

Há mais de um tipo de renda. Existem três tipos de renda. Isso é verdade nos países ao redor do mundo.

1. **Renda ordinária**

2. **Renda de portfólio (ou de carteiras)**

3. **Renda passiva**

Diferentes tipos de rendimentos são tributados a taxas distintas. Quando o presidente Obama aumentou os impostos em 2013, ele aumentou os impostos sobre as pessoas que ganham renda ordinária e de portfólio. Ele não aumentou os impostos sobre os ricos, porque os verdadeiramente ricos ganham renda passiva.

Em termos muito simples, este é um resumo de quem trabalha por qual tipo de renda:

1. **Renda comum:** *os pobres*

2. **Renda de portfólio:** *a classe média*

3. **Renda passiva:** *os ricos... resultado de investimentos nos quadrantes D e I*

O Que as Escolas Ensinam?

Quando as escolas aconselham os alunos a conseguir um emprego bem remunerado, seu conselho é trabalhar por renda ordinária, a mais tributada das três. Quando um professor aconselha a "economizar dinheiro", a receita de juros sobre o dinheiro economizado é tributada a taxas altas de impostos. E quando gerentes financeiros aconselham a "investir em previdência privada", quando o dinheiro é retirado, no momento da aposentadoria, ele é tributado a taxas de renda ordinária.

Em janeiro de 2013, muitos trabalhadores americanos descobriram que o presidente Obama tinha elevado os impostos, mesmo que eles não fossem ricos. Em janeiro, os trabalhadores descobriram que o imposto sobre os salários para a seguridade social (conhecido como FICA – *Federal Insurance Contributions Act*) havia subido. Segurança social é um imposto sobre a *renda ordinária*.

Pergunta: Por que as escolas ensinam os alunos a trabalharem por renda ordinária? Por que não ensinam as crianças sobre os três tipos de renda? Por que não as ensinam as maneiras de reter mais do dinheiro que ganharão ao longo de suas vidas?

Resposta: Muitos professores não sabem que existem três tipos de renda. E a maioria dos professores trabalha por renda ordinária.

Palavras

É importante saber que profissões diferentes usam palavras diferentes para dizer a mesma coisa.

Por exemplo:

Contadores dizem	Investidores dizem
Renda Ordinária (ou Corrente)	Rendimento do Trabalho
Renda de Portfólio (ou Carteiras)	Receitas de Ganhos de Capital
Renda Passiva	Fluxo de Caixa

Esse é um exemplo de que a educação financeira pode ser confusa.

É por isso que eu uso uma linguagem simples para explicar conceitos que muitas vezes são complexos e confusos. Em minha opinião, a educação financeira é importante o suficiente para merecer o tempo e o foco de um pai de modo a poder ensinar a seus filhos.

Como eu sou um investidor profissional e não um contador, tendo a usar palavras de investidores – exceto quando estou conversando com meus contadores. Isto porque a maioria dos contadores não é formada por investidores profissionais. O mesmo é verdadeiro para os advogados e médicos. Quando eu falo com o meu advogado, eu faço o melhor que posso para falar sua língua, a língua dos advogados. Uma razão pela qual eu ganho mais dinheiro do que a maioria dos advogados é porque a maioria dos advogados não fala a linguagem do dinheiro. Quando um advogado fala sobre dinheiro, ele pode dizer "Eu cobro 250 dólares por hora", mas isso é renda ordinária. Ao invés de falar sobre *dinheiro*, eles falam sobre o custo de seu trabalho.

1. **Renda dos pobres: *Renda ordinária*.** Essa é a renda das pessoas pobres, porque quanto mais você ganha, menos você mantém. Isso não é financeiramente inteligente. Muitas pessoas vão para a escola, trabalham mais arduamente ainda ou trabalham horas extras, com a esperança de ganhar mais renda ordinária. Ganhando mais dinheiro, elas são empurradas a pagar alíquotas ainda maiores de impostos. Quanto mais elas ganham, menos retêm.

A maioria dos pais ensinam seus filhos a trabalhar por renda ordinária. É por essa renda que a maioria das pessoas trabalha. Os pais fazem isso quando aconselham: "Vá para a escola, consiga um emprego, trabalhe duro, poupe dinheiro, invista em um plano de previdência privada". Todos geram renda ordinária, o mais tributado de todos os rendimentos.

2. **Renda da classe média: *Renda de Portfólio*.** Os investidores de classe média estão contando com a sua carteira de investimentos para mantê-los vivos assim que seus dias de trabalho produtivo acabarem. O mesmo acontece, muitas vezes, com os funcionários públicos. Muitos fundos de pensão estão contando com os ganhos no mercado de ações (8% ao ano é o percentual de aumento que muitas vezes ouvimos falar) para cumprir suas obrigações. Se o retorno acontecer, os aposentados receberão menos dinheiro ou a burocracia do governo aumentará os impostos para o restante de nós?

Os corretores imobiliários e planejadores financeiros ensinam as pessoas a trabalharem por renda de carteira. Esses rendimentos também são chamados de "*ganhos de capital*", o que significa comprar na baixa e vender na alta.

Eles aconselham a investir por renda de portfólio, ou ganhos de capital, quando dizem: "O mercado de ações sobe em média 8% ao ano" ou "Invista para o longo prazo" ou "Essa ação paga excelentes dividendos".

Um corretor de imóveis ensina as pessoas a investir em rendimentos de carteira, ganhos de capital, quando dizem: "Sua casa vai apreciar em valor."

Aqui está uma série de P & R para esclarecer melhor rendimentos de portfólio e ganhos de capital.

Pergunta: O presidente Obama aumentou os impostos dos investidores imobiliários?

Resposta: Ele fez pequenas formas. No entanto, o mercado imobiliário nos Estados Unidos ainda oferece reduções de impostos que os investidores em ações não recebem.

Pergunta: Que tipos de reduções?

Resposta: Se a pessoa compra uma casa por 100.000 e vende por 150.000, o investidor imobiliário não tem que pagar o imposto de ganhos sobre o lucro de 50.000, se usar o que é conhecido como "*troca*". Um investidor em ações teria que pagar imposto sobre o ganho de capital.

Como eu disse, não sou conhecedor nem especialista em impostos. E, mesmo em um nível básico, os impostos e os números podem ser bem confusos. Encorajo você a encontrar um profissional em tributos, que seja um bom professor, bem como um bom contador. Ele ou ela pode ajudar você a entender os impostos e como eles afetam sua vida.

Sobre o assunto de impostos, há dois pontos finais que eu quero colocar.

- Sem educação financeira, a maioria das pessoas realmente acredita que os políticos estão aumentando os impostos sobre os ricos. Os aumentos de impostos afetam qualquer pessoa que trabalha por *renda ordinária*. Esta é uma razão pela qual a Lição nº 1 do livro *Pai Rico, Pai Pobre* é "Os ricos não trabalham por dinheiro".
- Os impostos nos EUA subiram para aqueles que investem no mercado de ações por renda de portfólio. Esta é uma das muitas razões pelas quais eu não invisto no mercado de ações. Por que pagar impostos quando eu posso investir com isenção de impostos sobre renda com menor risco e maior retorno? Tudo se resume à sua vontade de se tornar financeiramente educado e deixar de ser um investidor passivo (que entrega seu dinheiro a um planejador ou administrador financeiro) e se tornar ativo.

Como os Ricos Evitam o Pagamento de Impostos?

É simples: O rico trabalha por renda passiva.

3. **Renda dos Ricos: *Renda passiva.*** A renda passiva também é conhecida como fluxo de caixa. Os verdadeiramente ricos são ricos porque eles têm este tipo de renda. Os governos não aumentam os impostos sobre a maior parte deste tipo de renda.

Onde é que as pessoas aprendem sobre o fluxo de caixa? Os ricos ensinam isso aos seus filhos em casa. Pai Rico começou a ensinar a seu filho e a mim jogando *Banco Imobiliário* com a gente depois da escola. No jogo *Banco Imobiliário*, quando uma pessoa joga e *cai* em uma propriedade e tem que pagar aluguel de $10, isso é fluxo de caixa.

Pergunta: Como você sabe que o rico trabalha por fluxo de caixa?

Resposta: É de conhecimento comum. Por exemplo, Steve Jobs trabalhou por um salário de um dólar por ano. Ele não precisava de um salário. Ele não queria renda ordinária.

Tecnicamente, com ganhos de apenas um dólar por ano em receita ordinária, ele seria classificado como um homem pobre. No entanto, ele era um multibilionário. Foi sua participação na Apple, a empresa que ele criou, que o fez rico. Com efeito, ele imprimiu seu próprio dinheiro através da criação de uma empresa lucrativa em que ele era um acionista importante. E, enquanto Es e As compram ações, os Ds e Is vendem ações das empresas que eles criam. Isso é o que fez Steve Jobs rico.

Pergunta: Como os ricos ganham dinheiro?

Resposta: Ao trabalhar nos quadrantes D e I e não nos quadrantes E e A. Você vai aprender mais sobre isso mais tarde neste livro.

Lições do Jogo CASHFLOW®

Na foto a seguir está o tabuleiro do jogo *CASHFLOW*® 101.

O jogo *CASHFLOW* oferece outro exemplo de como o rico trabalha e investe.

No centro do tabuleiro do jogo está a Corrida dos Ratos (*Rat Race*). Quando as escolas aconselham o seu filho a conseguir um bom emprego e investir no mercado de ações, elas dirigem seu filho para viver um corre-corre destrutivo, a Corrida dos Ratos.

A pista de fora é a acelerada, o *Fast Track*. Esse é o lugar onde rico trabalha e investe.

O objetivo do jogo *CASHFLOW* é transformar renda ordinária (seu salário) em renda de carteira e renda passiva. Quando você tem renda suficiente passiva, você sai da Corrida dos Ratos e começa a desfrutar a vida na Via Rápida, no *Fast Track*.

O *CASHFLOW* é o único jogo que ensina os jogadores as diferenças entre os três tipos de renda.

Como você sabe, na vida real há de fato uma Corrida de Ratos e uma Via Rápida. A maioria dos pais programa seus filhos para a Corrida dos Ratos, viver de salário em salário, reagindo às cartas que a vida lhes entrega no jogo. A educação financeira dá escolhas a seu filho. Para qual pista vocês está aconselhando seu filho ... a dos ratos ou a acelerada?

Pergunta: Isso é justo?

Resposta: Não. Mas este livro é sobre educação. Educação não é sobre ser justo.

A maioria dos pais quer que seus filhos tenham uma boa educação para avançar na vida. Educação é sobre dar a uma criança uma vantagem injusta na vida. É por isso que muitos pais gastam pequenas fortunas enviando seus filhos para as escolas privadas, esperando que um ensino privado vá dar à sua criança uma vantagem competitiva no mundo.

Quando se trata de notas, alguns alunos recebem As e outros recebem Fs. Isso é justo? É justo que nossas escolas não ensinem aos alunos sobre os três tipos de renda? E já que estamos falando sobre o tema "justiça", é justo que 47% não paguem nada de impostos e 1% pague 37% dos impostos?

Pergunta: Você está dizendo para sonegar impostos?

Resposta: Não. Eu nunca recomendaria isso. Muito provavelmente os mais tentados a omitir seus impostos seriam os Es e As ... porque esses quadrantes têm muito poucas vantagens fiscais. A maior parte dos benefícios fiscais são encontrados nos quadrantes D e I.

Este livro é sobre educação. Educação é sobre ter mais opções na vida. Se o seu filho sabe que existem três tipos de renda, ele tem mais opções. Se você tem mais opções, você não tem que enganar o fisco. O rico evita impostos legalmente por saber com quais tipos de renda trabalhar e controlar de onde vem sua renda.

Pergunta: Qual é a diferença entre os 47% que não pagam impostos e os ricos que pagam pouco ou nada em impostos?

Resposta: A educação financeira.

A maioria dos 47% que não pagam impostos pode fazer muito pouco para melhorar ou mudar sua situação financeira. A maioria não tem a educação e as competências técnicas para mudar de quadrantes. Alguns simplesmente carecem da ambição ou do desejo de mudar. Por que trabalhar e pagar impostos quando você pode simplesmente receber um cheque do governo?

A classe média só sabe trabalhar por mais e mais renda ordinária. É por isso que tantos voltam para a universidade ou permanecem mais tempo nela. Ou fazem horas extras. Ou trabalham em dois ou três empregos. Ou trabalham duro para ganhar um aumento de salário. Tudo o que isso faz é empurrá-los para alíquotas maiores de tributação de renda ordinária. Então, ainda que eles possam ganhar mais dinheiro, ficam com menos.

Quando a classe média investe, a maioria investe em renda de carteira, rezando para que o seu dinheiro esteja lá quando precisarem.

Os ricos têm educação financeira para adquirir renda passiva. Com educação financeira, eles têm a capacidade de aumentar a renda e reduzir os impostos, fazendo o que o governo quer que seja realizado. Mais tarde neste livro, você descobrirá que o código tributário não é sobre cobrança de impostos, mas sobre incentivos fiscais e sobre como, legalmente, se pode reduzir impostos.

Grande parte deste livro é sobre como fazer o que o governo quer que seja feito. Por exemplo, se eu oferecer empregos, recebo incentivos fiscais. Se eu perfurar em busca de petróleo, recebo incentivos fiscais. Se eu usar dívida para investir, recebo benefícios fiscais. Eu também recebo benefícios fiscais se fornecer moradia acessível àqueles que não têm dinheiro para comprar uma casa.

Infelizmente, a maioria dos alunos conclui os estudos em busca de um emprego, em vez de aprender a gerar empregos. A maioria das pessoas usa gasolina, em vez de perfurar um poço de petróleo. A maioria das pessoas tenta sair das dívidas, em vez de aprender a usar dívida. E a maioria dos alunos deixa a escola sonhando comprar sua própria casa, em vez de construir casas para outras pessoas.

Tudo se resume à educação financeira.

> **Liderando o Caminho**
>
> *Apenas uma faculdade nos Estados Unidos tem um programa de educação financeira. A faculdade é Champlain College, em Vermont.*

A Mentalidade de Direitos

Minha principal preocupação é que a mentalidade de direitos está se espalhando. Sem educação financeira, muitas pessoas adotam uma atitude de direitos frente à vida. Eu não os culpo. Se eu não tivesse dinheiro e nem a educação de meu Pai Rico, eu provavelmente faria isso também.

Como empresário, eu fiquei sem dinheiro muitas vezes. A diferença é que eu sabia que ficaria mais experiente e mais rico, se eu resolvesse meus problemas financeiros, em vez de esperar que o governo tomasse conta de mim.

Se o nosso sistema educacional não começar a tratar do segundo nível de necessidades da pirâmide de Maslow – segurança –, receio que a crescente mentalidade de direitos fará com que um grande país vire um país pobre. Isso já aconteceu antes e, em minha opinião, isso está acontecendo novamente.

Infelizmente, décadas se passarão antes que nossas escolas ofereçam alguma educação financeira. Enquanto isso, se você como um pai não completar a educação do seu filho com educação financeira, parte das receitas futuras do seu filho custeará os programas de financiamento dos direitos – não apenas dos pobres, mas do presidente, dos políticos, dos juízes, dos militares aposentados, dos burocratas do governo, dos professores, dos policiais e dos bombeiros e da previdência e assistência social.

Lições para Seu Filho

A boa notícia é que você não precisa ser um cientista para entender os três tipos de rendas e impostos. Se eu posso entender, você também pode. Mesmo que você, como um pai, esteja aprendendo isso, pela primeira vez, você pode aplicar imediatamente. Milhões de pessoas ao redor do mundo têm feito isso. Aqui está um exemplo. Você conhece alguém que começou um negócio em tempo parcial, é dono de uma propriedade de aluguel ou representa uma empresa de marketing de rede? A geração de renda através de qualquer uma dessas três vias é o primeiro passo em direção à renda passiva. A parte mais difícil é começar.

Escreva as duas lições a seguir em um pedaço de papel e discuta com seus filhos:

1. Três tipos de renda:

- *Renda Ordinária*: Renda dos pobres
- *Renda de Portfólio*: Renda da classe média
- *Renda Passiva*: Renda dos ricos

2. Quem paga mais em impostos?

Tenha em mente que a intenção aqui não é discutir os impostos, mas discutir a importância da educação financeira, e como escolhas e decisões conscientes que as pessoas fazem, ao longo da vida, determinam se elas vão passar a vida inteira trabalhando por dinheiro, ou se vão colocar seu dinheiro para trabalhar por elas.

Os quadrantes D e I exigem educação financeira e experiência. Quanto mais você discutir essas diferenças, mais abrirá a mente do seu filho para o mundo real que ele entrará um dia. Lembre-se, a educação é um processo de vida. É mais do que uma discussão de uma noite.

Esses dois exemplos simples valem para a maioria dos países ocidentais. Quando estou ensinando, alguém sempre levanta a mão e diz: "Você não pode fazer isso aqui." Faço uma pausa e depois digo: "Você pode não ser capaz de fazê-lo aqui, mas eu posso." Essa brincadeira acontece em quase todos os países em que ensino... mesmo nos Estados Unidos. Em outras palavras, os ricos são bem-vindos em todos os lugares. E o primeiro passo é uma educação financeira sólida.

O problema é que a maioria vai tentar ficar rico, trabalhando por renda ordinária, nos quadrantes E e A. Quando investem, a maioria vai investir por renda de portfólio. Poucos aprenderão sobre renda passiva, ou fluxo de caixa, a menos que a educação comece em casa.

> ## Pesquisa sobre Calouros de Faculdades
>
> *A pesquisa CIRP (Programa Cooperativo de Pesquisa Institucional) de calouros de faculdades informou que 81% de todos os estudantes universitários querem ficar muito bem financeiramente. O problema é que a maioria vai tentar ficar rico trabalhando por renda ordinária, nos quadrantes E e A. Quando investirem, a maioria vai investir por renda de portfólio. Poucos aprenderão sobre renda passiva, ou fluxo de caixa, a menos que a educação comece em casa.*

Pergunta: Por que é tão importante que meu filho entenda as regras dos ricos e como se tornar rico?

Resposta: Existem muitas causas para a crise financeira mundial. Uma causa muitas vezes negligenciada é a mentalidade crescente de direitos, uma atitude que está se espalhando pelo mundo. Hoje, não só temos pessoas pobres acreditando nos direitos, temos mais e mais estudantes "A", os acadêmicos do mundo, e estudantes "Bs", burocratas, lobistas e apoiadores de programas de benefícios.

Como Alexander Tyler, um professor de história na Universidade escocesa de Edimburgo, disse:

"Uma democracia continuará a existir até o momento em que os eleitores descobrirem que podem votar para si mesmos generosos presentes do tesouro público."

Os alunos "A" e "B" e os pobres do mundo querem taxar os ricos, sem perceber que estão aumentando os impostos e despesas para si mesmos. Eles também estão destruindo a democracia. Eles acreditam que os ricos são gananciosos, em vez de entrever a possibilidade de que são eles os gananciosos, vivendo do trabalho dos outros. Sem educação financeira, como poderiam saber algo diferente? Tudo o que conseguimos ver é um lado da moeda.

No início deste capítulo, eu usei um exemplo de como os ricos – neste caso, a estrela do cinema francês Gerard Depardieu – podem simplesmente deixar o país em busca de um ambiente fiscal mais favorável. Os verdadeiros capitalistas, como o construtor com 400 funcionários, que é incapaz de pagar o Obamacare, simplesmente desistirão dos negócios. E os médicos vão parar de praticar porque a teoria Robin Hood de finanças, "tirar dos ricos e dar a mim mesmo", está viva e bem entre juízes, advogados e tribunais.

> **Seu Guia de Estudo**
>
> *Nós criamos um guia de estudo em profundidade para ajudar a estruturar e apoiar você na condução de educação financeira do seu filho. O título é Awaken Your Child's Financial Genius (Desperte o Gênio Financeiro de seu Filho), porque ele foi criado para fazer exatamente isso: despertar o gênio financeiro de seu filho. A maioria das crianças está interessada em dinheiro e você pode tornar o aprendizado sobre isso divertido para eles.*

Os Estados Unidos não têm um novo orçamento desde 2009, porque a batalha entre ricos e pobres, ou a luta de classes, está viva e bem. A razão dos Estados Unidos não conseguirem equilibrar o orçamento é simplesmente porque o custo dos nossos programas de direitos, para os pobres e a classe trabalhadora, está na casa dos trilhões de dólares. Em vez de cortar esses direitos, é mais fácil para a classe média educada se juntar aos pobres e cantar o mantra "Taxem os ricos". No entanto, é a classe média que vai, ao final das contas, pagar a conta dos impostos.

Se o seu filho sai da escola e consegue aquele trabalho bem remunerado, são boas as chances de que ele vá se juntar à classe média de alta renda na Corrida dos Ratos da vida, trabalhando cada vez mais arduamente por renda ordinária, e pagando mais e mais impostos. E quando ele for investir, é provável que invista no mercado financeiro por renda de portfólio.

Se for isso que você quer para seu filho, então uma educação financeira não é necessária. Mas se você quer que seu filho escape da Corrida dos Ratos da classe média, então, ficar rico é uma opção. A outra opção é ser pobre.

Viver em um país rico significa que você tem a liberdade de escolher ser rico, pobre ou de classe média. Essa escolha começa em casa.

Em vez de ensinar o seu filho que ele ou ela tem direito a peixe grátis por toda vida (os pobres), ou ensiná-lo a trabalhar por peixes (a classe média), eu acredito que é mais inteligente ensiná-lo a ser um fornecedor de peixes (os ricos).

A escolha é sua.

Palavras Finais

Os bancos centrais e bancos de investimento do mundo saquearam bilhões de dólares de bilhões de pessoas. Também é verdade que muitos ricos gananciosos enganaram as pessoas a fim de obter riqueza.

No entanto, quando você olha para o balanço de muitos países, são seus programas de benefícios que são as maiores ameaças para eles e para a economia mundial. Nos Estados Unidos, estima-se que a seguridade social tenha um passivo a descoberto em torno de 100 a 230 trilhões de dólares. Quando você adiciona os militares e os programas sociais municipais, os números vão além da imaginação.

Isso é o que acontece quando nossas escolas falham em satisfazer às nossas necessidades no segundo nível de Maslow. Em vez de ensinar as pessoas a pescarem, nós ensinamos as pessoas que elas têm direito a peixe grátis. Do meu ponto de vista, isso precisa mudar.

A Criatura da Ilha Jekyll

Para quem quer ser um investidor profissional ou empresário, eu recomendo o livro *A Criatura da Ilha Jekyll – O Sistema da Reserva Federal*, escrito por G. Edward Griffin.

É um livro grande, mas é uma leitura fácil, parece um livro de mistério e assassinato, porque isso é o que ele realmente é. É um livro sobre o assassinato financeiro... sobre bancos e dinheiro, especialmente o banco central americano – o *Federal Reserve Bank* – o Fed.

Griffin acreditava que o comunismo não poderia tomar posse na América, simplesmente porque o espírito americano da livre iniciativa e do capitalismo era muito forte. Um passo intermediário seria necessário, e esse passo intermediário era o socialismo.

Hoje temos a assistência e a previdência social e o Obamacare.

Em outras palavras, os americanos têm que primeiro se tornar dependentes de seu governo para sustentar suas vidas, o que corroeria o espírito americano. Com o espírito enfraquecido e necessitado, os americanos se tornariam dependentes, viciados em esmolas e programas governamentais de assistencialismo. O resultado é um país pronto para o comunismo. Eu não estou dizendo que isso é verdade. Deixo essa decisão para você.

Como uma pessoa que se juntou ao corpo de fuzileiros navais para defender o capitalismo e contra o comunismo, então, voltar para casa para ver o espírito americano morrendo e a mentalidade de direitos crescendo, a visão de Ed Griffin tem um apelo de verdade. Suas preocupações são as minhas preocupações.

Pode ser esta a razão para não haver educação financeira em nossas escolas. G. Edward Griffin afirma:

> *"A dependência financeira do estado é o fundamento da servidão moderna."*

Diz-se que Abraham Lincoln declarou que:

> *"Você não pode trazer prosperidade ao desanimar a frugalidade. Você não pode fortalecer os fracos enfraquecendo os fortes. Você não pode ajudar o assalariado destruindo o pagador de salários. Você não pode promover a fraternidade entre os homens incentivando o ódio entre as classes. Você não pode ajudar o pobre, destruindo o rico. Você não pode ficar fora de problemas ao gastar mais do que ganha. Você não pode construir o caráter e a coragem, tirando a iniciativa do homem e a sua independência. Você não pode ajudar os homens permanentemente fazendo por eles o que eles podem e devem fazer por si mesmos."*

Passos Iniciais de Ação para os Pais

Faça a sua parte para combater a mentalidade de direitos: Não dê seu dinheiro a seus filhos.

Hoje, o mundo ocidental está à beira do colapso econômico, porque milhões de pessoas possuem uma mentalidade de direitos. Esta mentalidade começa em casa. Às vezes, começa com a troca de dinheiro por tempo ou amor... em bairros ricos e pobres. Às vezes, os pais compram para seus filhos roupas, tênis caríssimos, brinquedos, até mesmo carros – para que seus filhos possam se equiparar aos colegas de classe.

Se o colega de classe de seu filho ganha uma bicicleta nova é fácil sentir-se no direito a uma bicicleta nova, também. É aí que começa a mentalidade de direitos.

Muitos programas de esportes ensinam as crianças que todos recebem um troféu, mesmo se perderem. O que isso ensina a uma criança? Que todos têm *direito* a ser um vencedor?

Em vez de ensinar a seus filhos que eles têm direito ao dinheiro e ao sucesso, ensine a eles que o dinheiro é simplesmente um meio de troca. Troca significa que se eu lhe dou alguma coisa, então você me dá algo em troca. E, acredito que, quanto mais você dá, mais você recebe. Quando algo é dado a uma criança em troca de nada, as sementes dos direitos são plantadas.

Também discuta o conceito de "doe e você receberá". Essa é outra maneira de ser generoso.

Tive sorte. Eu tinha dois pais e nenhum deles me deu dinheiro. Quando eu tinha 16 anos, meu verdadeiro pai me disse que não iria pagar pela minha educação universitária. Isso me deu dois anos para me preparar e encontrar uma forma de financiar a minha educação universitária. É por isso que me candidatei para a academia naval dos EUA e para a academia da marinha mercante. Nas academias nos ensinam a estar a serviço de Deus e do país.

Meu Pai Rico insistiu que eu trabalhasse de graça. Ele não queria que eu desenvolvesse a mentalidade de um empregado que vende seu tempo por um salário. Em troca do meu trabalho, Pai Rico me deu a melhor educação financeira do mundo. Com essa educação financeira tenho sido capaz de criar riqueza do nada, que é o que fazem os empreendedores.

Eu escrevi dois livros com Donald Trump. Um benefício adicional a isso foi conhecer os seus três filhos. Eles são brilhantes, atraentes, respeitosos e não têm uma mentalidade de direitos. Eles trabalharam pelo que tem. Os seus dois filhos, Don Jr. e Eric, me disseram: "Nosso pai não hesitaria em nos despedir se nós não fizemos o nosso trabalho."

Um dia, Don Jr., Eric e alguns dos meus amigos estávamos juntos na ilha de Kauai, no Havaí. Don e Eric estavam trocando mensagens de texto com sua irmã Ivanka. Quando eles acabaram, eu perguntei sobre o que eles estavam falando. Ambos me disseram: "Estávamos trocando receitas."

"Receitas?", repliquei. "Vocês sabem cozinhar? Eu pensei que vocês tinham empregadas?"

Ambos os meninos riram e Eric disse: "Meus pais têm empregadas. Nós não. Tivemos que aprender a cozinhar e limpar. Nossos pais deixaram bem claro que a riqueza deles era *deles*. Soubemos desde muito cedo que tínhamos que criar a nossa própria riqueza. Nós sabemos que tivemos muitos privilégios, mas muito pouco veio de graça."

Parte Dois

OUTRO PONTO
DE VISTA

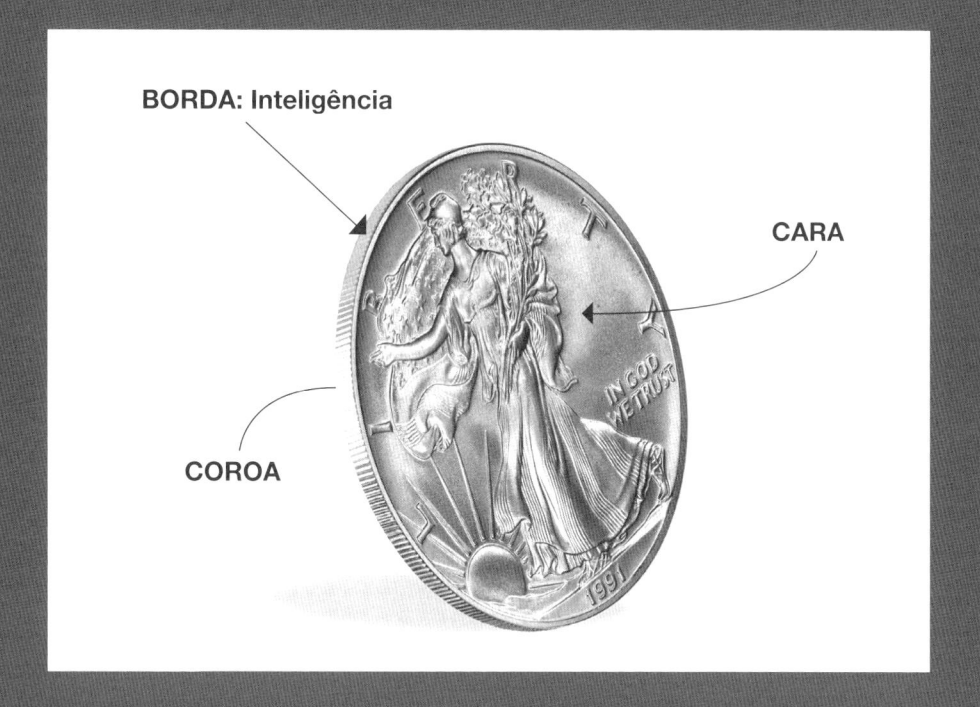

"O teste de uma inteligência de primeira linha
é a capacidade de manter duas ideias opostas na
mente, ao mesmo tempo, e ainda manter
a capacidade de discernimento."

– *F. Scott Fitzgerald*

INTRODUÇÃO

Pai Rico disse que um dos problemas com a escola é que as crianças são ensinadas a viver em um mundo de "certo" ou "errado". Isso não é realista e não é inteligente. Na vida real, muitas vezes há mais de uma resposta ou solução para dúvidas ou problemas.

Na escola há apenas uma resposta certa. Quando os professores corrigem provas, eles estão buscando as respostas certas.

Na escola, você é inteligente se suas respostas corretas estão de acordo com as respostas certas do seu professor. Se suas respostas estão de acordo com as respostas do professor, você é um estudante "A".

A ideia de apenas *uma resposta certa* é a base da formação acadêmica.

As Respostas Certas na Vida Real

Na vida real há mais de uma resposta certa.

Aqui está um exemplo. Quando eu perguntei a meu Pai Pobre quanto era 1+1 a resposta foi "2". A resposta do Pai Rico para a mesma pergunta foi diferente. Sua resposta foi "11".

É por isso que um homem era pobre e o outro rico.

Definição de uma Inteligência de Primeira Ordem

Esta declaração de F. Scott Fitzgerald suporta as lições fundamentais da segunda parte deste livro:

"O teste de uma inteligência de primeira linha é a capacidade de manter duas ideias opostas na mente ao mesmo tempo, e ainda manter a capacidade de discernimento."

Discutir os dois lados de uma moeda não é nada novo. Proponho uma reviravolta sobre isso para passarmos a crer que todas as moedas têm *três* lados: cara, coroa e borda. De acordo com F. Scott Fitzgerald, as pessoas mais inteligentes vivem no limite, capaz de ver ambos os lados.

Muitos estudantes deixam a escola acreditando que apenas uma resposta pode estar certa. Ao invés de abrir a mente de um estudante, o ensino tradicional fecha as mentes. As crianças saem da escola acreditando em um mundo de certo ou errado, preto ou branco, inteligente ou idiota. Essa é a principal razão pela qual tantas pessoas não gostam da escola, incluindo muitos dos alunos "A". Se um aluno nunca vai até o limite, a borda, o ponto vantajoso a partir do qual ele pode ver os dois lados, então verá apenas um lado da moeda. Uma resposta, um ponto de vista, uma perspectiva.

Ricos versus Pobres

A literatura que é estudada na escola está cheia de histórias de ricos contra pobres. Livros como *Um Conto de Natal*, de Charles Dickens, a história de um homem rico infeliz chamado Scrooge, ou histórias de Robin Hood, que tirava dos ricos para dar aos pobres, tendem a difamar os ricos e honrar os pobres.

Poucas escolas recomendam aos seus alunos que leiam *A Revolta de Atlas*, de Ayn Rand, que leva ao outro lado da moeda, vilipendiando os socialistas e honrando os capitalistas.

A *Bíblia*, um livro de livros em que o dinheiro é o assunto mais discutido, é um pouco mais equilibrada. Ela tem histórias para os crentes em ambos os lados da moeda.

Ambos Lados

A primeira parte deste livro é sobre educação financeira.

A segunda parte é sobre inteligência financeira, a capacidade de olhar para o assunto do dinheiro a partir da borda da moeda e enxergar mais do que um ponto de vista.

Fitzgerald se refere à "capacidade de manter duas ideias opostas na mente ao mesmo tempo", como o teste de uma "inteligência de primeira ordem". Em outras palavras, a ideia de certo *versus* errado, que é ensinada na escola, não é inteligente. Na verdade, é ignorante, pois o "certo *versus* errado" ignora, ao invés de explorar o outro lado.

Em minha opinião, a ideia de certo ou errado é a base de todas as divergências, discussões, divórcio, infelicidade, agressão, violência e guerra.

Linhas e Curvas

Na escola, todo o ensino é linear, como no diagrama a seguir:

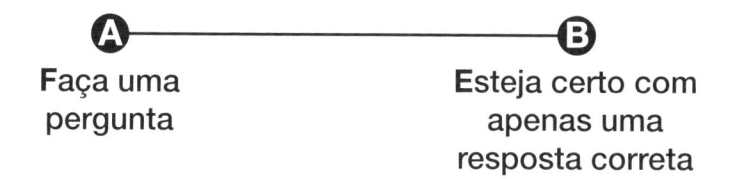

A ────────────── **B**

Faça uma   **Esteja certo com**
pergunta   **apenas uma**
                                resposta correta

Nesse método, não há espaço para mais nada, apenas a resposta certa. Para as escolas, há apenas uma conexão direta e linear entre a pergunta e a resposta correta.

O problema é que, em todos os outros aspectos da vida nada linear. Nada é tão simples. Como R. Buckminster Fuller observou: "A física não achou linhas retas." Em vez disso, o universo físico consiste em ondas flutuando para a frente e para trás, permitindo correções e equilíbrio.

Um exemplo dessa teoria universal se encontra na missão espacial da NASA, a Apollo 11 que pousou dois americanos, Neil Armstrong e Buzz Aldrin, na Lua. A cápsula permaneceu em uma trajetória em linha reta por apenas 5% de seu tempo no espaço. Não havia nenhuma "resposta certa", linear, para chegar lá do ponto A ao ponto B. Em vez disso, 95% da viagem foram de trajetória corrigida naturalmente, da esquerda para a direita, de estibordo para bombordo, para chegar ao destino pretendido.

Pense em dirigir seu carro. Se você seguir a linha da escola – o modelo direto do ponto A ao ponto B –, você será uma ameaça para a sociedade. Há, definitivamente, uma forma aceitável para dirigir, e esta é usar o volante.

Quando você sai da escola você aprende rapidamente que nada é linear. Conforme você navega o curso da sua vida terá altos e baixos, correções de curso, que criam ondas de experiência e educação. É assim que nós aprendemos – e é tudo, menos linear.

O diagrama seguinte é um exemplo dos altos e baixos do meu caminho:

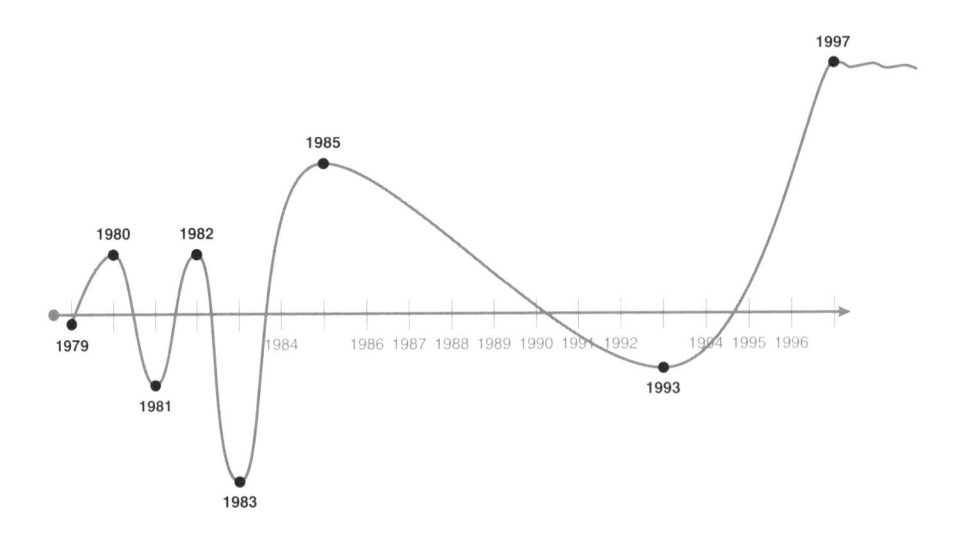

Em 1979, dois amigos e eu iniciamos o negócio Rippers de carteiras de nylon. Em 1980, a vida era boa. Nós éramos milionários no papel, o que nos levou a carros velozes e relacionamentos ainda mais velozes. Como você poderia esperar, não mantivemos nossa atenção no negócio e em 1981 chegamos ao fundo do poço. Mas éramos resilientes e conseguimos recuperar a empresa. Montamos algumas parcerias com estações de rádio no Havaí e bandas famosas de rock (incluindo uma das minhas favoritas, Pink Floyd) e, em 1982, estávamos de volta. Mas, em retrospectiva, os problemas do nosso primeiro fracasso nunca foram totalmente resolvidos. Alguns dos sócios tinham problemas conjugais que, entre outras coisas, levaram à dissolução da parceria, em 1983.

Felizmente, eu tinha começado a estudar empreendedorismo em 1981. E, melhor ainda, em 1984, eu conheci Kim e nos mudamos para a Califórnia ao final do ano para ensinar empreendedorismo em um seminário de uma empresa. O negócio prosperou e se expandiu internacionalmente, com cinco escritórios na Austrália. Um dia, um repórter da ABC (*Australian Broadcasting Company*) nos procurou. A rede de TV estava interessada em nossos seminários e queriam divulgar "todo o bom trabalho que estávamos fazendo".

Isso é o que eles nos disseram. Mas não era verdade.

Sua intenção era expor o que eles viam como um "culto". David Koresh e seus seguidores da seita Davidiana (alguns deles australianos) haviam morrido em um cerco do governo, em Waco, no Texas, em abril de 1993. A ABC queria expor americanos que estavam, em sua opinião, realizando atividades parecidas com cultos, na Austrália. A transmissão negativa e devastadora da ABC afundou o nosso negócio. (Curiosamente, uma campanha de cartas enviadas por todas as pessoas que nossos seminários haviam ajudado começou imediatamente e os chefes da ABC logo perceberam que tinham um problema: sua reportagem fora uma mentira monumental. Eles se retrataram, por medo de serem processados.)

Embora certamente tivéssemos os fundamentos para uma ação judicial (começando com a deturpação inicial), optamos por ver a experiência como um sinal de que devíamos voltar atrás e mudar o foco.

Kim e eu percebemos que era hora de uma mudança. Em 1994, começamos a criar o jogo de tabuleiro *CASHFLOW 101*. Foi lançado em 1996. E, em 1997, o "folheto de marketing" que eu escrevi para o jogo *CASHFLOW* foi publicado como um livro: *Pai Rico, Pai Pobre*. A maioria de vocês sabe o restante dessa história, e ainda que tenhamos tidos alguns solavancos ao longo do caminho, Kim e eu obtivemos um alto nível de sucesso e de satisfação pessoal ao apoiar o importante trabalho de defesa da educação financeira.

O ponto aqui é que na grandeza do universo físico – e na jornada única de sua própria vida – *nada* é linear. Ao contrário, o que há são ondas, picos e vales.

Convido você a traçar sua própria vida, como tenho feito, e celebrar os pontos altos dela. Do outro lado da moeda, ter tempo para reconhecer as lições que os pontos baixos lhe entregaram. E explicar aos seus filhos que não há uma resposta certa para a maioria das questões da vida... mas, sim, uma onda de escolhas, de diferentes perspectivas e pontos de vista.

Pontos Opostos de Vista

A segunda parte deste livro irá explorar os pontos de vista opostos encontrados no quadrante *CASHFLOW*.

Por exemplo,

No lado E-A ...	No lado D-I ...
os impostos são ruins	*impostos são bons*
as dívidas são ruins	*as dívidas são boas*
os ricos são gananciosos	*os ricos são generosos*

Comunistas versus *Socialistas* versus *Fascistas* versus *Capitalistas*

A Parte Dois pisará levemente sobre os campos minados das filosofias econômicas, como o comunismo, o socialismo, o fascismo e o capitalismo. Muitas pessoas já ouviram essas palavras e sei que elas podem estar muito carregadas emocionalmente.

A Parte Dois deste livro tentará dissipar as armadilhas emocionais nessas palavras, assim as pessoas poderão decidir melhor se elas, ou a escola de seus filhos, estão ensinando as crianças a serem comunistas, socialistas, fascistas, ou capitalistas.

O Que é Inteligência?

A inteligência tem muitas definições e muitos significados. Inteligência, para os fins desta seção, é simplesmente a capacidade de sair da armadilha de um mundo certo ou errado que as nossas escolas promovem e olhar o mundo do dinheiro de tantos lados, de tantas perspectivas, quanto possível.

Como Abraham Maslow descreveu em sua Hierarquia das Necessidades, o quinto nível, o nível mais alto da existência humana, é o nível da autorrealização. Autorrealização é o nível em que uma pessoa é capaz de enfrentar o mundo "sem preconceitos" e "com aceitação dos fatos". Um desses fatos pode ser: há mais do que uma resposta certa.

Atingir autorrealização também significa que uma pessoa é generosa, dando ao invés de tomar. Como afirmei em um capítulo anterior, acredito que a razão para muitas pessoas serem gananciosas é porque as escolas não preparam as pessoas para o nível dois de Maslow, a segurança. Quando as pessoas vivem com medo, quando não se sentem seguras, é da natureza humana tornar-se um tomador ao invés de doador.

A lição é: "Se a sua mente está aberta a ideias divergentes, sua inteligência aumentará. Se a sua mente está fechada para isso, sua ignorância está no controle." Inteligência ou ignorância? Sua capacidade de manter uma mente aberta e apreciar vários pontos de vista é uma escolha consciente, do tipo que pode ampliar seu mundo e moldar o futuro de seu filho.

Quem precisa ser mais inteligente: Empregados ou Empregadores?

OUTRO PONTO DE VISTA SOBRE INTELIGÊNCIA

Se você leu *Pai Rico, Pai Pobre*, sabe que meu Pai Pobre ficou muito chateado porque Pai Rico não me pagava pelo trabalho que eu fazia para ele.

Pai Rico era um homem muito generoso. Ele acreditava na "troca justa". Ele também acreditava que a educação financeira era muito mais valiosa do que dinheiro.

Ele pagava seus empregados com dinheiro. Na maioria dos casos, pagava muito bem. Muitos trabalharam para ele por boa parte de suas vidas. Ele costumava dizer: "Meus funcionários valorizam mais dinheiro do que educação financeira. É por isso que eles são empregados."

As Razões

Pai Rico não acreditava no conceito de *gratuidade*. Ele acreditava que uma educação gratuita não tinha valor, o que pode ser o problema do programa da educação pública. É de graça.

Pai Rico tinha muita compaixão para com meu Pai Pobre e os professores que trabalhavam para o governo. Ele costumava dizer: "Como os professores podem ensinar quando crianças e pais *esperam por*, em vez de *respeitar*, a educação gratuita?" Ele também achava que o conceito de uma educação gratuita, ainda que uma ideia nobre, é uma das razões pelas quais a mentalidade de direitos é tão difundida hoje. Desde a tenra idade, as crianças são treinadas para acreditar que "O governo vai cuidar de mim".

Pai Rico acreditava que a educação financeira e o treinamento que ele estava me dando eram muito mais valiosos do que dinheiro. É por isso que ele não me pagava em dinheiro. Em troca, eu trabalhei para ele "de graça", fazendo coisas que teriam lhe custado dinheiro.

Pergunta: Como você sobreviveu sem dinheiro?

Resposta: Trabalhando por dinheiro durante o meu tempo livre.

Minha História

Minha mãe e meu pai me davam por semana de mesada um dólar quando eu estava no segundo grau da escola. Mesmo na década de 1960, um dólar por semana não durava muito.

Pai Rico não me pagava porque ele não queria que eu pensasse como um empregado. Ele achava que todo mundo me ensinaria a pensar dessa maneira. Em outras palavras, ele estava me treinando a pensar de forma diferente sobre dinheiro, o que não tinha preço. Ele não disse a seu filho e a mim o que fazer. Ele nos deu escolhas.

Em vez de me dizer "Procure um trabalho", Pai Rico me incentivava a pensar como um empreendedor e, me dizia, ao contrário, "Busque pelas oportunidades".

Com esse conselho, eu fiz muitas coisas para ganhar dinheiro. Por exemplo, aos sábados, eu saia às cinco horas da manhã para surfar com meus amigos, já que o surfe é geralmente melhor na parte da manhã. Eu, depois, ia para o escritório do Pai Rico e trabalhava para ele por algumas horas. Para ganhar dinheiro, eu ia, então, para o campo de golfe à tarde trabalhar como *caddie*, carregando sacos de golfe, por nove buracos, por um dólar. Era um campo de apenas nove buracos, de forma que podia ganhar dois dólares carregando dois sacos. Eu conseguia fazer mais dinheiro em um sábado à tarde do que a mesada *semanal* que meus pais me davam. Além disso, fiquei em forma para a temporada de futebol.

A vantagem disso foi que, em vez de procurar um emprego, eu estava sempre à procura de *oportunidades*. Ao olhar para as oportunidades, em vez de olhar para um emprego, Pai Rico estava me treinando a olhar para o mundo como um empresário do quadrante A, em vez de um empregado no quadrante E. Se eu via uma pilha de lixo no quintal de alguém, batia à porta e negociava um preço para tirar o lixo. Foi uma grande educação em negócios, assim como em autoestima.

Eu fiquei muito bom como um empreendedor no quadrante A. Eu estava fazendo uma boa soma de dinheiro, enquanto ainda trabalhava para o Pai Rico de graça.

Maiores Oportunidades

Uma vez que Pai Rico percebeu que eu era muito bom no quadrante A, sua próxima lição era para eu passar para o quadrante D. Para iniciar a aula, ele me fez ler a história de *As Aventuras de Tom Sawyer*. Nessa história, Tom assume a tarefa de pintar uma cerca. Em vez de pintar o muro ele mesmo, ele consegue que seus amigos pintem o muro para ele.

A atribuição de Pai Rico para mim era encontrar um trabalho grande o suficiente a ponto de eu não conseguir fazer sozinho. Ele disse: "As pessoas no quadrante A assumem tarefas que podem fazer sozinhas. Por exemplo, um advogado pode fazer a maior parte do trabalho jurídico ele mesmo. Mas um empresário no quadrante D assume o impossível. É por isso que eles são as pessoas mais ricas do mundo."

Por cerca de uma semana, eu procurei por uma oportunidade dessas. Finalmente, eu vi um homem idoso observando um terreno bastante grande, com o mato muito alto. Eu fui até ele e perguntei se havia alguma coisa que ele precisava fazer. O homem disse que precisava limpar o terreno. Ele costumava fazer isso sozinho, ele me disse, mas agora estava ficando muito velho. O terreno tinha cerca de dois hectares. Ele me disse que me pagaria 50 dólares se eu arrancasse, não apenas cortasse, as ervas daninhas altas. Assim que escutei "50 dólares" não ouvi mais nada. Eu aceitei o trabalho, é claro. Ele então me disse que tinha que ser feito até o próximo fim de semana.

Liguei para Pai Rico para dar a notícia e ele acrescentou: "Assim como Tom Sawyer, seu trabalho é contratar outras pessoas para fazer o trabalho. Seu trabalho é fechar o negócio, certificar-se de que o trabalho seja feito, receber o pagamento, pagar os trabalhadores e gerar lucro."

Na escola, na segunda-feira eu recrutei 10 colegas para começar a trabalhar imediatamente. Depois da escola, na segunda-feira, apenas seis apresentaram-se no terreno. Na terça-feira, pouco havia sido realizado. Meus "funcionários" estavam se divertindo jogando e não trabalhando. Eles estavam rolando no mato, não o arrancando. Na quarta-feira, nenhum deles apareceu para trabalhar, mesmo tendo prometido que iriam. Na noite de quarta-feira, eu conversei com Pai Rico, que disse: "É melhor manter a sua palavra e fazer o trabalho."

Eu fiz o trabalho sozinho na quinta e na sexta-feira. No sábado, o dono me pagou os 50 dólares. Na segunda-feira, os meus "trabalhadores" queriam a sua parte do dinheiro. Com a idade de 15 anos, eu estava lidando com minha primeira disputa trabalhista, que acabei perdendo. Eu os paguei porque a aflição de vê-los todos os dias na escola, sendo assediado e, possivelmente, espancado, não valia 50 dólares. Como resultado, foi uma experiência inestimável.

Quando eu contei ao Pai Rico a história de fazer todo o trabalho, e não receber nada em dinheiro, tudo o que ele fez foi sorrir e dizer: "Bem-vindo ao meu mundo."

Ao coletar aluguéis para o Pai Rico, sentar à mesa do escritório dele durante as reuniões de negócios, com seus assessores, alunos "A", e agora ao lidar com meus empregados, *minha* visão do mundo dos negócios foi tomando forma. Aos 15 anos, e na minha segunda janela de aprendizagem, eu sabia que, se eu quisesse ser um empresário, eu teria que aprender muito mais do que aqueles que queriam ser empregados. Minha inteligência foi aumentando. Minha mente estava se abrindo. Eu estava começando a ver os dois lados da moeda.

Antigamente, em vez de ir para a faculdade, você trabalhava como aprendiz. Ao contrário da faculdade, isso permitia que você pudesse estar errado, pudesse cometer erros e realmente aprender a fazer algo bem. Não é de admirar que o show de Donald Trump na televisão, *O Aprendiz*, seja tão popular. A ideia de um aprendizado, de ganhar o domínio real sobre sua área de interesse, tem apelo para todos.

Olhando para trás, eu sei por que Pai Rico nunca me pagou em dólares. Ele me pagou com um aprendizado de lições da vida real, lições que, em retrospectiva, provaram ser de valor inestimável.

Passos Iniciais de Ação para os Pais

Explicar o conceito de três lados para cada moeda.

Selecione qualquer moeda e use-a como ferramenta de ensino. Explique a seu filho que as escolas e o ambiente tradicional de sala de aula estão frequentemente focados em respostas certas. Pense em alguns exemplos em que poderia haver várias respostas a uma questão ou problema, como uma forma de olhar para as coisas a partir de vários pontos de vista diferentes.

Utilize a moeda para ilustrar cara de um lado, como um ponto de vista, e coroa, como outro.

Discutir também a borda da moeda, e como a inteligência é a capacidade de usar essa borda como um ponto vantajoso para ver e apreciar vários pontos de vista.

Os desafios e questões da vida real raramente são preto ou branco ou certo ou errado, como as escolas nos querem fazer crer. Inteligência é a capacidade de ver os dois lados da moeda, a partir da borda.

Por que
o Gerente
de Contas
Não pede Seu
Histórico Escolar

OUTRO PONTO DE VISTA SOBRE HISTÓRICOS ESCOLARES

Eu era um estudante mediano na escola. Meus históricos escolares nunca foram muito impressionantes.

Então, quando eu percebi que os banqueiros estavam mais interessados no fluxo de caixa de uma propriedade do que nas notas do meu boletim, eu soube que tinha uma chance na vida. Graças a meu Pai Rico, eu entendi fluxo de caixa. E eu aprendi que o histórico escolar, na vida real, é a nossa demonstração financeira. Um banqueiro pode saber muito sobre uma pessoa a partir da declaração financeira e, no mundo real, a inteligência financeira é mais valorizada do que as notas As e Bs na escola.

As Razões

Nas escolas há alunos que acreditam que boas notas são importantes. Neste capítulo, você vai descobrir por que boas notas são importantes na escola, mas são menos importantes depois que o aluno sai.

A razão do gerente do banco não pedir o seu histórico escolar é porque seu banco não está interessado em sua inteligência acadêmica. Ele está interessado em sua inteligência financeira.

Sua declaração financeira é o seu boletim depois de sair da escola. É o boletim de adulto.

O problema é que a maioria dos estudantes sai da escola, mas continua vivendo no passado. Alguns gostam da glória de ter sido estudante "A". Muitos não conseguem se concentrar no boletim do seu futuro, sua demonstração financeira pessoal. É por isso que muitos estudantes "A" que podem ter tido boas notas na escola têm boletins financeiros falhos como adultos. E, por outro lado, a razão para que muitos alunos que se dão mal na escola se tornam gênios financeiros, assim que deixam o ambiente acadêmico e entram no mundo real.

Suas escolhas e suas ações são determinadas por qual boletim é importante para você.

O Que é uma Demonstração Financeira?

Uma demonstração financeira é composta de duas partes: uma demonstração de resultados e um balanço patrimonial.

As duas funcionam conjuntamente. A inteligência financeira é a capacidade de conhecer e compreender a relação entre elas.

DEMONSTRAÇÃO
DE RESULTADOS

Receitas
Despesas

BALANÇO PATRIMONIAL

Ativos	Passivos

Quando a maioria dos estudantes deixa a escola, seu foco principal é na demonstração de resultados. Eles estão à procura de um emprego e um salário.

Eles precisam de uma renda para pagar as despesas. O gráfico mostra o ciclo.

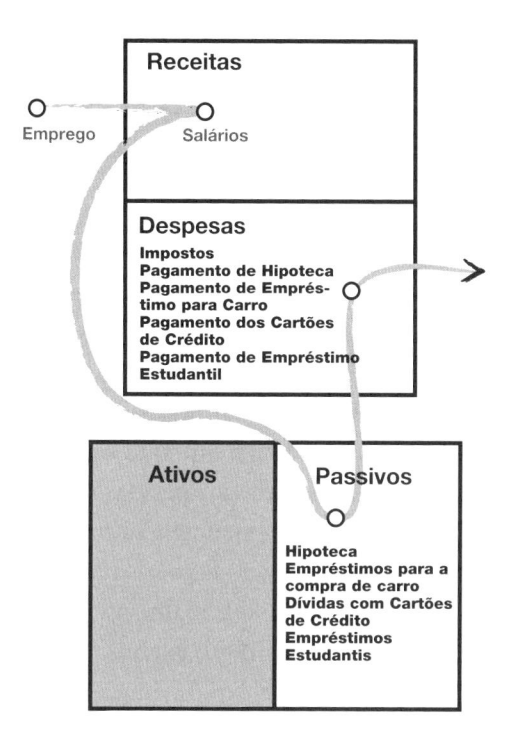

Para muitos jovens, as primeiras despesas são alimentos, aluguel, transporte e entretenimento. Se eles não têm o dinheiro, algumas mães e pais lhes dão o dinheiro que precisam. Isso pouco faz para aumentar suas inteligências financeiras.

Quando entram na terceira janela de aprendizagem, dos 24 aos 36 anos, muitos se casam e começam uma família. Quando o primeiro filho chega, eles fazem ainda mais despesas. E, como a maioria dos pais sabe, as crianças se tornam mais caras conforme crescem. Quando os filhos chegam, muitos pais são obrigados a se tornarem adultos.

Na terceira janela de aprendizagem, as pessoas começam a pensar em ganhar mais dinheiro. Muitos levam seu trabalho mais a sério. Alguns vão para a escola. Quando chegam aos 36 anos, o fim de sua terceira janela de aprendizagem, a maioria dos casais jovens está encurralada na Corrida dos Ratos. Com a maioria das pessoas vivendo de salário em salário, a vida se torna uma correria para ganhar dinheiro suficiente para cobrir as despesas crescentes.

Nos EUA, entre os anos de 1971 e 2007, muitas pessoas sobreviveram à Corrida dos Ratos utilizando suas casas como caixas eletrônicos, seus caixas eletrônicos pessoais. Elas puderam usar e abusar de seus cartões de crédito, pois o valor de suas casas continuava a subir em valor. Elas, então, refinanciavam suas casas para pagar as dívidas de cartão de crédito. Na linguagem do dinheiro, elas convertiam dívida de curto prazo em dívida de longo prazo, muitas vezes dívidas para toda a vida.

Então, o mercado imobiliário despencou. Dado que o mercado imobiliário é um dos principais motores da economia, quando ele entrou em crise, muitos empregos começaram a desaparecer. A vida se tornou mais difícil para muitos adultos e seus filhos. Isso é o que acontece quando os pais e professores aconselham um filho a "ir à escola e obter boas notas para conseguir um emprego bem remunerado". Se você seguir esse conselho, o seu foco está na demonstração de resultados. A maioria das pessoas passa a vida focada em seu orçamento – quanto dinheiro elas fazem e quanto dinheiro gastam.

Sem educação financeira, a maioria das pessoas não conhece o poder do balanço patrimonial. Sem educação financeira, a maioria das pessoas usa o poder do balanço patrimonial contra si. É preciso educação financeira para fazer com que seu balanço patrimonial trabalhe a seu favor.

Sem educação financeira, muitas pessoas abusam do balanço patrimonial. O resultado: ficam pobres. Aquele que é educado financeiramente sabe como usar esse poder para ficar ainda mais rico.

Minha História

Aos nove anos de idade, eu sabia que ia ser rico. Jogando *Banco Imobiliário* com meu Pai Rico, eu sabia que um dia iria usar o poder do balanço patrimonial para me tornar um homem rico.

Ao mesmo tempo, meu Pai Pobre, então na casa dos 30, focava em sua demonstração de resultados. Ele estava constantemente estudando, fazendo cursos como mestrado e doutorado. Ele estava na universidade para ganhar mais dinheiro, um salário maior.

Quando eu tinha 14 anos, meu pai trabalhou arduamente, guardou dinheiro suficiente e finalmente comprou sua primeira casa. Embora eu fosse apenas um garoto, eu me encolhia cada vez que meu Pai Pobre orgulhosamente dizia: "Nossa casa é um ativo e nosso maior investimento." Mesmo aos 14 anos, eu sabia que nossa casa não era um ativo. Eu também sabia que havia melhores investimentos que uma residência pessoal. Eu já sabia que quatro casas verdes ou um hotel vermelho, produzindo renda, eram investimentos muito melhores.

Ativos e Passivos

Meu Pai Pobre queria que eu fizesse o que ele estava fazendo, que era ir para a escola e concentrar-me na demonstração de resultados:

OS POBRES

Meu Pai Rico estava me ensinando a concentrar-me no balanço patrimonial.

Ao jogar *Banco Imobiliário* com Pai Rico, eu aprendi o poder das pequenas casas verdes e dos hotéis vermelhos. Você não tem que ser graduado na faculdade para saber a diferença entre ativos e passivos, nem saber que uma residência pessoal é um passivo, ou que casas verdes e hotéis vermelhos são ativos.

Se você leu *Pai Rico, Pai Pobre*, você já sabe as definições simples do Pai Rico para ativos e passivos. Elas são:

- *Ativos* colocam dinheiro no seu bolso, mesmo quando você não está trabalhando.
- *Passivos* tiram dinheiro do seu bolso, muitas vezes exigindo que você trabalhe mais.

O desenho a seguir explica as diferenças entre ativos e passivos.

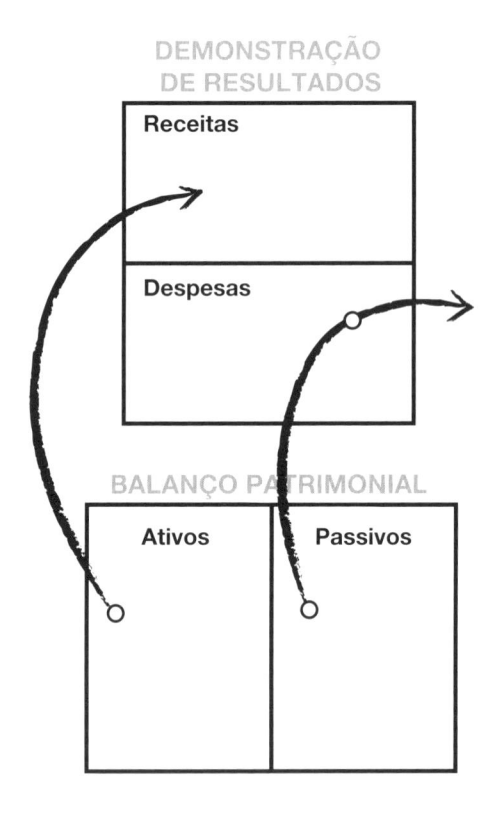

Nesse diagrama simples, você pode ver a relação entre a demonstração de resultados e o balanço patrimonial. Essa relação é muito importante. É o outro lado da moeda. É preciso os dois documentos para determinar quais são os ativos e quais são os passivos.

Se você não entender a relação entre a demonstração de resultados e o balanço patrimonial, por favor, reveja-os novamente ou peça a alguém para ajudá-lo a compreender. Você deve se lembrar de que, no Cone de Aprendizagem, discussão é o nível de maior aprendizagem.

Se você não entender a relação entre a demonstração de resultados e balanço patrimonial, não pense que você está sozinho. Muitas pessoas – até mesmo contadores, advogados e altos executivos – não sabem a importância dessa relação, ou, em alguns casos, até mesmo como os dois estão relacionados.

Resumindo: "Você não pode diferenciar ativos de passivos sem primeiro verificar as receitas e despesas na demonstração de resultados."

Uma demonstração financeira não é ciência espacial. Tudo que a pessoa tem a fazer é perguntar: "Isto está tirando dinheiro do meu bolso?" Se sim, então é um passivo. Se coloca dinheiro em seu bolso, é um ativo.

Um Alerta para o Futuro

Em *Pai Rico, Pai Pobre*, publicado pela primeira vez em 1997, eu escrevi, "Sua casa não é um ativo". Meus amigos que são agentes imobiliários pararam de me enviar cartões de Natal.

Dez anos depois, em 2007, milhões descobrirão da maneira mais difícil que a sua casa não era um ativo. Milhões aprenderam outra palavra importante na linguagem do dinheiro – execução hipotecária (*foreclosure).*

Não estou dizendo: "Não compre um imóvel." Eu estou dizendo simplesmente: "Não chame um passivo de ativo." Uma razão para o mundo estar em crise, hoje, é porque nossos líderes continuam chamando passivos de ativos.

Em 3 de outubro de 2008, o presidente George W. Bush autorizou 700 bilhões de dólares para a TARP. Essa sigla significa *Programa de Alívio para Ativos Problemáticos* (*Troubled Asset Relief Program*). A TARP é um excelente exemplo de como nossos líderes não sabem a diferença entre ativos e passivos. Se esses ativos fossem realmente ativos, eles não estariam em apuros. Eles não precisariam de alívio.

O problema real é que esses ativos eram realmente passivos. Se os nossos líderes fossem financeiramente inteligentes, eles teriam chamado de PAP – "Programa de Alívio para Passivos" ou "Programa de Alívio para Perdedores".

Até mesmo os estudantes "A" nem sempre sabem a diferença entre ativos e passivos do balanço patrimonial. Como meu Pai Pobre, a maioria das pessoas se concentra no salário da declaração de resultados. Além disso, chamam a sua residência pessoal de ativo.

Não é à toa que temos uma crise financeira global. O que você espera quando nossos líderes – os melhores, mais brilhantes e mais graduados – chamam os passivos de ativos?!

O Que São Ativos?

A definição do Pai Rico de ativos aplica-se a qualquer coisa, não apenas aos ativos imobiliários. Empresas, ações, títulos, ouro e até seres humanos podem ser classificados como ativos ou passivos. Qualquer coisa que tira dinheiro do seu bolso é um passivo. Tudo o que coloca dinheiro no bolso é um ativo.

Ativos não podem existir sem passivos. Lembre-se de que sempre há dois lados para cada moeda. Por exemplo, se você anota suas despesas mensais, verá que seu dinheiro está fluindo para a coluna de ativos de alguém.

Se sua casa está hipotecada, o pagamento da hipoteca é seu passivo. Mas você e seu empréstimo são ativos do seu banco... contanto que você continue a pagar a hipoteca.

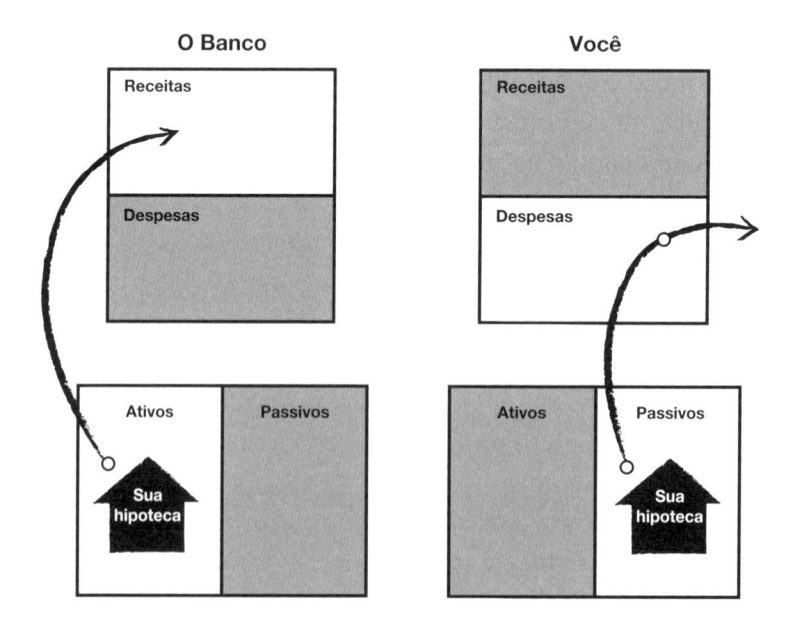

Se você parar de pagar, os ativos do banqueiro se transformam em passivos. Saber isso é muito importante. Ativos transformando-se em passivos é um fator importante da crise financeira global.

A razão para que os bancos precisassem ser salvos, durante a crise, foi simplesmente porque as pessoas deixaram de pagá-los. O resultado: os ativos do banco se tornaram passivos.

É por isso que conhecer o poder do balanço patrimonial é essencial para o seu bem-estar financeiro. Uma vez que muitos dos nossos dirigentes não sabem a diferença entre ativos e passivos, é importante que você saiba.

Consequências

Em um capítulo anterior, escrevi sobre a segunda janela de aprendizagem – as idades entre 12 e 24 anos. Durante essa janela de aprendizagem uma criança aprende a assumir riscos sem entender as consequências. Muitas vezes os jovens aprendem sobre as consequências de suas ações de maneira dura.

Parece que nossos bancos e líderes políticos também estão aprendendo da maneira mais difícil. O problema é que nós, os contribuintes, pagamos a conta pelas consequências de sua ignorância financeira.

Na linguagem do dinheiro, quando um indivíduo deixa de pagar a sua hipoteca, ele é chamado de *inadimplente*. Quando um país não pode fazer os pagamentos de sua dívida, ele é chamado de *insolvente*.

Palavras diferentes, com o mesmo significado e definindo o mesmo problema.

Quando as pessoas se irritaram com os mutuários que compraram casas que não podiam pagar, elas deveriam ter ficado ainda mais irritadas com os nossos líderes por terem feito empréstimos que, também eles, nunca poderão pagar de volta.

É por isso que a educação financeira precisa ser ensinada desde cedo

Três Lições Financeiras

Quando um gerente de banco olha a demonstração financeira de uma pessoa, é fácil ver qual das três classes financeiras a pessoa se encaixa. Por exemplo:

OS POBRES

Receitas
Salários
Despesas
Gastos Limitados

Ativos	Passivos
0	0

Os trabalhadores pobres tendem a ter empregos de baixa remuneração e, como resultado disso, gastos limitados. Geralmente, eles não têm ativos e nem passivos. A maior parte da renda dos pobres é usada em aluguel e transporte público. Essa classe tende a viver no nível de sobrevivência. Eles vivem de salário em salário, se é que têm um salário. Se eles precisam de serviços bancários, preferem usar crediário de lojas ou empresas de empréstimos emergenciais.

A CLASSE MÉDIA

Receitas

Salários e Rendimentos
de Portfólios

Despesas

Impostos
Pagamento de Hipoteca
Pagamento de Carro
Pagamento de Cartão Crédito
Despesas Correntes
de Estilo de Vida

Ativos	Passivos
Aplicações no Mercado Financeiro	Hipoteca Empréstimo da compra do carro Empréstimos Estudantis Dívidas do Cartão de Crédito Previdência Privada

A classe média ganha mais dinheiro, mas, geralmente, tem mais despesas e passivos. Novos carros, casas maiores, férias exóticas – assim como despesas para se equiparar aos vizinhos – impactam as colunas de Despesas e Passivos.

Muitas vezes me perguntam por que eu coloco um plano de previdência privada como um passivo. A resposta é simples. Seu plano de aposentadoria é um passivo não financiado ou subfinanciado que realmente tira dinheiro do seu bolso.

Depois que uma pessoa se aposenta e o plano de aposentadoria começa a colocar dinheiro no bolso dela, então ele se torna um ativo – ativo que, espero, fornece fluxo de caixa suficiente para cobrir suas despesas para o restante de sua vida.

Há três problemas com a maioria dos planos de aposentadoria.

1. Devido às flutuações do mercado e da inflação, você talvez nunca saiba quanto dinheiro realmente tem.

2. Você nunca sabe quanto tempo vai viver.

3. Você nunca sabe quanto dinheiro vai precisar.

OS RICOS

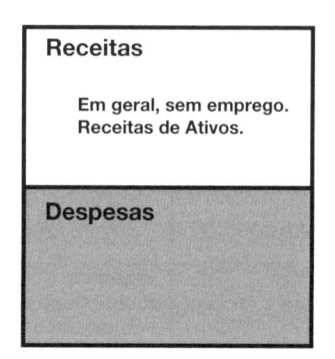

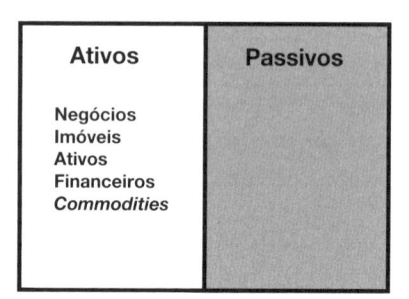

Obviamente, muitos dos ricos têm emprego, despesas e passivos. Mas eu, intencionalmente, deixo as colunas de salário de um emprego, despesas e passivos em branco, para enfatizar a diferença entre os ricos, os pobres e a classe média.

O que quero ressaltar é que o foco dos ricos está no poder da sua coluna de ativos. A classe média, em geral, têm poucos ativos e muitos passivos. Os pobres realmente não têm ideia do que sejam ativos ou passivos.

Esta é uma cópia da demonstração financeira do jogo da empresa Pai Rico, *CASHFLOW 101*. Observe as linhas em destaque na coluna de receitas. Estas linhas representam a receita de ativos na coluna de ativos.

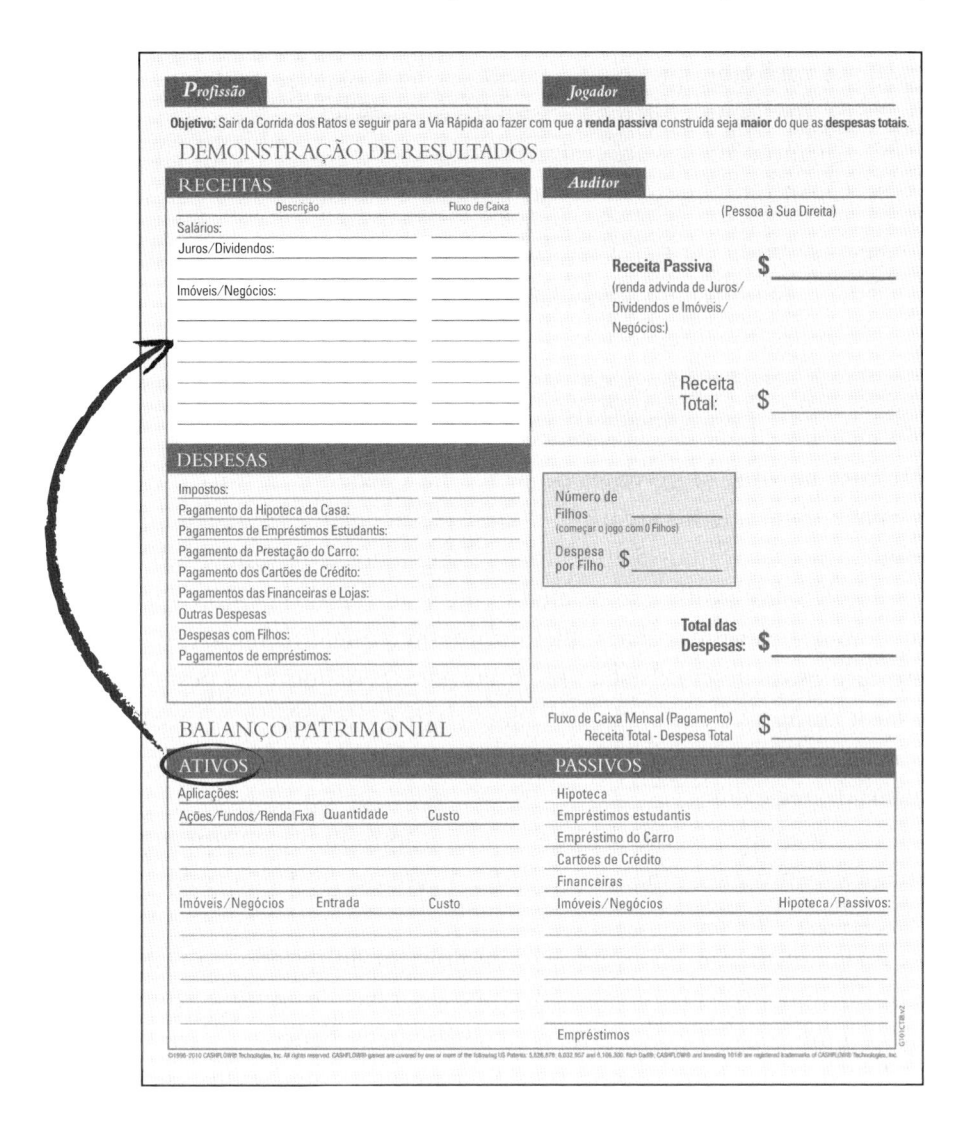

O jogo *CASHFLOW* foi projetado para ensinar aos jogadores, jovens e idosos, a aproveitar o poder do balanço patrimonial. A inteligência financeira de um jogador aumenta quanto mais a mente do jogador reconhece o poder do balanço. Existem milhares de lições financeiras sutis embutidas em todos os jogos *CASHFLOW*. Dado que cada jogo é diferente – profissões diferentes (e rendas), cartas diferentes, despesas diferentes, condições de mercado diferentes –, o QI financeiro do jogador aumenta a cada vez que ele joga.

O gerente quer saber:

- Se você sabe aproveitar o poder do balanço patrimonial.
- Se você sabe a diferença entre ativos e passivos.
- Quantos ativos você realmente possui.
- Quanto dinheiro os seus ativos estão colocando em seu bolso.

Se você pode ensinar a seu filho o que o banqueiro quer saber, então você deu a seu filho um enorme avanço financeiro em sua vida.

Passos Iniciais de Ação para os Pais

Discuta por que os gerentes de banco não pedem o histórico escolar.

Fale sobre boletins escolares e o que eles medem e representam. Em seguida, discuta os tipos de relatórios relacionados com dinheiro e finanças. O objetivo da classificação de crédito ou relatórios de crédito é bem parecido com os boletins escolares. Eles informam o que uma pessoa está fazendo em termos de gestão da sua vida financeira. Quando uma pessoa começa a fazer compras e a investir, o credor – banco, financeiras, concessionárias – tomará decisões baseados no perfil de crédito ou nas informações financeiras da pessoa.

Se um indivíduo está buscando um empréstimo para um negócio ou financiamento para uma propriedade, o gerente do banco pedirá uma demonstração financeira.

A demonstração financeira é o seu boletim do mundo real. Ele mostra a um banqueiro a sua força financeira e seu nível de educação financeira – essa é a informação importante para o gerente do banco.

Se você tem uma demonstração financeira, compartilhe com seu filho... na medida em que sejam adequadas à idade. É uma ótima ferramenta para reforçar novas palavras e os conceitos de receitas e despesas e ativos e passivos.

OUTRO PONTO DE VISTA SOBRE A GANÂNCIA

Muitas pessoas acreditam que os ricos são gananciosos. Isso é um ponto de vista. Certamente há outro lado da moeda.

Um capitalista muitas vezes se conduz pelo princípio de que: quanto mais pessoas eu sirvo, mais eficaz eu me torno. Os capitalistas servem às pessoas de muitas maneiras, sendo a mínima delas o desafio dos mercados livres de produzir mais com menos... incluindo melhores produtos e serviços a preços melhores. Do meu ponto de vista, isso não é ganância. É ambição e motivação.

Caso se tornem um sucesso estrondoso e insanamente ricos... Bem, eu primeiro penso em todos os postos de trabalho que eles criam e as inovações que trazem para nossas vidas. Eles enriqueceram outras vidas no trajeto do próprio enriquecimento... e eu tenho dificuldades em rotular isso como "ganância".

As Razões

Um aposentado do governo da Califórnia está reivindicando que a redução na sua pensão do governo é "abuso de idosos". Bruce Malkenhorst, 78, está brigando com a CalPERS, Sistema de Aposentadoria do Servidor Público da Califórnia, por causa da redução do pagamento da sua pensão. Sua pensão foi reduzida de 45.073 dólares por mês, ou 540 mil por ano, para apenas 9.644 dólares por mês, ou cerca de 115.000 dólares por ano.

Abuso de Idosos

Bruce Malkenhorst também afirma que lhe negar um adicional de 60.000 dólares por ano para o clube de golfe e massagens é outro exemplo de abuso de idosos. Sua justificativa para a aposentadoria alta e benefícios, como massagens regulares e golfe de graça, é: "Eu sou de uma época em que você fazia o máximo que podia por quanto tempo pudesse."

Isso soa como ganância para mim.

Malkenhorst não é um exemplo isolado. A cidade onde ele estava *fazendo o máximo que podia, enquanto podia*, é a pequena cidade industrial de Vernon, perto de Los Angeles, com uma população de apenas 100 pessoas. Como podem 100 pessoas (112, na verdade, conforme o último censo) sustentar esse dedicado servidor público? Seis outros funcionários do governo de Vernon também estão sob investigação.

Ao final, Bruce Malkenhorst foi multado em 10.000 dólares e condenado a pagar 60.000 pelas taxas de golfe. Parece que os funcionários do governo protegem a sua própria espécie.

Em todo o mundo, parece haver um sentimento popular que os capitalistas são gananciosos – daí o termo, porcos capitalistas. Uma pessoa não precisa ser rica ou capitalista para ser gananciosa. Uma definição de ganância é "querer mais do que você está disposto a dar".

Quando um fundo de investimentos tira 80% dos ganhos de seus clientes, isso é ganancioso. Quando um político faz "favores" especiais para grupos de interesses que podem beneficiar o político, isso é ganancioso. Quando um trabalhador espera ser pago por mais do que produz, isso é ganância. Quando um empregador frauda um empregado, o empregador é ganancioso. Há tantos pobres gananciosos quanto ricos gananciosos. Parece-me que a ganância não tem limites, classe ou coisa assim.

A Nova Guerra Civil da América

Na década de 1860 os Estados Unidos se envolveram em uma guerra civil, entre o Norte e o Sul, uma guerra travada por causa da questão moral e econômica da escravidão.

Hoje, o país está envolvido em uma nova guerra civil. Desta vez é uma guerra civil entre os servidores públicos e as pessoas a quem eles servem.

Em 2012, uma batalha irrompeu no estado de Wisconsin. A luta foi uma eleição para derrubar o governador recém-eleito. Muitos trabalhadores estavam irritados com o governador Scott Walker por causa do corte de seus salários e benefícios de aposentadoria, benefícios que o estado já não podia pagar. Em toda a América, as pessoas e a imprensa tomaram partido de um ou de outro.

Embora o governador tenha permanecido, a batalha em Wisconsin trouxe à luz o pagamento generoso e os benefícios que os funcionários do governo desfrutam. Os servidores públicos já não são nossos empregados de salários baixos. Quando os contribuintes perceberam que os funcionários públicos estavam sendo mais bem pagos do que muitos trabalhadores do setor privado, a guerra civil se espalhou para outros estados.

Na Califórnia, sem dúvida, um dos estados mais socialistas da América, os custos totais de pensão para funcionários do governo aumentaram *2.000%* entre 1999 e 2009. Em 2011, sozinha, a Califórnia gastou 32 bilhões de dólares em salários e benefícios para os funcionários públicos, 65% de aumento nos últimos 10 anos. Ao mesmo tempo, os gastos com o ensino superior tiveram uma queda de 5%.

Na falida São Bernardino, na Califórnia, um terço da população da cidade de 210 mil vive abaixo da linha da pobreza, tornando-se a cidade mais pobre do seu tamanho, na Califórnia. Mas um policial pode se aposentar aos 50 anos, e levar para casa 230.000 dólares, de uma vez, como gratificação, no seu último dia de trabalho, bem como uma garantia de 128.000 dólares por ano de pensão.

Quando os policiais ou outros funcionários públicos se aposentam com tudo isso de benefícios de pensão, muitas cidades ficam sem dinheiro para contratar novos policiais para substituí-los. As forças policiais em todo o país estão diminuindo – e essa pode ser uma das razões principais. Isso é serviço público ou *autosserviço*?

Os sindicatos dos policiais colocam dinheiro nas eleições municipais e as prefeituras despejam dinheiro em salários e pensões para os empregados sindicalizados. Três meses antes da cidade de São Bernardino declarar falência, a prefeitura pagou um adicional de 2 milhões para os funcionários da cidade que estavam se aposentando. Outras palavras, além de ganância, vêm à mente.

A guerra civil da Califórnia se espalhou para as cidades de San Diego e San José, quando os eleitores dessas cidades cortaram benefícios e pensões para os trabalhadores do governo. Mais uma vez, a ira dos eleitores ferveu. Eles se cansaram do abuso dos funcionários do governo. Um exemplo do que alimentou a raiva: estava previsto que os custos de saúde e pensão dos aposentados seriam iguais a 75% da folha de pagamento de San José com a segurança pública. A fim de custear esses funcionários públicos de altos salários, a cidade foi obrigada a fechar bibliotecas, cortar serviços nos parques, demitir funcionários públicos de outros departamentos e pedir ao restante da população civil para fazer um corte em seus salários.

Vinte e cinco anos atrás, San José, a décima maior cidade dos Estados Unidos, tinha cerca de 5.000 servidores públicos. Embora a cidade fique no coração do Vale do Silício, San José pode pagar apenas 1.600 servidores públicos hoje. Por anos, ao que parece, os funcionários públicos estavam servindo a si próprios, resultando em menos funcionários públicos e cada vez menos serviços.

E isso não é um problema apenas na Califórnia ou nos Estados Unidos. De muitas maneiras, os problemas com os funcionários públicos da Califórnia são os mesmos problemas que a Grécia e a França estão enfrentando – mais e mais dinheiro pago por menos e menos serviço.

Os passivos com pensão do governo de Ohio é hoje 35% do PIB do estado. Os moradores terão serviços públicos reduzidos, enquanto os seus servidores públicos, muitos dos quais ganham mais do que a maioria das pessoas a que servem, desfrutam de uma aposentadoria garantida por toda vida e aumentos generosos ano após ano. Isso é serviço público ... ou ganância?

Como Isso Aconteceu?

Em toda a América, sindicatos poderosos do setor público estão pedindo aumentos salariais regulares. Os políticos cedem aos sindicatos porque eles precisam do apoio financeiro dos sindicatos em época de eleição. Devido ao requisito de equilíbrio orçamentário, a maioria dos governadores e prefeitos está limitada em termos de quanto eles podem conceder em aumentos salariais. Em vez disso, eles dão pensões generosas que impactarão anos do orçamento do estado, depois que os próprios políticos estiverem fora do escritório e desfrutando de uma aposentadoria confortável. Em outras palavras, políticos, burocratas e os sindicatos estão roubando o futuro de nossos filhos.

É por isso que a América está lutando uma nova guerra civil. As eleições em Wisconsin, San José e San Diego marcam o início da guerra dos Estados Unidos contra os porcos gananciosos do *governo*, ao invés dos porcos capitalistas gananciosos.

A Insensatez dos Burocratas do Governo

No coração dessa guerra civil estão os planos de pensões corruptos do governo. Em teoria, os funcionários públicos e os governos municipais e estaduais devem financiar seus planos de aposentadoria com contribuições mensais dos empregados e do empregador. O tamanho de suas contribuições é determinado pelos pressupostos do plano de investimentos. Quanto melhor as hipóteses sobre taxa de retorno, menos os trabalhadores e o governo precisam contribuir.

O grande problema é com as hipóteses com as quais os governos estaduais têm utilizado. A suposição era de que o mercado de ações poderia crescer 40% mais rápido no século 21 do que no século 20. O mercado de ações cresceu 175 vezes no século 20. Para atender a esse pressuposto, o mercado de ações terá que crescer 1.750 vezes no século 21. Será realmente que os burocratas do governo podem ser tão ingênuos assim? Quem acredita, de verdade, que o mercado de ações vai crescer a essa taxa? Ainda que o crescimento de 1.750 vezes seja possível, alguém que aposta seu futuro em tais projeções deve também acreditar que os porcos voarão no século 21.

Palavras de Alerta

Muito antes da crise financeira derrubar grandes bancos como o Lehman Brothers em 2008, Warren Buffett alertou o mundo sobre os derivativos. Ele os chamou de "armas de destruição financeira em massa". Um derivativo é como o suco de uma laranja. O suco é o derivativo da laranja em si. Assim como uma hipoteca é um derivativo de um imóvel. Uma definição mais técnica de derivativo é: um título cujo preço é dependente ou derivado de um ou mais ativos subjacentes e seu valor é determinado por flutuações no ativo subjacente.

Hoje Buffett, muitas vezes chamado de "Oráculo de Omaha" está soando um novo alarme. Ele está chamando os custos dos aposentados do setor público de uma "bomba relógio, a maior ameaça para a saúde fiscal dos Estados Unidos".

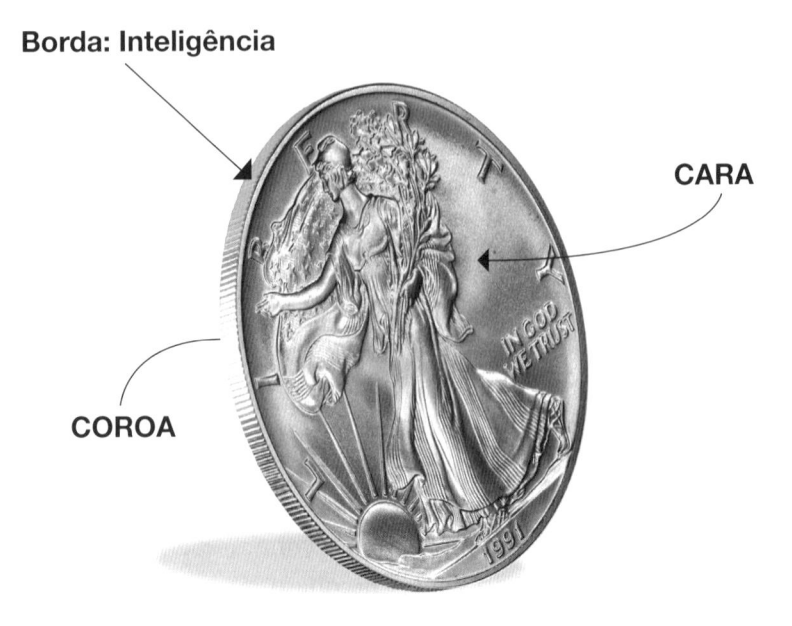

Borda: Inteligência

CARA

COROA

O Outro Lado da Moeda

Um amigo meu, em Fênix, no Arizona, o vereador Sal DeCicio, vem lutando contra a ganância e a corrupção do governo há anos. Sua luta vem lhe custando caro. Ele e sua família foram ameaçados várias vezes, mas ele continua a lutar. Pedi-lhe para escrever sobre a batalha que ele luta em Fênix.

Eis as suas palavras:

Como vereador da cidade de Fênix, eu aprendi que a regra número um do governo é não servir ao público, mas servir-se e proteger-se. Isso se aplica para todo o país, para cada comarca, município e estado.

E se você descobrisse que alguns funcionários do governo receberam um cheque de 500.000 dólares ou mais quando se aposentaram? Aposentados aos 50 anos, com generosos benefícios de pensão e de saúde vitalícios?

Você ficaria chateado ao saber disso... e olharia para o governo de maneira diferente se descobrisse que isso fosse verdade? Bem, é isso exatamente o que está acontecendo. E está acontecendo, em algum grau, em todas as cidades dos EUA.

Se você acha que o governo está protegendo você e sua família, você está errado. Eles estão se protegendo à sua custa. E fazem você acreditar que eles estão o protegendo assim como a eles próprios.

Vamos analisar o trabalho mais querido do governo: os bombeiros. Eles salvam gatos de árvores e entram correndo em edifícios quando estamos correndo para fora. E também ajuda o fato de que a maioria tem boa aparência e corpo sarado. Quem não gosta de um bombeiro? Vamos ver se essa imagem se encaixa na realidade.

Em Fênix e na maioria das cidades norte-americanas, um bombeiro pode normalmente sair com cerca de 500.000 em pensão, depois de trabalhar por 25 anos – além de uma aposentadoria generosa por toda vida, com muitos outros benefícios além de saúde.

Então, como é que os trabalhadores públicos se saíram durante a Grande Recessão? Enquanto milhões de americanos perderam seus empregos e suas casas, os funcionários do governo de Fênix receberam aumentos salariais, em média de 4,5% ao ano. Em seguida, eles anunciaram que estavam fazendo cortes nos salários, para parecer que estavam fazendo sacrifícios, como milhões de outros americanos. Para a maioria, o "corte" foi um corte nesse aumento de salário que eles tiveram, não na base salarial. E sobre demissões? Fênix tem 17.000 funcionários e apenas 15 foram demitidos. As pequenas empresas foram muito mais duramente atingidas.

Durante a Nova Recessão, a remuneração média do servidor público subiu mais de 20.000 dólares por ano, de 80.347 (em 2005-06) para 100.980 dólares (em 2011-12). Isso representa cerca de 26%. Definitivamente, não foi o que aconteceu com o restante das pessoas.

Assim, enquanto milhões de americanos lutavam para sobreviver e manter a sua casa durante a recessão, os contribuintes têm pago mais impostos para garantir que os trabalhadores do governo obtenham pensões saudáveis.

Esses são apenas os pontos altos dos benefícios que os contribuintes pagam a funcionários públicos. Há muitas vantagens menores. É importante notar que é praticamente impossível demitir alguém. Fênix teve, uma vez, um empregado criminoso que estava sendo pago enquanto estava no corredor da morte.

Se os funcionários do governo fossem pagos em pé de igualdade com os trabalhadores do setor privado, e se eles tivessem concorrência para os seus cargos, como no setor privado, nós teríamos uma relação diferente com o governo. Teríamos mais dinheiro no bolso ou mais serviços, ou uma combinação dos dois. E as pessoas que nos servissem no governo seriam cobradas por um padrão de serviço bom, não segundo seus representantes no governo.

Respeitosamente,
vereador Sal DeCicio, 2012

Por favor, note que não é minha intenção criticar os funcionários públicos como profissionais. Os funcionários públicos, incluindo os professores e, especialmente, policiais e bombeiros, desempenham funções essenciais e por vezes perigosas na sociedade civilizada. Eu entendo e aprecio que seu profissionalismo proteja e sirva a minha família, meus negócios, propriedades e comunidades, 24 horas, 365 dias por ano. O propósito deste livro é levantar perguntas e desafios sobre as questões que estão vinculadas, em minha opinião, à falta de educação financeira, o que leva a uma mentalidade de direitos, uma mentalidade que faz com que todos nós, do setor público e privado, soframos.

Minha História

Meu Pai Pobre, um professor, era um verdadeiro funcionário público. Ele dedicou sua vida à educação. Ele até mesmo ficou dois anos fora do trabalho, sem pagamento, para servir ao Corpo da Paz. Ele se alistou no momento que o presidente Kennedy anunciou a criação dessa organização. Os anos que minha mãe e meu pai passaram no Corpo da Paz foram alguns dos mais felizes na vida de minha família, embora os sacrifícios fossem grandes.

Mas, com o passar dos anos, a amargura do meu pai cresceu. Ele ficou mais e mais chateado com os colegas que optaram pelo empreendedorismo, enquanto ele havia escolhido trabalhar para o governo. Meu pai se ressentia do fato de que ele era bem-sucedido profissionalmente, mas não financeiramente, enquanto alguns de seus colegas tinham sucesso tanto profissional quanto financeiro. Como seus colegas ficaram mais ricos, meu pai começou a chamá-los de "ricaços" em vez de "amigos".

No início, ele não era um membro ativo do sindicato dos professores. Mas, como o seu ressentimento em relação a seus colegas ricaços cresceu, o seu envolvimento em atividades sindicais aumentou. Ele se tornou o líder da Associação dos Professores do Estado do Havaí. Foi a partir dessa posição, como o cabeça de um dos sindicatos mais poderosos no Havaí, que ele desabafou sua frustração em seus amigos ricaços.

Se não fosse pelas lições do meu Pai Rico sobre dinheiro, eu poderia ter crescido apoiando meu Pai Pobre. Eu também poderia ter crescido achando que os ricos são gananciosos.

Por que os Bancos Querem sua Demonstração Financeira

Com a idade de 12, eu já entendia as demonstrações financeiras. Porque eu entendia as demonstrações financeiras, eu podia apontar quem era ganancioso e quem não era. Doeu perceber que meu Pai Pobre era ganancioso, meu Pai Rico não.

Comparar a demonstração financeira do meu Pai Pobre com a demonstração financeira do Pai Rico foi uma experiência reveladora. O que se segue é uma comparação dos seus balanços.

	Pai Pobre	Pai Rico
Empregos Criados	0	Centenas de empregos
Casas de Aluguel	0	Centenas de Unidades

Meu Pai Pobre era um funcionário público altamente remunerado. Ele não teve uma casa até os 40 anos de idade. Nossa família alugava a casa em que vivia. Embora ele contratasse pessoas, ele nunca criou nenhum posto de trabalho. Os contribuintes pagavam os salários e benefícios dos trabalhadores que ele contratava. Se o meu Pai Pobre contratasse um mau funcionário, os contribuintes pagariam pelos erros da sua contratação. Ele não. E em muitos casos, o meu pai podia contratar, mas ele não podia demitir. Essa é uma razão pela qual muitas de nossas instituições de governo são tão ineficientes.

Em contraste, meu Pai Rico criou centenas de postos de trabalho e pagou dezenas de milhares de dólares em salários a cada mês. Seu investimento no setor imobiliário permitiu que centenas de casas fossem alugadas por pessoas de baixa renda.

Meu Pai Pobre não conseguia enxergar as ações do meu Pai Rico como generosas. Do seu ponto de vista, meu Pai Rico era uma pessoa gananciosa que explorava os trabalhadores e se aproveitava de pessoas como ele, as pessoas que não tinham condições de comprar suas próprias casas.

Meus dois pais estavam em lados opostos da mesma moeda. Cada um achava que estava certo e que o outro estava errado.

Essa é a mesma batalha da nova guerra civil americana, uma batalha entre os funcionários do governo e os contribuintes, entre os ricos e todos os outros. De que lado uma pessoa está depende das palavras *ganância* e *generosidade*.

Tendo dois pais, eu podia ver os dois lados... a partir da borda da moeda.

Além das Emoções

Por ter dois pais pude superar as emoções e ver os fatos. A verdadeira batalha entre capitalistas e todos os outros é a coluna de ativos. Os capitalistas fazem da coluna de ativos uma prioridade pessoal. Os socialistas não. Eles tendem a ver a coluna de ativos dos capitalistas como propriedade pública. Como é frequentemente o caso, uma imagem vale mais que mil palavras.

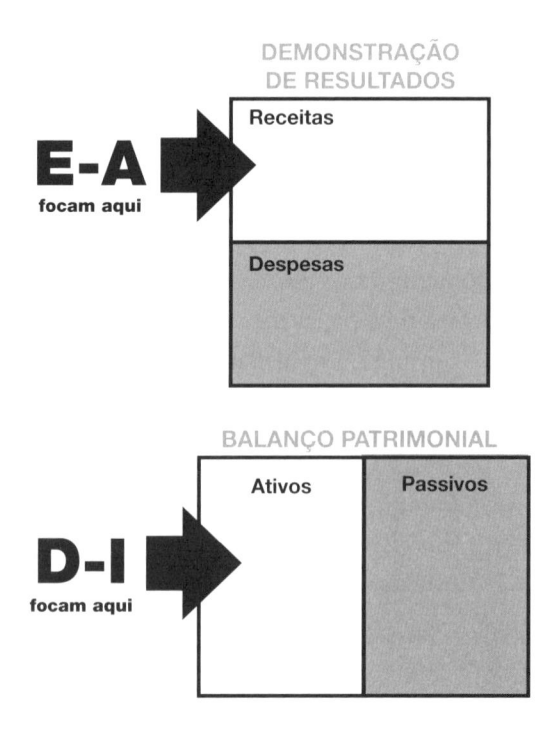

O Conceito Mais Importante

A falta de educação financeira na escola é uma das causas da batalha entre os ricos e todos os outros. Eu acredito que, se as crianças soubessem a diferença entre ativos e passivos, o fosso entre ricos e pobres seria mais estreito – ou pelo menos os pobres e a classe média poderiam perceber por que os ricos estão ficando mais ricos e decidir colocar em ação o que os ricos sabem.

Muitas pessoas acreditam na filosofia do governo de "Taxar os ricos" ou de Robin Hood "tirar dos ricos e dar aos pobres". Muitas pessoas acreditam que os ricos são gananciosos. E ponto-final. Eu vejo o outro lado da moeda. Eu sei que muitas pessoas ricas são generosas, com seu tempo e seus recursos.

Se a crise econômica não ficar resolvida em breve, esse sentimento secular contra os ricos em breve dominará as agendas econômicas, sociais e políticas. Ele pode ser disfarçado de "tirar dos ricos e dar aos pobres", mas a questão central será a ignorância financeira causada em parte pela falta de educação financeira nas escolas.

Os Quatro Grupos Econômicos

Hoje, existem quatro grupos econômicos.

1. Os pobres
2. A classe média
3. Os ricos
4. Os megarricos, de um milhão de dólares por mês ou mais

Aqui estão alguns exemplos de ricos contra megarricos:

- **Um médico pode ser rico.**
  O proprietário de uma empresa farmacêutica pode ser megarrico.

- **Um atleta profissional pode ser rico.**
  O proprietário do time que assina o cheque do atleta pode ser megarrico.

- **Um advogado que mora em uma mansão pode ser rico.**
  Uma pessoa que investe em prédios de apartamentos tem uma melhor chance de se tornar megarrica.

Os jovens devem conhecer essas diferenças. Isso irá ajudá-los a ver os dois lados da moeda e dar-lhes mais opções na vida.

O Que é um Milionário?

Muitos sonham tornar-se um milionário. A questão é, que tipo de milionário?

Os seguintes são exemplos de tipos diferentes de milionários.

Milionários por Patrimônio Líquido

Este é o maior grupo de milionários na América. Muitas pessoas da classe média estão nessa categoria. Um exemplo seria um *baby boomer* que comprou sua casa em 1975, por 100.000 dólares, assim que a inflação americana decolou. Hoje, essa casa de 100.000 pode estar sendo avaliada por 2,5 milhões – e pode estar totalmente quitada, sem hipoteca. Essas pessoas podem ter uma carteira de ações no valor de 500.000 dólares. Essa pessoa é um milionário por patrimônio. O problema é que muitos nessa categoria ainda se preocupam com as despesas do dia a dia, dado que podem ter pouco fluxo de caixa advindo de seu patrimônio líquido.

A contabilidade do Pai Rico não segue os métodos tradicionais de contabilidade. Pai Rico baseou sua contabilidade em "fluxo de caixa". Se alguma coisa "colocou dinheiro no bolso", é um ativo. Se "tomou dinheiro do bolso", era um passivo. Nesse exemplo, a casa de 2,5 milhões dólares não é um ativo, uma vez que tira dinheiro do bolso para despesas, como reparos, manutenção, seguros, serviços públicos e impostos. Se o proprietário vender a sua casa, a casa seria, *então*, um ativo, colocando dinheiro no bolso, como ganhos de capital e não *fluxo de caixa*. Os 500.000 em ações podem ou não produzir fluxo de caixa na forma de dividendos.

Milhões de americanos são "milionários por patrimônio líquido", o que significa que eles são milionários apenas no papel. Muito pouco dinheiro está fluindo para os seus bolsos.

Milionários por Renda

Estes são milionários que recebem milhões de dólares em contracheques dos quadrantes E e A, pessoas como presidentes de empresas, alto executivos, advogados, atletas profissionais, médicos, estrelas de cinema e os vencedores da loteria.

Apesar de serem milionários *por renda*, muitos deles ainda se preocupam em perder seu emprego ou ficar sem dinheiro se pararem de trabalhar por qualquer motivo.

Milionários por Fluxo de Caixa

Estes recebem rendimentos de seus ativos. Eles são os verdadeiramente ricos. Eles não precisam de um emprego. É por isso que Steve Jobs não precisava de um salário e recebia apenas um dólar por ano.

Quando as pessoas se referem ao "1%", os verdadeiramente ricos nos Estados Unidos, a maior parte desse grupo de pessoas ricas está nessa categoria de milionários por fluxo de caixa.

O Que Você Está Ensinando a Seus Filhos?

As crianças aprendem pelo exemplo e se espelham naquilo que veem e ouvem. Expor a criança a vários pontos de vista – ambos os lados da moeda em uma variedade de pensamentos – abre a mente para novas ideias e novas formas de pensar. Muitos pais incentivam o seu filho a "Ir para a escola para encontrar um emprego bem remunerado" no quadrante E, em vez de aprender a criar empregos com altos salários para tantas pessoas quanto possível no quadrante D. Qual caminho seu filho percorrerá?

Muitas pessoas se concentram na compra da casa dos sonhos, em vez de investir na construção de casas para os outros. Muitas pessoas investem a longo prazo em um plano de previdência para si, em vez de investir em ativos por fluxo de caixa ... ativos que podem ser passados para seus filhos ou instituições de caridade por anos e por gerações vindouras. Desafie-se, e a seus filhos, a ver o outro lado da moeda na ganância.

Conclusão

A verdadeira questão entre os ricos e os pobres e a classe média é o foco. O rico foca em adquirir ativos na coluna de ativos. O pobre e a classe média foca em renda, quanto dinheiro eles ganham, na coluna de receitas. As classes pobre e média tendem, então, a poupar dinheiro, mesmo quando os burocratas do governo desvalorizam o poder de compra das suas poupanças. Em vez de compreender – e cuidar – dos seus problemas financeiros, muitos dos que estão nas classes pobre e média ficam bravos com os ricos, acusando-os de serem gananciosos.

O fosso entre os capitalistas e todos os outros começa quando um pai diz a seu filho: "Vá para a escola para conseguir um emprego", em vez de "Vá para a escola aprender a adquirir ativos".

Os pobres possuem poucos ativos reais. Isso também é verdade para a maioria da classe média. Repare que eu estou me referindo a ativos reais – investimentos que colocam dinheiro em seu bolso a cada mês. A maioria só tem empregos ou profissões.

- A maioria das pessoas tem apenas um emprego, o seu próprio.
- A maioria das pessoas tem apenas uma casa, a sua própria.
- A maioria das pessoas tem um plano de aposentadoria, o seu próprio.

O verdadeiro princípio do capitalismo é "Quanto mais pessoas eu sirvo, mais eficaz me torno". É por isso que os quadrantes D e I devem ser generosos. Você deve ser generoso se quiser servir tantas pessoas quanto possível.

Muitos de nós estamos familiarizados com este versículo da Bíblia:

> ### A Lição do Pai Rico
>
> *Pai Rico incentivou seu filho e a mim a sermos pessoas ricas generosas, ao nos tornarmos "milionários por fluxo de caixa." Foi um pouco mais fácil para Mike porque ele herdou bens de seu pai. Eu comecei do nada. Hoje, Kim e eu oferecemos mais de 1.000 postos de trabalho e temos mais de 4.000 unidades de aluguel, bem como livros, jogos e poços de petróleo... ativos que estão produzindo milhões em fluxo de caixa. Se pararmos de trabalhar, o dinheiro continua a entrar. Quando falecermos, esses ativos continuarão a fornecer fluxo de caixa para as instituições de caridade que são as beneficiárias de nossa herança. Em nossas mentes, temos que ser generosos, se quisermos produzir fluxo de caixa sustentável suficiente para as gerações vindouras. No entanto, na mente de algumas pessoas, somos porcos capitalistas gananciosos.*

"Deem, e lhes será dado: uma boa medida, calcada, sacudida e transbordante será dada a vocês. Pois a medida que usarem também será usada para medir vocês."

— Lucas 6:38

Infelizmente, muitas pessoas querem receber mais e se aposentar mais cedo. Isso não viola o princípio da generosidade?

Então, quem tem que ser o mais generoso?

Ao oferecer a seu filho outro ponto de vista, por favor, discuta o poder da generosidade, os princípios de ser generoso – independentemente do quadrante que eles escolherem – e os resultados de sermos generosos e compartilhar, ao invés da ganância.

Passos Iniciais de Ação para os Pais

Discuta o significado de generosidade e formas de ser generoso.

Peça a seu filho que pense nas maneiras em que ele ou ela age generosamente. Eles podem se surpreender ao ver como pequenos, mas significativos, atos de generosidade fazem parte de sua vida cotidiana. Generosidade é compartilhar seus brinquedos, ser paciente quando a mãe ou o pai está ocupado, ser gentil e útil para um irmão ou irmã, praticar o voluntariado em um asilo e pagar o dízimo.

É importante que a criança saiba que grandes empresários como Henry Ford, Walt Disney e Thomas Edison foram pessoas muito generosas, que criaram milhões de empregos e tremenda riqueza para os EUA e o mundo. Isso pode inspirar o seu filho a aprender a ser mais generoso, em vez de acreditar que os *capitalistas*, ou os ricos, são pessoas gananciosas e que o *capitalismo* não presta.

OUTRO PONTO DE VISTA SOBRE DÍVIDAS

Muitas vezes, a única educação financeira que os estudantes ou jovens obtêm é "economizar dinheiro" e "sair das dívidas". Muitos dizem que essa é a coisa inteligente a se fazer. Neste capítulo, você vai saber por que essas são ideias ultrapassadas que podem, na verdade, colocar limites de velocidade (e redutores de velocidade) na estrada do seu filho para a liberdade financeira.

As Razões

Em 2012, um hotel de cinco estrelas, perto da nossa casa, em Fênix, foi vendido para o governo de Cingapura através do fundo soberano de riqueza de Cingapura. De onde foi que o dinheiro veio? O dinheiro veio de americanos que usaram seus dólares para comprar TVs, computadores, *iPhones* e outros produtos feitos na Ásia – produtos que perdem valor ao longo do tempo. Esses dólares depois voltaram para os Estados Unidos para comprar a nossa riqueza, bens que aumentam de valor ao longo do tempo.

Hoje, os empregados do hotel são funcionários de Cingapura, assistidos por financiamentos de bancos internacionais.

Perdendo Nossas Riqueza e Nossos empregos

Esse é um exemplo de globalização. O povo americano, sempre em busca de uma barganha para "economizar", envia o dinheiro que ganha para países que produzem barganhas de baixo custo. Esse dinheiro lhes custa os seus postos de trabalho, assim como a riqueza do país. É uma lição cara da economia global.

A globalização também significa que o governo americano já entregou grande quantidade de poder político e econômico para as organizações mundiais, como a ONU (Organização das Nações Unidas), a OMC (Organização Mundial do Comércio), o FMI (Fundo Monetário Internacional) e o Banco Mundial. Em particular, a economia dos EUA, em grande parte, se fundiu com um mundo de uma única economia. Para a pessoa média, a globalização significa que seus líderes *não* são seus líderes, nem podem protegê-las.

Lições da História

O presidente Richard Nixon fez duas coisas para contribuir para a nossa crise econômica moderna.

1. Em 1971, o presidente Nixon anunciou o fim do padrão-ouro para o dólar dos EUA, a moeda de reserva do mundo. O *padrão-ouro* foi convertido em *padrão dívida* e, por mais de 40 anos, a economia mundial cresceu. A inflação decolou, os devedores se tornaram vencedores e os poupadores foram prejudicados.
   Imediatamente, os preços dos imóveis começaram a subir. Proprietários, muitos que nunca esperavam ser ricos, de repente, descobriram repentinamente que eram, porque suas casas tinham "apreciado" em valor. Na realidade, não era o valor das casas que tinha apreciado, era o valor do dólar que estava se *depreciando*.

2. Em 1972, o presidente Nixon abriu a porta para o comércio com a China e, de repente, os produtos chineses de baixo preço começaram a inundar o mercado americano. A produção e a fabricação americana mudaram de rumo e os americanos tornaram-se primeiro consumidores e depois produtores. E, como mais e mais americanos compravam os produtos chineses baratos, mais empregos americanos foram exportados para a China. As fábricas americanas começaram a fechar, algumas foram literalmente embaladas e enviadas para países de baixos salários como China, Guatemala e países da Europa Oriental.

Os salários americanos estavam estagnados, mas os americanos se *sentiam* ricos, conquanto as casas continuassem a "apreciar" em valor. Em vez de ganhar mais dinheiro, os americanos começaram a usar seus cartões de crédito para continuar a comprar. E, em vez de pagar seus cartões de crédito, eles usaram suas casas como caixas eletrônicos, refinanciando as hipotecas para pagar suas dívidas com os cartões de crédito.

O conto de fadas terminou em 2007. As casas perderam valor, chegando a valer menos do que as hipotecas. As pessoas perderam seus empregos, porque os gastos secaram. Muitos perderam suas casas.

Em 1913, o presidente Woodrow Wilson assinou um projeto de lei criando o Federal Reserve (Fed), o Banco Central dos Estados Unidos. O Presidente Wilson agiu de boa-fé... ou foi coagido pelo "poder de alguma forma tão organizado" para permitir a criação de um banco central americano?

É isso o que Mayer Amschel Rothschild quis dizer quando afirmou:

"Dê-me o controle do dinheiro de uma nação e não me importo com quem faz as leis."

Já me perguntei muitas vezes: é por isso que não há educação financeira em nossas escolas? É por isso que nossas escolas aconselham os estudantes a trabalhar duro, poupar dinheiro, sair das dívidas e investir em um plano de aposentadoria patrocinado pelo governo?

Dívida é Bom

A média das pessoas acredita que as dívidas são ruins. A dívida *é* ruim para as pessoas financeiramente incultas. É por isso que elas escutam os "especialistas" financeiros que dizem: "Saia das dívidas. Pique os cartões de crédito e poupe, poupe, poupe!".

Se uma pessoa tivesse educação financeira básica, teria alguma inteligência financeira, seria capaz de ficar à borda da moeda e olhar para o outro lado... o lado onde a dívida é boa, enriquece e pode representar riqueza isenta de pagamentos de impostos.

Transformando Dívida em Ouro

Durante séculos, os alquimistas tentaram transformar chumbo em ouro.

Mais de mil anos atrás, o governo romano começou a misturar chumbo em algumas das suas moedas de ouro e prata. Essa fraude pode ter acelerado a queda do Império Romano.

Em 1971, o presidente Richard Nixon tornou-se um alquimista moderno, quando desatrelou o dólar dos EUA do padrão-ouro, e, basicamente, transformou dívidas em ouro.

Hoje, os mais brilhantes graduados em nossas melhores escolas de negócios trabalham como empregados de bancos de investimento como o Goldman Sachs e o Citigroup, transformando dívidas em ouro. Esses estudantes "A", a maioria sem qualquer tipo de educação financeira na vida real, continuam, mesmo depois do estouro econômico de 2007, a empacotar dívidas como sendo ativos. Eles envolvem essa dívida em papel bonito, amarram com uma fita e usam palavras como derivativos, obrigações com garantias reais ou obrigações hipotecárias afiançadas ... Termos que poucas pessoas comuns usam ou compreendem. E vendem essa dívida para investidores profissionais, fundos de pensão, seguradoras e governos. Muitos desses chamados "investidores profissionais" que adquirem esses derivativos são alunos "A" – empregados de alguém no quadrante E, não no quadrante I. A maioria não tem nada em risco, nenhuma "pele no jogo" ou responsabilidade financeira pessoal, se estiver errada. Se perderem bilhões, eles ainda recolherão o seu salário, bônus e benefícios de aposentadoria.

Warren Buffett chamou esses tipos de derivativos de "armas de destruição financeira em massa". Hoje, existem mais de 1,2 quatrilhão de dólares dessas armas de destruição em massa, bombas relógio, que um dia vão explodir e destruir o mundo como nós o conhecemos.

Apesar de sua advertência, a empresa de Warren Buffett, a Moody, estava coletando altas taxas para classificar dívidas de alto risco (*subprime*) como AAA: a classificação de mais alta qualidade, a dívida de grau de investimento. Classificar as dívidas *subprime* como AAA foi (em minha opinião), esperar que algo que nasce torto, venha a se endireitar.

Os alunos "A" de nossas melhores escolas estavam em ambos os lados das transações, comprando e vendendo dívidas tóxicas, acreditando que fosse tão bom quanto ouro. Mais uma vez, eu me pergunto: será esta uma história verdadeiramente surpreendente da estupidez global das massas ou uma história de corrupção legalizada?

Essa situação é um lembrete de que é muito importante olhar para os *dois* lados da moeda.

A boa notícia é que, enquanto o mundo está no padrão dívida, as pessoas que sabem como usar a dívida se tornam mais ricas. Infelizmente, muitas daquelas que não sabem se tornarão mais pobres.

É por isso que, em 1973, Pai Rico me aconselhou a ter aulas de investimento imobiliário. Quando lhe perguntei por que eu deveria investir em imóveis, ele respondeu: "Porque você deve aprender a usar dívida, se você quer ficar rico."

Como você sabe, lidar com dívidas pode ser algo como lidar com uma granada de mão. Ambas devem ser manuseadas com cuidado. Como milhões de pessoas descobriram a partir de 2007, a dívida pode matar financeiramente. Se você não está disposto a estudar e aprender como usar dívidas, pode ser melhor seguir o conselho popular para sair delas.

Economizar Dinheiro é Insensatez

Por mais estranho que possa parecer para a maioria das pessoas, economizar dinheiro é idiotice e endividar-se é inteligente. Enquanto os governos estão imprimindo trilhões em dinheiro falso, por que economizar?

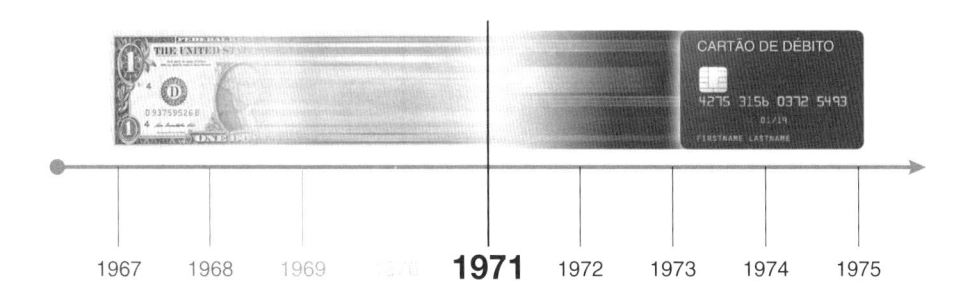

Lembre-se: depois do desatrelamento do padrão-ouro, dinheiro e dívida tornaram-se a mesma coisa. Ambos são dívidas. Se os governos pararem de imprimir dinheiro e começarem a elevar as taxas de juros, então, pode ser sábio poupar dinheiro... talvez.

Usando Dívida Para Ficar Mais Pobre

Hoje, a dívida é dinheiro. As pessoas têm usado a dívida como dinheiro durante anos. A razão para que muitas pessoas tenham problemas financeiros é porque elas usaram a dívida como dinheiro para comprar passivos em vez de ativos. Por exemplo, milhões estão em dificuldades financeiras, porque usaram empréstimos estudantis para pagar por sua educação, contrataram uma hipoteca para comprar a casa própria, aceitaram financiar a compra do carro e usaram seus cartões de crédito para fazer compras de consumo. Esses são exemplos de pessoas que usam a dívida como dinheiro para se tornar mais pobre.

Quando alguém diz: "Eu não tenho dinheiro para investir", é porque elas não sabem usar dívida como dinheiro... elas não sabem como usar dívida para criar mais dinheiro.

As Dívidas Enriquecem Ainda Mais os Banqueiros

Quando você olha para as demonstrações financeiras de um banco, suas economias são passivos do banco e suas hipotecas são ativos do seu banco.

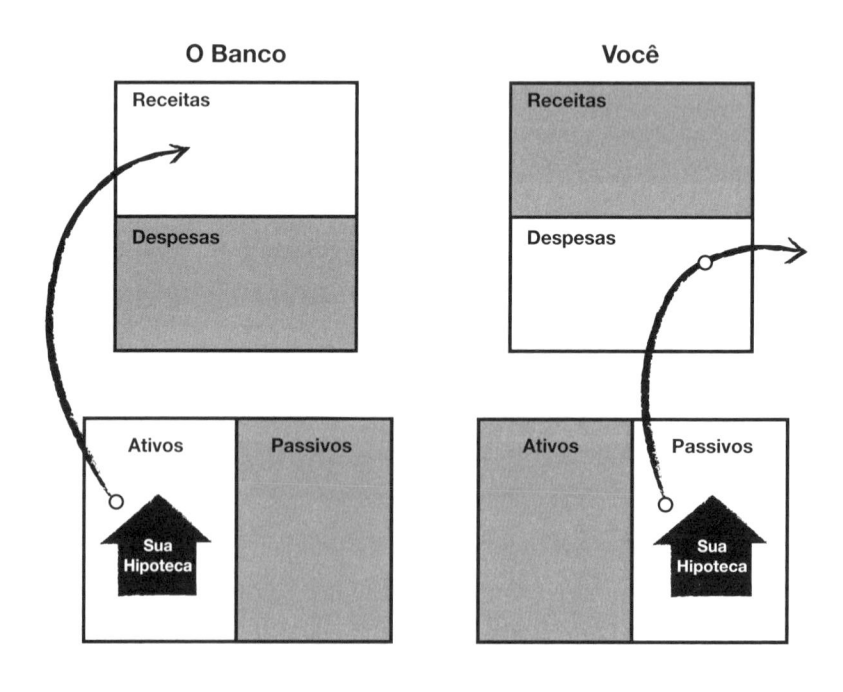

Lembre-se, a maneira que você pode distinguir os ativos dos passivos é perguntar: "Qual é a direção do fluxo de caixa?"

Seu banco está pagando juros sobre as suas poupanças, assim sua poupança é passivo do banco, porque os juros tiram dinheiro do bolso do seu banqueiro. Sua hipoteca, ou qualquer dívida, é o ativo do banco porque ela coloca dinheiro nos bolsos do banco.

Você deve ter notado que os bancos têm programas de incentivo ao uso de seus cartões de crédito. Toda vez que eu estou no aeroporto, as companhias aéreas ficam sempre me pedindo para me inscrever no seu cartão fidelidade para que eu possa obter pontos ou milhas. Eu ainda não vi bancos me oferecendo milhas ou bônus para poupar dinheiro. A única razão para os bancos quererem a sua poupança e contas correntes é levar você para os negócios de *dívidas*.

> ## A Lição do Pai Rico
>
> *Sua dívida faz os banqueiros ricos. Suas economias fazem com que o banqueiro fique mais pobre.*
>
> *Na verdade, o banqueiro realmente não precisa das suas economias. Os bancos podem imprimir seu próprio dinheiro através do processo de reservas fracionárias.*
>
> *Lembre-se das regras do* Banco Imobiliário: *"O Banco nunca quebra. Se o Banco ficar sem dinheiro, o banqueiro pode emitir tanto quanto necessário, escrevendo valores em qualquer papel comum."*

Use Dívida para Adquirir Ativos

Dado que o dinheiro é taxado e as dívidas não, o que faz mais sentido aprender a usar?

Em 2007, os bancos do mundo imprimiram trilhões de dólares. Eles estavam seguindo as regras do *Banco Imobiliário*, imprimindo trilhões de dólares eletronicamente, para evitar um colapso da bolha da dívida, uma bolha que vinha sendo inflada desde 1971, o ano em que Nixon transformou o dólar em dívida. Todo vez que se imprime dinheiro, os impostos sobem, a inflação faz com que os preços dos alimentos e da energia subam... e as poupanças e o poder de compra do dinheiro caem.

Como a inflação sobe e o dinheiro cai em valor, faz sentido economizar? Quando o poder de compra cai, faz sentido voltar para a escola só para trabalhar mais por mais dinheiro? Quando a inflação sobe, não faz mais sentido aprender a usar a dívida para adquirir ativos – ativos que possam subir em valor com a inflação e proporcionar fluxo de caixa?

Para mim, faz mais sentido aprender a usar dívidas do que sair das dívidas.

Minha História

Hoje, eu uso 100% de financiamento de dívidas, sempre que possível, para adquirir ativos imobiliários, os ativos que põem o dinheiro no meu bolso. Parece simples no papel, mas na realidade pode ser difícil. Levei um bom tempo para estabelecer um histórico como um investidor imobiliário e provar para os bancos que eu entendo de imóveis e de gestão da propriedades. É por isso que recomendo fazer cursos de investimento imobiliário. Por que trabalhar para ganhar dinheiro quando você pode usar dívida, aumentar o seu fluxo de caixa e ficar mais rico?

Kim e eu começamos pequeno, com uma casa alugada de um quarto. Nós aprendemos com os nossos erros, estudamos muito para nos especializar e depois aplicamos o que aprendemos em nosso investimento seguinte. Assim que nos sentimos confiantes – e tínhamos algum dinheiro fluindo das propriedades do nosso portfólio – intensificamos nosso jogo e compramos complexos de apartamentos pequenos.

Hoje, a minha dívida pessoal é da ordem das centenas de milhões de dólares, mas é a dívida que me faz mais rico, não mais pobre. A dívida coloca mais dinheiro – renda passiva de fluxo de caixa – no meu bolso, todos os meses.

Eu posso ouvir alguns de vocês dizendo: "Centenas de milhões em dívida! Você tem tido sorte apenas. Algum dia você vai perder tudo."

Eu poderia perder tudo? Certamente. É por isso que eu levo a minha educação a sério. Como eu já expliquei anteriormente neste livro, cada quadrante é uma sala de aula. Em vez de aprender a se tornar um investidor profissional no quadrante I, a maioria das pessoas tem sido treinada por nossas escolas e meios de comunicação a entregar cegamente seu dinheiro de investimento a totais estranhos, esperando e rezando que eles o devolvam. É quase *pavloviano* esse treinamento e condicionamento. Meu Pai Rico me treinou para ser um empreendedor de modo que eu pudesse fazer meu dinheiro trabalhar por mim. Eu não entrego meu dinheiro a estranhos. Em minha opinião, isso é arriscado e estúpido.

O Outro Lado da Moeda

O uso de dívida é uma das razões para que eu não precise de um emprego. E para que eu não precise poupar, ter uma previdência privada ou contar com a previdência e assistência social para cuidar de mim. Minha situação hoje é resultado de investir tempo e esforço no processo de aprendizagem vitalícia da minha educação financeira – e, em seguida, colocar o que eu aprendo em prática. Nem todo investimento deu certo. Há sempre altos e baixos no processo. E sempre há lições que posso aprender com os erros que cometi. É assim que funciona o processo para todos nós.

Meu jogo *CASHFLOW 101* é o único jogo de tabuleiro que ensina aos jogadores a usarem a dívida para ficar rico, usar dívida para produzir renda. Como na vida real, se você abusar da dívida no jogo, você em breve vai à falência. A boa notícia é que você vai falir usando dinheiro e dívidas de mentirinha. E a lição não lhe custará nada, exceto seu tempo.

Eu recomendo aos pais que criem um ritual, a noite de educação financeira da família, pelo menos uma vez por mês. Ao jogar e discutir eventos do mundo real financeiros em casa, a relação entre pais e filhos ficará mais forte e todos ficarão mais bem preparados para as incertezas do mundo que vem pela frente. Um dos muitos trabalhos de um pai é preparar a criança para as oportunidades de amanhã.

Como o Cone de Aprendizagem ilustra, a simulação é a próxima melhor coisa a fazer depois da coisa real. Como diz o ditado, "a prática leva à perfeição". Ao usar um jogo como ferramenta de ensino, enquanto o seu filho constrói vias neurais financeiras, você vai aumentar a inteligência financeira dele e ligar os pontos do seu futuro financeiro.

> ### A Lição do Pai Rico
>
> *"Dado que todo o dinheiro agora é dívida, a educação financeira deve incluir aulas sobre dívidas, boas e ruins."*

Líderes Carentes de Educação

Em minha opinião, a crise econômica mundial é uma crise de liderança e uma crise de educação para indivíduos que são pessoas muito inteligentes, mas que carecem de educação financeira do mundo real. A maioria dos nossos líderes são os alunos "A" que se tornaram "B", os burocratas. Muito poucos são alunos "C", capitalistas verdadeiros como Steve Jobs, Thomas Edison e Henry Ford.

Nossos líderes atuais estão tentando usar mais dívida para resolver o problema de muita dívida. Nossos líderes estão implorando mais dinheiro de resgate, afrouxo monetário, também conhecido como impressão de mais e mais dinheiro falso. Eles veem aumentos de impostos e aumento dos gastos como soluções. Isso, do meu ponto de vista, é um suicídio financeiro.

Muitas pessoas querem acreditar que dívida é o problema. O problema não é dívida. O problema é a falta de educação financeira. Se os nossos líderes fossem bem educados, saberiam como usar a dívida para nos fazer mais ricos como nação e povo, em vez de mais pobres.

> ### Conspiração e Profecia
>
> *Dois dos meus livros sobre os assuntos de dinheiro e investimentos são* O Segredo dos Ricos, *sobre como a nossa riqueza é roubada através do nosso sistema monetário,* e As Profecias do Pai Rico, *publicado em 2002, sobre a minha previsão de que a maior queda do mercado de ações da história estava chegando em uma década.*

Hoje, acredito que estamos vivenciando a maior crise financeira da história mundial, uma crise muito maior do que a Grande Depressão de 1929. Eu acho que esta crise não vai acabar bem. Se a história se repete mais uma vez, podemos estar a caminho de um colapso financeiro. Por milhares de anos, todos os governos que têm usado fraude – seja adicionando chumbo em moedas ou usando a prensa para resolver os problemas financeiros – destruíram a economia que prometiam salvar.

É por isso que a educação que aumenta sua inteligência financeira é crucial. Se você pode ver o outro lado da moeda, você e seu filho estarão melhor preparados para fazer escolhas inteligentes sobre o dinheiro. Você pode estar entre os financeiramente educados que irão prosperar, enquanto as massas lutarão para sobreviver.

Pergunta: Sou contra o sistema?

Resposta: Eu não sou contra o sistema bancário. Eu sou um estudante do sistema, usando-o a meu favor. O sistema bancário gigante faz muitas coisas boas e muitas ruins. Eu escolho usá-lo para o bem.

Pergunta: Eu recomendo endividar-se?

Resposta: Depende. E, a maioria das pessoas já está endividada. Toda vez que você usa dinheiro, você está usando dívida. Cada vez que os governos imprimem dinheiro e salvam bancos, fundos de pensão ou países inteiros nos afundamos ainda mais em dívida. A resposta a essa pergunta está atada à compreensão de dívida ruim e dívida boa – bem como ao seu nível de educação financeira sobre a utilização das dívidas para enriquecê-lo.

Desde 1971, o dólar dos EUA perdeu 90% do seu poder de compra. Não vai demorar muito mais tempo para perder os 10% restantes.

Você já deu o primeiro passo em investir em sua educação financeira ao ler este livro. Você está aprendendo sobre o dinheiro, aprendendo sobre o poder da dívida e o poder dos impostos. Muitas pessoas usam dívida por ignorância e, ao fazê-lo involuntariamente, se escravizam, suas famílias e seus países, com dívidas e impostos.

Enquanto eu quero estar errado e espero o melhor, duvido que nossos líderes políticos possam resolver os problemas que enfrentamos. O problema é simplesmente grande demais para um país, quanto mais para um partido político para resolver. Além disso, eu suspeito que há pessoas que estão muito felizes com o problema. E, talvez, muito felizes com o fato de que há pouca ou nenhuma educação financeira em nossas escolas. Intencional ou não, é a falta de educação financeira, que levou milhões de pessoas à beira do precipício... vivendo com medo, preocupação e incerteza.

Infelizmente, os nossos dirigentes não podem nos proteger da crise global. Mas os pais podem proteger seus filhos da incompetência dos nossos dirigentes. Porque, querendo ou não, dívida é o novo dinheiro. Podemos usar dívida para nos tornar mais pobres ou usá-la para sermos mais ricos. A escolha é nossa.

Passos Iniciais de Ação para os Pais

Ensine seus filhos que há dois tipos de dívida: dívida boa e dívida ruim.

Dívidas ruins fazem você pobre e dívida boa pode torná-lo rico. Discuta os diferentes tipos de dívida: a dívida do cartão de crédito, a hipoteca, a dívida do empréstimo estudantil e do carro.

Se for apropriado para a idade, você pode discutir juros e taxas de juros – e como os juros da dívida podem impactar o custo do que você financiar. Seu filho deve saber também que há dívidas que não são taxadas e podem ser usadas para torná-lo rico. Isto significa que quanto mais dívida boa você usar, mais dinheiro você faz e menos você paga em impostos.

Outros tópicos para uma discussão das finanças da família poderia ser: juros sobre cartão de crédito, a taxa de juros do empréstimo imobiliário... bem como as notícias nos jornais e revistas que falam em taxas de juros.

Jogos oferecem a oportunidade de testar o que você aprendeu sobre o uso de dívida com dinheiro de mentira. Isto significa que você pode praticar, cometendo erros, perdendo muito dinheiro e ficando mais consciente do poder da dívida ao longo do caminho.

Se o seu filho sair de casa entendendo o poder das dívidas, pode ser que ele nunca caia na armadilha do excesso de dívida ruim e possa se tornar extremamente rico usando dívida boa.

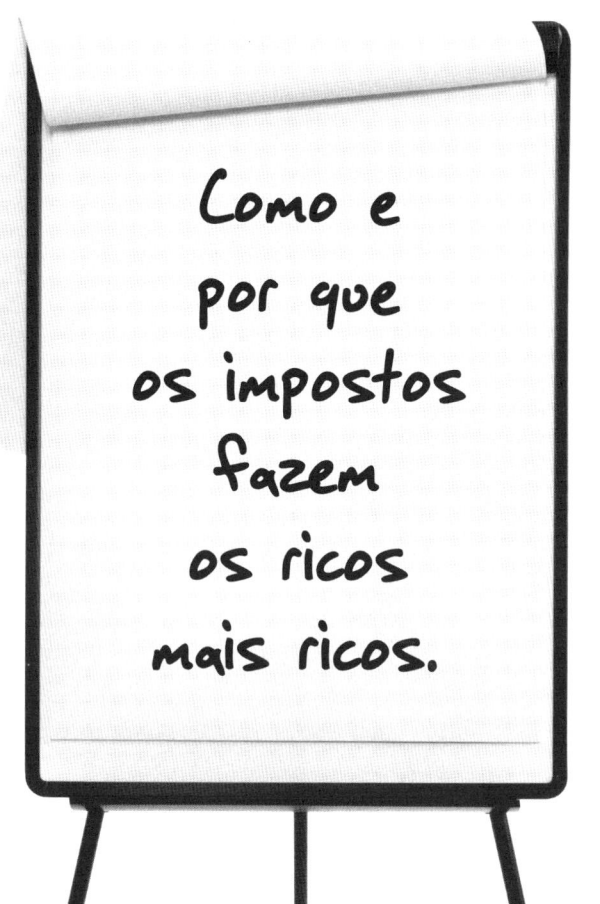

Como e
por que
os impostos
fazem
os ricos
mais ricos.

OUTRO PONTO DE VISTA SOBRE IMPOSTOS

Toda vez que os eleitores exigem "tributar os ricos", é a classe pobre e média que acaba pagando mais impostos, não os ricos. Os impostos são muitas vezes vistos como punitivos, onerosos – a única coisa, além da morte, que nós simplesmente não podemos escapar. Na verdade, o outro lado da moeda sobre o código tributário é que ele inclui uma lista muito longa de incentivos fiscais, incentivos do governo para o setor privado atender a necessidades econômicas específicas e receber vantagens fiscais para fazê-lo.

As Razões

William J. H. Boetcker (1873-1962), um líder religioso americano e orador público, talvez seja mais lembrado por sua autoria de um panfleto intitulado *As Dez Coisas Que Não se Pode* (*The Ten Cannots*) que enfatiza a liberdade e responsabilidade individual. Elas são, com a minha ênfase acrescentada:

- Você não pode trazer prosperidade ao desencorajar a frugalidade.
- Você não pode fortalecer os fracos enfraquecendo os fortes.
- Você não pode ajudar pequenos homens derrubando grandes homens.
- Você não pode ajudar o assalariado, destruindo o pagador de salários.
- **Você não pode ajudar o pobre, destruindo o rico.**
- Você não pode construir segurança sólida com dinheiro emprestado.
- Você não pode promover a fraternidade entre os homens ao incitar o ódio entre as classes.
- Você não pode ficar fora de problemas ao gastar mais do que ganha.

- Você não pode construir caráter e coragem, destruindo a iniciativa e a independência dos homens.
- **E você não pode ajudar os homens permanentemente fazendo por eles o que eles podem e devem fazer por si mesmos.**

Os Impostos Favorecem os Capitalistas

Em economia básica, há três coisas que uma pessoa pode trazer para o mercado:

1. trabalho
2. propriedade
3. capital

A maioria dos alunos, mesmo estudantes "A", vai à escola para aprender uma profissão e vender seu trabalho. Eles vão para a escola para conseguir um emprego. Poucos estudantes vão para a escola para aprender a vender ou desenvolver sua propriedade ou vender seu capital.

Nos termos do Pai Rico, as pessoas que vendem sua força de trabalho estão do lado esquerdo do quadrante *CASHFLOW*. As pessoas que vendem bens e capital operam a partir do lado direito do quadrante *CASHFLOW*.

Um imposto de renda progressivo se aplica aos quadrantes E e A, sendo que os As costumam pagar as maiores alíquotas. Nos quadrantes E e A, quanto mais você ganha, mais você paga em impostos.

Nos quadrantes D e I, as porcentagens vão para outro caminho. No lado direito, quanto mais você ganha, menos você paga em impostos.

Mais uma vez, a diferença é que as pessoas nos quadrantes E e A vendem seu trabalho. As pessoas nos quadrantes D e I vendem suas propriedades e seu capital e *contratam* mão de obra. Você pode se lembrar, do livro *Pai Rico, Pai Pobre*, que a lição nº 1 do Pai Rico é: "Os ricos não trabalham por dinheiro."

Quando os pais dizem aos seus filhos: "Vão para a escola e tirem boas notas para que vocês possam conseguir um bom emprego", os pais estão aconselhando seus filhos a vender o seu trabalho, a trabalhar duro para ganhar dinheiro.

No ensino médio, cada vez que as minhas notas eram baixas, meu professor ameaçava: "Se você não tirar boas notas, você não vai conseguir um bom emprego." Eu pensava: "Ótimo. Eu não quero um emprego." Em termos econômicos, eu não tinha planos de vender o meu trabalho.

Isso não significa que os ricos não trabalham duro. Eles só trabalham duro por outra coisa. Eles trabalham duro para adquirir ativos, que colocam mais dinheiro em seus bolsos e lhes permitem manter (graças a melhores taxas de impostos) mais do que ganham.

O Governo Precisa de Ajuda

O governo precisa de muita ajuda por isso ele oferece incentivos fiscais como pacotes de estímulo para aqueles nos quadrantes D e I. São brechas fiscais legais do governo.

A seguir um instantâneo do meu balanço pessoal.

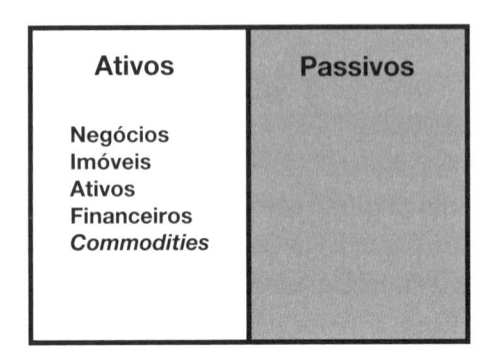

Minha História

Desde 1973, tenho trabalhado para criar ou adquirir bens que vendem propriedade e capital. Eu não quis um emprego para vender meu trabalho.

O código tributário dos EUA tem mais de 5.000 páginas dedicadas a "brechas" que não são realmente "brechas". Elas são incentivos fiscais intencionais e planos de estímulo. Vou descrever, tão simples quanto possível, as lacunas que eu uso. Procure saber tudo sobre o código tributário de seu país, para aprender a usar essas lacunas também.

Meus Impostos São Simples

- **Negócios:** O código fiscal me oferece incentivos fiscais para gerar empregos. Quanto mais empregos eu forneço, mais eu ganho e menos eu pago em impostos. Do ponto de vista do governo, quanto mais pessoas trabalhando mais ele recolherá em impostos.

- **Imóveis:** O código fiscal quer que eu proporcione habitação. Quanto mais eu forneço em habitação, mais dinheiro eu faço e menos eu pago em impostos.

- **Dívida:** Uma vantagem dos imóveis é dívida. Dívida é capital. E, hoje, o dólar é dívida. Se não nos endividarmos, a economia desacelera. É por isso que o governo quer que eu entre em dívida. É por isso que as taxas de juros sobre a dívida continuaram a cair durante a crise financeira. Quanto mais profundo o endividamento, mais dinheiro eu faço e menos eu pago em impostos.

- **Ações:** Embora as ações sejam boas para a maioria das pessoas, eu não invisto em ações. Embora as ações tenham enriquecido algumas pessoas, elas também têm feito muitas pessoas mais pobres. Quando você investe em ações, você coloca o seu dinheiro com empregados e capitalistas administradores, em vez de empresários, ou capitalistas verdadeiros. A principal razão para que eu opte por não investir em ações é simplesmente porque não há incentivos fiscais suficientes e risco demais para meu gosto.

- *Commodities*: Eu invisto na produção de petróleo, e não em ações de empresas de petróleo. Quanto mais dinheiro eu faço, menos impostos eu pago. O governo quer que os investidores continuem investindo na produção de petróleo por duas razões:

  1. para manter o preço do petróleo baixo.

  2. para reduzir a dependência de petróleo estrangeiro.

Se você observar a foto do tabuleiro do jogo *CASHFLOW*, na página 183, você vai notar duas pistas. Uma pista é um círculo chamado de Corrida dos Ratos (*Rat Race*). As pessoas na Corrida dos Ratos investem em ações, títulos e fundos de investimentos.

A segunda faixa do mesmo tabuleiro é a via rápida (*Fast Track*). Na vida real, não há realmente uma pista acelerada. A via rápida é onde os ricos investem. Na pista de alta velocidade, os investidores escolhem os veículos de investimento mais sofisticados, como sociedades limitadas e colocação privada. Esse é o lugar que eu escolhi para investir o meu dinheiro. A vantagem que eu tenho é que conheço o empreendedor, um capitalista de verdade que é o fundador da empresa, bem como a pessoa que dirige a empresa. Quando eu invisto como "sócio-parceiro", o empresário atende à minha ligação telefônica.

Se eu investir em ações, provavelmente nunca conhecerei o CEO, que é na maioria dos casos um empregado, um capitalista administrador, e não um empresário ou capitalista de verdade.

Simplificando, os titulares de ações investem em *ações* de uma empresa. A maioria das empresas públicas tem milhões de ações. Um sócio investe em *porcentagens* da empresa. Em muitos casos, os sócios recebem benefícios fiscais. Os acionistas, não.

Há Muitos Incentivos e Estímulos Fiscais

Há muitos incentivos fiscais no código tributário. Eu listei apenas os que eu uso. A lição aqui é que o código fiscal é um plano de estímulo e incentivo para os capitalistas no lado direito do quadrante *CASHFLOW* para aqueles que dão emprego, moradia, usam capital (dívida) e produzem bens essenciais como alimentos e petróleo. Há muitos outros incentivos fiscais.

> ### A Lição do Pai Rico
>
> *"Há muitos contadores e advogados tributaristas, mas poucos são realmente bons."*

Antes de investir por incentivos fiscais, sempre, sempre procure aconselhamento profissional de contadores e advogados tributaristas.

Quem Paga Mais Impostos?

O código tributário pune aqueles no lado esquerdo do quadrante *CASHFLOW* com impostos mais altos. As pessoas que pagam os mais altos impostos são:

- As pessoas que têm um emprego
- As pessoas que têm apenas uma casa
- As pessoas que economizam dinheiro
- As pessoas que têm um plano de previdência

Essas pessoas geralmente pagam imposto de renda normal em tudo. Quanto mais ganham, mais impostos pagam.

Pergunta: Por que as pessoas pagam mais impostos em um plano de previdência? E quando o empregador rebate a sua contribuição nos casos dos fundos de pensão empresariais?

Resposta: Tudo depende do seu ponto de vista. Antes de tudo, o dinheiro que seu empregador supostamente dá a você é seu de qualquer maneira. Ele não doa. Ele simplesmente não paga para você e, então, deixa você pensar que está lhe dando dinheiro extra. Em segundo lugar, os planejadores financeiros tem razão ao dizer "Quando você se aposentar, seus impostos vão cair", porque a maioria das pessoas planeja se aposentar com menos dinheiro do que ganhava antes da aposentadoria. Se o seu rendimento é maior quando você se aposentar, então, você vai pagar mais impostos, porque a renda da previdência é renda ordinária.

No início do livro, escrevi sobre como o educador financeiramente está sempre trabalhando para transformar a sua renda *ordinária* em renda de *carteiras* e *passiva*.

Educação Financeira na Escola

A educação financeira que está sendo ensinada na escola é: "Vá para a escola, consiga um emprego, trabalhe duro, poupe dinheiro, compre uma casa, saia das dívidas e invista em um plano de aposentadoria." *Do ponto de vista fiscal, isso é educação financeira de segunda.*

Se você seguir esse tipo de educação financeira, você vai transformar seus filhos em escravos do fisco para o resto de suas vidas. Eles vão trabalhar para os capitalistas, trocar tempo por dinheiro, em vez de se tornar um capitalista.

Educação Tributária para Seus Filhos

Milhões de pessoas acreditam no princípio de "tomar dos ricos para dar aos pobres". Essa é a base da tributação. Essa é também a base da teoria Robin Hood da economia, também conhecida como socialismo.

Quando o presidente Nixon desatrelou o dólar dos EUA do padrão-ouro, duas coisas estavam certas de acontecer:

1. um aumento de impostos

2. um aumento da inflação

Quando o governo imprime dinheiro, ele o faz por meio de emissão de títulos públicos, títulos do tesouro e outros instrumentos que você e eu chamaríamos de promissórias. Todos os títulos são dívida, e toda a dívida vem com um percentual de juros pagos juntamente com o reembolso do capital.

Para manter os números simples, se um governo oferece um título de $1 milhão e os juros é de 10% ao ano, então alguém tem que pagar $100.000 por ano em juros. Em muitos casos, essa pessoa é você ou eu, contribuintes.

A dívida nacional dos EUA é, agora, de mais de $16 trilhões e continua subindo. Você não tem que ser um economista vencedor do prêmio Nobel para saber que isso representa um *monte* de juros e uma *montanha* de impostos. Hoje, uma porcentagem crescente dos nossos impostos está fluindo para os bancos e para países como a China, credores que detêm a dívida e esperam ser reembolsados.

A inflação sobe quando os governos imprimem dinheiro, porque esse dinheiro novo dilui o reservatório financeiro existente e o resultado é que o poder de compra do dinheiro despenca. Você pode olhar para o gráfico do ouro a seguir para ter uma ideia de quanto dinheiro foi impresso.

Fonte: kitco.com

Você também pode observar isso no preço do petróleo. Isso é o que acontece quando o banco central imprime mais dinheiro.

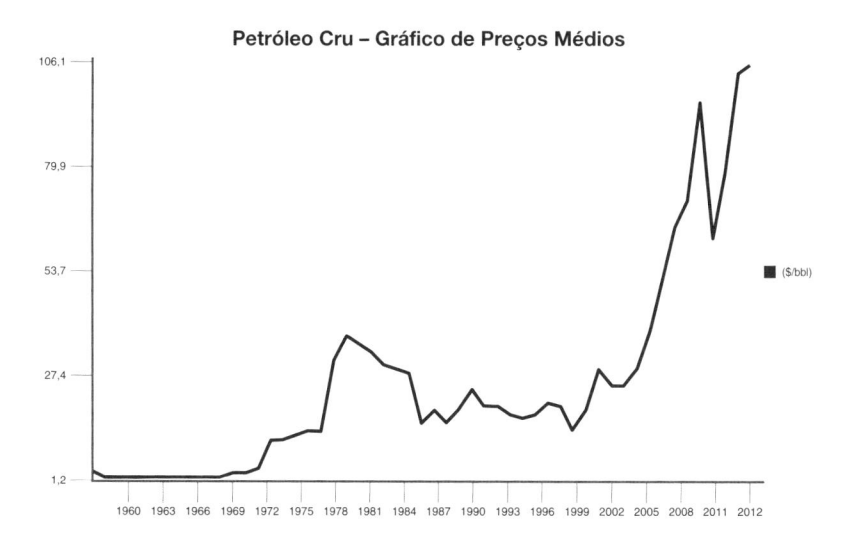

Fonte: mongabay.com

O Segundo Mandato de Obama

É óbvio que o presidente Obama está no estado de espírito de "taxar os ricos", especialmente em seu segundo mandato. O problema é que, quanto mais ele tenta taxar os ricos, mais impostos pagarão as classes média e pobre.

Pergunta: Por que isso?

Resposta: Porque a maioria das leis fiscais mira os empregados "de alta renda". É por isso que eu escrevi anteriormente sobre as três coisas que uma pessoa vende: trabalho, propriedade e capital.

Com o aumento da inflação, a renda sobe. Isso significa que os trabalhadores de baixa renda, eventualmente, estarão ganhando mais dinheiro e o aumento de salários os empurra para alíquotas mais elevadas de impostos.

Ainda que o presidente conquiste algumas vitórias, os princípios fundamentais do capitalismo permanecerão. Se uma pessoa de negócios continuar a agir de maneira inteligente e fizer o que as pessoas inteligentes de negócios fazem, o governo as perceberá como sócios e oferecerá incentivos fiscais para fazer as coisas que o governo não é capaz de fazer. Se você buscar apenas se evadir dos impostos, o governo virá atrás de você, como deveria.

Considerações Finais

Em resumo, o governo oferece incentivos fiscais para:

Empregadores: porque o governo precisa de mais empregos

Devedores: porque o dinheiro agora é dívida

Investidores em Imóveis: porque o governo precisa de mais habitação

Produtores de *commodities*: porque precisam de comida e petróleo

Se os cidadãos não fizerem o que o governo precisa que seja feito, teríamos o comunismo, um sistema econômico no qual o governo controla a economia.

É por isso que a General Motors, também conhecida como Motores do Governo, não pode produzir um carro elétrico econômico e a Solyndra, a queridinha de Obama, não conseguiu produzir painéis solares.

Pergunte a si mesmo: por que as moradias realizadas pelo governo estão entre as habitações mais perigosas do mundo? Por que os serviços postais estão falindo? Por que a assistência social é corrupta, cara e ineficiente? Por que nossos governos vão à falência? E, para chegar ao coração das mensagens deste livro: por que nossas escolas não educam nossos filhos com as informações que eles precisam para fazer escolhas responsáveis e inteligentes com relação ao dinheiro?

Pergunte a si mesmo: se o governo assumisse as companhias aéreas, você continuaria a voar? Essa é uma das razões pelas quais os governos oferecem incentivos fiscais.

> **A Lição do Pai Rico**
>
> *Impostos é sua maior despesa. A educação financeira verdadeira deve incluir aulas sobre impostos, quem os paga e por que são oferecidos benefícios fiscais a algumas pessoas.*

Passos Iniciais de Ação para os Pais

Ensine seus filhos a olharem os impostos sob dois pontos de vista.

Embora seja verdade que os impostos podem fazer algumas pessoas pobres, eles também podem enriquecer outras.

É uma questão de ponto de vista. Então, muitas vezes os impostos são vistos como punitivos... um fardo que é geralmente a maior despesa de uma família. Os ricos veem os impostos como um programa de incentivos que o governo oferece a empresas e pessoas que fazem o trabalho que o governo quer ou precisa fazer. Alguns dos tipos de coisas que os incentivos dão mérito são a criação de empregos, fornecimento de moradia acessível e iniciativas relacionadas ao fornecimento de energia.

Outras conversas e oportunidades de aprendizagem relacionadas a impostos podem ser exploradas – quando a criança tiver idade suficiente para entender – quando você faz sua declaração anual de imposto de renda. Reveja uma cópia de sua declaração de imposto com seu filho... mostrando-lhe onde as receitas e despesas são registradas. Também aponte os detalhes da seção de deduções. Também mostre ao seu filho um holerite ou um resumo das deduções do seu salário. Isso o ajudará a compreender como os programas sociais são financiados e como a renda é tributada – com o governo tomando o imposto dos salários brutos e a diferença que é bruto e líquido, o pagamento que vai para casa.

Convido você a ensinar a seu filho os *três* lados da moeda relativos aos impostos e ajudá-lo a entender as diferenças.

Um ponto de vista!

"Paus e pedras podem quebrar meus ossos, mas palavras nunca me machucarão."

Outro ponto de vista!

"As palavras podem provocar mais danos do que paus e pedras."

OUTRO PONTO DE VISTA SOBRE PALAVRAS

Na Escola Dominical, uma importante lição é:

"E o Verbo se fez carne e habitou entre nós."

— João 1:14

As Palavras se Tornam Carne

Na vida real, as palavras se tornam carne. E cada classe econômica tem palavras que refletem e definem isso: as pessoas ricas usam vocabulário dos ricos, a classe média usa vocabulário de classe média e as pessoas pobres usam vocabulário dos pobres. Diz-se que "o que você pensa sobre você se realiza". Eu acredito que o mesmo é verdade para o que dizemos e as palavras que usamos.

As palavras favoritas das pessoas pobres são "eu não posso pagar". As pessoas ricas dizem: "Como eu posso pagar?" Em resumo, se você quer mudar sua vida, mude as suas palavras.

As Razões

O Dinheiro Fala Mais Alto

Pai Rico costumava dizer: "O dinheiro fala e conversa mole anda." Ele nos ensinou que o dinheiro tem sua própria linguagem, uma linguagem que não é ensinada nas escolas. "Se você quer ser rico", ele aconselhou, "arranje tempo para aprender a linguagem do dinheiro".

Pai Rico também disse: "Quando se trata de dinheiro, há um monte de besteiras andando por aí." Milhões estão em uma crise financeira porque ouviram um monte de asneiras financeiras. Em vez de ensinar às crianças a linguagem do dinheiro, as escolas se concentram na linguagem dos professores, uma linguagem que usa palavras como verbos, substantivos, cálculo, história, química e física.

Essas palavras são importantes, mas elas não conseguem preparar os alunos para o mundo real do dinheiro.

Como disse Albert Einstein:

"A diferença entre estupidez e genialidade é que a genialidade tem limites."

A atual crise financeira é uma crise de estupidez ilimitada.

As Palavras Provocam Danos

Há uma cantiga infantil que diz: "Paus e pedras podem quebrar meus ossos, mas palavras nunca vão me machucar."

Nada poderia estar mais longe da verdade. Poucas coisas afetam mais o futuro de uma criança do que palavras. As palavras são incrivelmente poderosas.

- Palavras podem machucar
- Palavras podem curar
- Palavras podem torná-los ricos
- Palavras podem torná-los pobres
- Palavras podem encorajar
- Palavras podem desencorajar
- Palavras podem levar a mentiras
- Palavras podem levar à verdade
- Palavras podem causar dor

O Poder das Palavras

Muitos problemas financeiros começam com palavras. Muitas pessoas ficam em dificuldades financeiras devido ao mau aconselhamento financeiro, às asneiras financeiras e à venda de *Céu de Brigadeiro* financeiro, daqueles que acreditam ter as melhores intenções no coração. Muitas vezes isso não é o caso.

O que é *Céu de Brigadeiro* financeiro? É quando os vendedores (ou vendedoras) dizem qualquer coisa para fazer uma venda. Se o cliente quer ouvir que o seu dinheiro vai crescer em um fundo de investimento, o vendedor vai dizer, "Os fundos estão dando retorno de 8% ao ano, em média". Eles *não* podem dizer que esses ganhos ocorreram durante os anos de *boom*, entre 1970 e 2000. Eles usam palavras e informações que confirmam a sua conversa mole de vendas – e omitem aquelas que possam trazer tempestades. E esperam que o cliente não seja experiente financeiramente o suficiente para perceber.

Uma razão para que muitos fundos de pensão do governo entrem em sérios apuros é porque baseiam projeções futuras sobre o mercado de ações de 8%, em média. Isso é enganação financeira. Muitos funcionários do governo vão se prejudicar, porque eles não entenderam a linguagem do dinheiro.

Outros exemplos de *Céu de Brigadeiro* financeiro são:

"Sua casa é um ativo."

"A diversificação é uma forma de reduzir o risco."

"Invista para o longo prazo, em uma carteira bem diversificada de ações, títulos e fundos."

Muitas pessoas confundem essas palavras com educação financeira. Não são. Na maioria dos casos essas palavras são discursos de vendas, disfarçados de educação financeira. Quando um corretor de imóveis, diz a você: "Sua casa é um ativo e seu maior investimento", ele provavelmente está dizendo a si mesmo: "Compre esta casa. Eu preciso da comissão."

Se um planejador financeiro aconselha a "investir para o longo prazo", ele poderia muito bem estar dizendo: "Envie-me um cheque a cada mês. Eu preciso da comissão. Quando você se aposentar, eu vou estar muito longe."

Quando os planejadores financeiros aconselham a "diversificar", eles realmente estão dizendo, "Compre produtos diferentes, porque eu não sei qual deles irá bem e quais irão falhar. (Mas eu recebo uma comissão sobre todos eles)".

O pior é que, mesmo quando as pessoas acreditam que estão diversificando, a maioria não está. Quando o investidor médio diversifica, ele tende a diversificar dentro da mesma classe de ativos. Ele pode comprar fundos mútuos de alto desempenho, fundos mútuos para mercados emergentes e fundos mútuos de títulos – tudo dentro da mesma classe de ativo. Tecnicamente, eles não estão realmente diversificados, pois todos os investimentos estão no mesmo veículo financeiro, fundos de investimentos.

Quando um gerente de contas aconselha a "economizar dinheiro", também está dizendo, "Para que eu possa dar-lhe um cartão de crédito e talvez um empréstimo". Lembre-se, os bancos não ganham dinheiro na poupança. Eles fazem dinheiro com dívidas.

Aconselhamento Financeiro versus *Educação Financeira*

Os problemas financeiros começam quando um *aconselhamento financeiro*, um discurso de vendas ou um papo furado financeiro, é confundido com *educação financeira*. Muitas pessoas pensam que aconselhamento e educação significam a mesma coisa, mas não é verdade.

- Pedir conselho significa, "Diga-me o que fazer".
- Buscar educação significa, "Diga-me o que estudar para que eu possa aprender o que eu preciso fazer".

A diferença entre educação e aconselhamento pode parecer algo pequeno, mas pequenas diferenças muitas vezes têm um impacto significativo sobre a vida de uma pessoa. Se tudo o que você aprendeu foi entregar o seu dinheiro a vendedores, você é um *cliente*, não uma *pessoa financeiramente educada.*

Quando o esquema de Ponzi de Bernie Madoff foi revelado, muitas pessoas perderam enormes quantias financeiras. Muito pior do que perder dinheiro, talvez, foi que eles ganharam muito pouco no caminho da educação financeira.

Pai Rico incentivou Mike e a mim a cometer erros honestos com nosso dinheiro. Ele disse: "Se você cometer um erro, você vai aprender com esse erro. Se o seu consultor financeiro comete um erro, você não ficou nem um pouco mais experiente desde o dia em que entregou o seu dinheiro a ele."

Diga-me o Que Fazer com Meu Dinheiro

Uma das perguntas que sempre me fazem é: "Tenho $ 10.000. O que devo fazer com isso?"

Minha resposta: "A primeira coisa que eu faria é ficar quieto. Não deixe o mundo saber que você tem dinheiro para investir e não sabe o que fazer com ele. Se você perguntar a consultores financeiros o que fazer com o seu dinheiro, a sua resposta será quase sempre a mesma: 'Dê o seu dinheiro para mim.'"

Fundos de Aposentadoria de Empresas

Os planos de aposentadoria de funcionários são ainda piores. Quando um novo funcionário é contratado, o diretor de Recursos Humanos entrega-lhe um formulário e diz: "Escolha um fundo para suas contribuições de previdência privada."

Poderia ser melhor apenas aconselhar o empregado, "Vá para Las Vegas e divirta-se com o seu dinheiro. Pelo menos lá, se você ganhar, você vai ficar com 100% do seu dinheiro".

Em um capítulo anterior falei sobre John Bogle, fundador do fundo Vanguard. Ele adverte os investidores de que em um fundo a pessoa coloca 100% do investimento, corre 100% do risco, mas recebe apenas 20% dos ganhos, se houver quaisquer ganhos. O fundo, através de taxas e outros encargos indicados no contrato, fica com 80% de todos os ganhos que você pode tiver.

Pior de tudo, mesmo se você perder dinheiro, você pode ter que pagar impostos sobre os ganhos de capital – os ganhos que você nunca recebeu. Como isso acontece? Vamos dizer que um fundo tem 2 milhões de ações da empresa XYZ que tenha comprado há 10 anos. Para fins desse exemplo, vamos dizer que o preço da ação subiu de $ 10 para $ 50 por ação. Então você compra a sua participação no fundo. Dois dias depois o mercado despenca, o fundo precisa vender as ações da XYZ para levantar capital para sobreviver. Você, o novo acionista, deve pagar imposto sobre os ganhos de capital de $ 40 por ação, um retorno que você nunca teve ou viu.

O mercado de ações pode ser chamado de um esquema de Ponzi sancionado pelo governo. Os primeiros investidores recebem seu dinheiro e os novos pagam os impostos. É por isso que os consultores financeiros dizem, "Invista para o longo prazo e diversifique". Papo de vendas... de novo.

Para ser justo, a qualquer momento que uma pessoa investe por ganhos de capital, comprando na baixa e vendendo na alta, a transação pode ser vista como um esquema Ponzi. A razão por que muitas pessoas acreditam que investir é arriscado é porque a maioria das pessoas investe por ganhos de capital. Quando investidores ávidos por lucro rápido, chamados de "golfinhos", fracassaram depois que o mercado imobiliário despencou nos EUA e na Europa, eles estavam investindo por ganhos de capital. Hoje, milhões de pessoas estão comprando ouro e prata, esperando que os preços não parem de subir. Isso, também, é investir por ganhos de capital.

A Teoria de Investimentos do Maior Idiota

No mundo dos investimentos, há uma teoria conhecida como "A teoria do maior idiota". Sempre que uma pessoa investe por ganhos de capital, ela está esperando o "próximo tolo", uma pessoa ainda mais idiota do que ela... uma pessoa disposta a pagar mais pelo que foi comprado, como ações, imóveis ou uma moeda de prata. Correndo o risco de me repetir: é por isso que a maioria das pessoas acha que investir é arriscado. Quando as pessoas investem por ganhos de capital, o que faz a maioria dos investidores, elas são o maior idiota, esperando por outro ainda mais tolo do que elas.

É por isso que as palavras são tão importantes. Mais adiante neste capítulo, eu falarei da diferença entre investir por *ganhos de capital* (esperando o maior idiota) e investir para o *fluxo de caixa*.

Minha História

A Galinha dos Ovos de Ouro

Ao explicar as diferenças entre ganhos de capital e fluxo de caixa para uma pessoa jovem, muitas vezes eu uso o conto de fadas de Esopo, *A galinha dos Ovos de Ouro*. Uma pessoa que investe por ganhos de capital vende a galinha. Uma pessoa que investe por fluxo de caixa, por outro lado, nutre e cuida da galinha, e vende os ovos de ouro.

A ironia é que você paga impostos muito mais baixos, às vezes 0%, com ovos de ouro. Você paga um percentual maior de impostos, comendo galinha assada.

Como a maioria dos especialistas financeiros é formada por pessoal de vendas, e não investidores verdadeiros, eles vendem gansos.

E uma vez que a maioria dos adultos não sabe a diferença entre os *ganhos de capital* e *fluxo de caixa*, eles acreditam que investir é comprar e vender gansos. A maioria não sabe como investir por ovos de ouro. A ironia é que é provável que um investidor vá pagar impostos mais baixos, às vezes, 0%, sobre a venda de ovos de ouro. Eles mantêm a produção (o ganso) que proporciona um fluxo constante de produtos (os ovos de ouro) para venda.

É por isso que as palavras – e o aprendizado da linguagem do dinheiro – são uma parte importante da educação de seu filho.

O Grande Plano Financeiro

Sempre foi surpreendente para mim que, quando se trata de dinheiro, a maioria das pessoas está esperando que lhe seja dito o que fazer. Eu passei a acreditar que é porque elas não recebem educação financeira na escola. Isso é exatamente o que os grandes bancos e a indústria de serviços financeiros querem. Sua ignorância financeira é parte do grande plano financeiro *deles*.

A maioria das pessoas procura aconselhamento financeiro com corretores, vendedores de ações e imóveis, e corretores de seguros, assim como planejadores financeiros – pessoas que lucram com *aconselhamento* financeiro, em vez de *educação* financeira.

É por isso que muitas vezes Pai Rico disse:

"A razão pela qual eles são chamados de brokers *(corretores em inglês) é porque eles estão mais quebrados* (broker *em inglês) do que você."*

Warren Buffett disse:

"Wall Street é o único lugar em que as pessoas que andam de Rolls Royce buscam conselhos com quem pega o metrô."

Um massoterapeuta estuda uns dois anos para obter uma licença de massagem terapêutica. Demora cerca de dois meses para se obter uma licença de consultor financeiro.

É por isso que é importante que os pais iniciem a educação financeira de seus filhos o mais cedo possível. A criança precisa saber a diferença entre aconselhamento financeiro e educação financeira, a diferença entre lhes *ser dito o que fazer com o seu dinheiro* em contrapartida a *saber o que fazer com seu dinheiro*.

Vocabulário Financeiro

Se você estiver planejando trabalhar na Alemanha, será importante aprender a língua alemã. Se você quer ser um médico, você terá que aprender a linguagem da medicina. Se você quer jogar futebol, você precisa aprender o idioma do futebol. Quando eu fui estudar para aprender a ser um oficial de navio, eu tive que aprender a linguagem da navegação. E quando eu entrei na escola de voo, minha educação começou por aprender a linguagem da aviação.

A Linguagem do Dinheiro

Pai Rico ensinou a mim e a seu filho a linguagem do dinheiro, a partir dos nove anos de idade. Eu ensinei a linguagem do dinheiro a Kim. Por isso Kim e eu nos aposentamos cedo e pudemos continuar com o nosso trabalho de defensores da educação financeira.

Kim e eu criamos jogos de tabuleiro para que os pais pudessem aprender e ensinar a linguagem do dinheiro a seus filhos.

A boa notícia é que existem apenas sete palavras básicas de dinheiro para aprender. Depois de dominar essas sete palavras, o seu vocabulário financeiro vai crescer, você vai pensar diferente e sua visão do mundo vai mudar. Ensine a seu filho a diferença entre a galinha e os ovos de ouro, entre os *ganhos de capital* e *fluxo de caixa*. Se ele entender as diferenças entre apenas *esses dois termos financeiros*, ele já colocará as probabilidades de um futuro financeiro mais seguro a seu favor. Se ele aprender todos os sete termos financeiros básicos, quem sabe até onde ele irá na vida? Ele pode nunca precisar de um emprego. Ele pode optar por fazer um trabalho para ter alguma experiência, mas não pela necessidade de um salário. Ele pode se tornar empregador, em vez de empregado. Ele pode se tornar capitalista verdadeiro, em vez de capitalista de gestão.

Seu Histórico Escolar na Vida Real

A seguir está a demonstração financeira do jogo *CASHFLOW*. O *verdadeiro* jogo de fluxo de caixa é jogado com a sua demonstração financeira. Ela é o seu histórico no mundo real, o histórico que o banqueiro irá lhe pedir.

PROFISSÃO

JOGADOR

Objetivo: Sair da Corrida dos Ratos e seguir para a Via Rápida ao fazer com que a **renda passiva** construída seja **maior** do que as **despesas totais**.

DEMONSTRAÇÃO DE RESULTADOS

RECEITAS

Descrição	Fluxo de Caixa
Salários:	
Juros/Dividendos:	
Imóveis/Negócios:	

AUDITOR

(Pessoa à Sua Direita)

Receita Passiva $

(renda advinda de Juros/
Dividendos e Imóveis/
Negócios:)

Receita Total $

DESPESAS

Impostos:	
Pagamento da Hipoteca da Casa:	
Pagamentos de Empréstimos Estudantis:	
Pagamento da Prestação do Carro:	
Pagamento dos Cartões de Crédito:	
Pagamentos de Financeiras e Lojas:	
Outras Despesas	
Despesas com Filhos:	
Pagamentos de empréstimos:	

Número de
Filhos
(começar o jogo com 0 Filhos)

Despesa $
por Filho

Total das Despesas: $

Fluxo de Caixa Mensal (Pagamento) $
Receita Total - Despesa Total

BALANÇO PATRIMONIAL

ATIVOS

Aplicações:		
Ações/Fundos/Renda Fixa	Quantidade	Custo
Imóveis/Negócios	Entrada	Custo

PASSIVOS

Hipoteca	
Empréstimos estudantis	
Empréstimo do Carro	
Cartões de Crédito	
Financeiras	
Imóveis/Negócios	Hipoteca/Passivos:
Empréstimos	

A base de um vocabulário financeiro começa com as palavras *receitas*, *despesas*, *ativos* e *passivos*, os principais componentes de uma demonstração financeira.

Se uma pessoa não entende uma ou mais dessas palavras básicas sobre dinheiro, sua vida pode ficar danificada financeiramente. Por exemplo, milhões estão com problemas hoje, simplesmente porque lhes disseram, "Sua casa é um ativo". Para a maioria das pessoas, a casa é um passivo. Outros estão em apuros, porque lhes disseram: "Consigam um emprego", mas não entendiam os três tipos diferentes de receita – ordinária, de carteiras e passiva. A renda de trabalho é considerada rendimento ordinário e tributado a taxas mais elevadas.

O idioma inglês tem mais de um milhão de palavras. A pessoa média tem o comando de algo entre 10.000 e 20.000 palavras, o que significa que há sempre espaço para melhorar a eficiência em relação ao vocabulário e à linguagem do dinheiro.

As Setes Palavras do Dinheiro

A boa notícia é que as sete palavras básicas mais importantes do dinheiro são aquelas que podem já ser familiar a você. As palavras são:

Renda: Como já dissemos, existem três tipos básicos de renda: ordinária, de carteiras e passiva. Esse é um exemplo de como o seu vocabulário financeiro crescerá ao aprender e compreender as palavras básicas.

Despesa: As despesas, ou passivos, tiram dinheiro do seu bolso. A maior despesa para a maioria das pessoas se dá com impostos. Outras despesas típicas são habitação, alimentação, vestuário, assistência médica, educação e lazer.

Ativos: Ativos colocam dinheiro no seu bolso. Há quatro ativos básicos ou classes de ativos:

Negócios
Muitas das pessoas mais ricas do mundo construíram empresas no quadrante D, empresários como Steve Jobs, Bill Gates, Larry Ellison, Richard Branson e Larry Page. Construir um negócio no quadrante D é extremamente difícil e requer os mais altos níveis de educação financeira. Se você for bem-sucedido, as recompensas serão literalmente fora deste mundo.

As empresas do quadrante D exigem que o empreendedor saiba vários idiomas. Por exemplo, um empreendedor pode precisar falar a linguagem do direito, da contabilidade, da engenharia, do marketing, das vendas, da liderança, da TI e muito mais. Eles não têm que ser fluentes em todas as línguas. Eles só precisam falar e entender algumas palavras, as mais importantes de cada profissão que sustenta o sucesso de um negócio.

Na maioria dos casos, as escolas ensinam às crianças a serem especialistas, aprendendo mais e mais sobre cada vez menos. Os empresários devem ser generalistas, o que significa que eles precisam falar um pouco de muitos idiomas profissionais diferentes.

Uma razão pela qual os alunos "A" não dão bons empresários é que eles tendem a sair com outros especialistas. Por exemplo, os professores saem com os professores e os médicos com outros médicos. Meu Pai Pobre gastava 90% de suas horas de trabalho com professores. Meu Pai Rico gastava 90% do seu tempo de trabalho com os alunos "A", como banqueiros, contadores, advogados, arquitetos, empreiteiros e alunos de MBAs.

Após a faculdade, muitos dos alunos "A" vão para escolas de pós-graduação e cursos profissionais. Após a formatura, eles muitas vezes se associam a outros médicos, advogados ou dentistas na abertura de um negócio. Eles se tornam mais especializados, mais isolados, menos capazes de se comunicar com outras pessoas e profissões.

Algumas das vantagens de possuir um negócio no quadrante D são as oportunidades de riqueza significativa, escala e alcance global e as vantagens fiscais. A maior vantagem é se tornar poliglota, falar o idioma de muitas profissões diferentes.

Imóveis

É segunda classe de ativos mais desafiadora. O mercado imobiliário é sobre dívidas, e a dívida tem uma linguagem própria. O mercado imobiliário requer tanto a gestão da propriedade quanto as habilidades das pessoas.

As maiores vantagens dos imóveis são dívidas e impostos. A desvantagem é a gestão da propriedade. Em outras palavras, a obtenção do empréstimo é a parte fácil. Gerir bem a propriedade e torná-la rentável é a parte mais difícil. A gestão da propriedade fala uma linguagem diferente e é onde a maioria dos investidores inexperientes entra em apuros.

A beleza de ser um investidor imobiliário profissional é que você pode investir por ganhos de capital e fluxo de caixa e pagar pouco, ou nada, em impostos.

Ativos Financeiros

Os ativos de papel ou financeiros são a classe de ativos das massas. A vantagem dos ativos financeiros é que os amadores podem entrar facilmente. Por isso que os ativos de papel, como ações, fundos, títulos de renda fixa e ETFs, são "escaláveis", o que significa que um novo investidor pode começar com $ 100 tão facilmente quanto com $ 100.000.

Há vantagens fiscais limitadas para os investidores do mercado financeiro. Por exemplo, se uma pessoa investe em imóveis através de um ativo de papel como os fundos imobiliários, eles perdem os benefícios fiscais e de dívida que têm, geralmente, os verdadeiros investidores imobiliários. O mesmo é verdadeiro para investir em *commodities* através de ativos de papel como os fundos de índices, os ETFs (*Exchange Traded Funds*). Se você é familiarizado com a empresa Pai Rico, sabe que nós não vendemos investimentos. No mercado você vai encontrar muitas organizações que oferecem programas financeiros, mas que são, muitas vezes, programas que o treinam a usar e comprar os seus produtos financeiros. Em outras palavras, muitas vezes seus programas financeiros nada mais são do que um processo de vendas disfarçado, em que o céu é sempre azul.

Não há nada de errado em vender ou fazer discurso de vendas. Isso é o capitalismo, e eu apoio o capitalismo. Em um verdadeiro ambiente do capitalismo, as palavras de cautela são *caveat emptor*, latim para "compradores em alerta". Isso nos mostra porque a *educação* financeira é mais importante do que *aconselhamento* financeiro. A verdadeira educação deve torná-lo mais consciente do mundo à sua volta.

Commodities

Commodities são os produtos básicos. Essa categoria inclui petróleo, carvão, ouro, prata e alimentos, como milho, soja, carne de porco, e assim por diante. Cada mercadoria tem sua própria linguagem.

Há vantagens fiscais para as grandes *commodities*, como petróleo e alimentos.

Enquanto os governos estiverem imprimindo dinheiro, eu economizarei em ouro e prata, em vez de dinheiro falso.

Qual Classe de Ativos É Melhor para Você?

Simplificando, se você quer ser um empreendedor, os dois primeiros ativos – negócios e imóveis – são, provavelmente, melhores para você. Você ganhará grande experiência de vida real, se tornando um profissional nessas duas classes de ativos. Essas classes de ativos necessitam de tremenda educação financeira, resiliência e dedicação.

Se você não quer ser um empreendedor, então os ativos de papel e as *commodities* são, provavelmente, mais adequados.

Ativos financeiros e *commodities*, como moedas de ouro e prata, são ótimos para pessoas com poucas habilidades empreendedoras. Em termos financeiros, os ativos financeiros, assim como o ouro e a prata, são muito "líquidos". Isso significa que as compras e vendas podem ser feitas instantaneamente e eletronicamente, 24/7, em todo o mundo.

E você não precisa das habilidades de uma equipe para investir em papel ou em ouro e prata. Muitos alunos "A" tendem a se dar bem com ativos financeiros e *commodities*, como ouro e prata, porque as habilidades de investidores nessas duas classes de ativos são semelhantes às habilidades em sala de aula. Você pode sentar-se na frente de uma tela de computador e comercializar com o mundo, sem ter de interagir com outras pessoas. Um ambiente e um conjunto de habilidades interpessoais e de liderança muito diferentes daquele em que um empreendedor deve desenvolver.

Passivo: Simplificando, passivos, como uma hipoteca, empréstimos estudantis, dívida do cartão de crédito e pagamentos do carro, tiram dinheiro do seu bolso em uma base regular. A maioria das pessoas adquire passivo que lhes custam dinheiro.

Por exemplo, quando eu compro um imóvel de aluguel, os passivos, como impostos, manutenção e hipotecas, são pagos a partir da receita de aluguel dos inquilinos. Os lucros fluem para mim, o investidor, mas só se eu for um empresário competente.

Dívida: Dívida pode ser um risco. Dívida também pode ser um ativo. Se eu emprestar a alguém $ 10 a juros de 5%, essa dívida é meu ativo e passivo do devedor.

Fluxo de caixa: De acordo com Pai Rico, o dinheiro e o fluxo de caixa são as palavras financeiras mais importantes de todas. Até que você aprenda a *ver* o dinheiro que flui em uma demonstração financeira, terá dificuldade em distinguir os ativos dos passivos, e as despesas das receitas.

Acredito que o livro *Pai Rico, Pai Pobre* foi um sucesso porque eu usei diagramas simples para que os leitores pudessem "ver" dinheiro fluindo.

Por exemplo:

Padrão de fluxo de caixa de uma pessoa pobre:

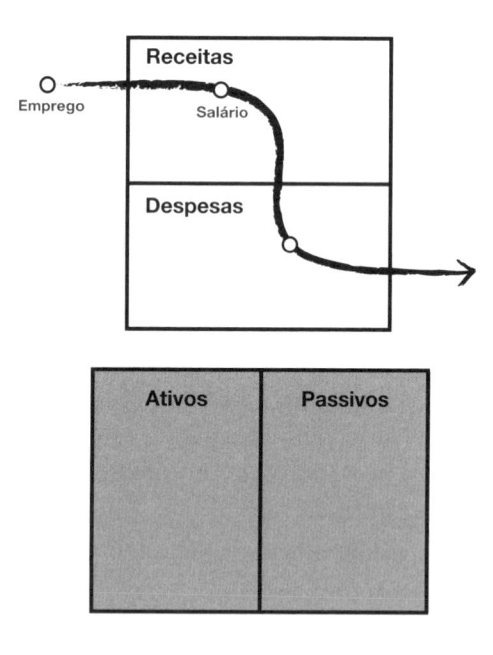

Padrão de fluxo de caixa de uma pessoa de classe média:

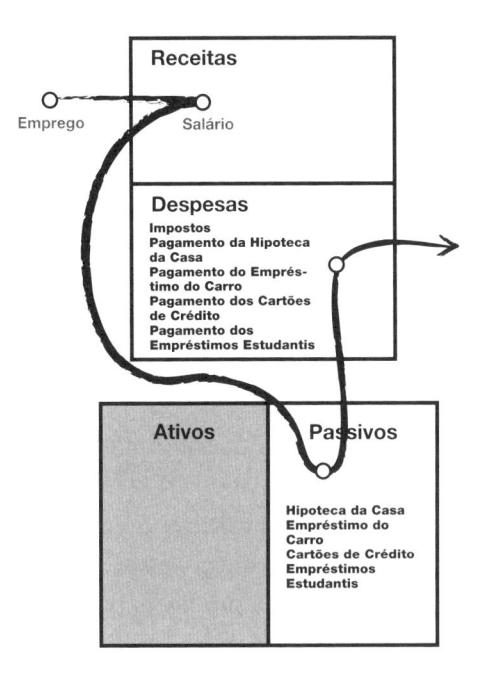

Padrão de fluxo de caixa de uma pessoa rica:

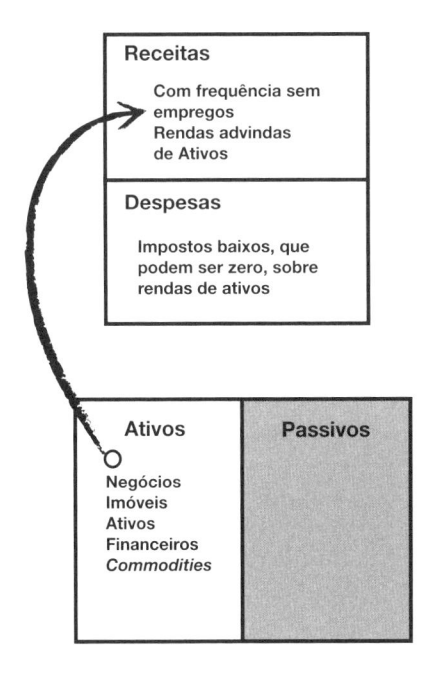

Ganhos de Capital: Os ganhos de capital ocorrem quando o preço de um ativo aumenta de valor. Por exemplo, se você comprou um lote a $10 a ação e ela é negociada a $15, quando você vender haverá um ganho de capital de $5 por ação, que será tributado à taxa de imposto sobre ganhos de capital.

Revisando: Investir por ganhos de capital é comprar e vender o ganso. Investir no fluxo de caixa é investir na galinha que bota os ovos de ouro... e depois vender os ovos.

O Dinheiro Fala

Se você entender o que o dinheiro está dizendo a você, sua inteligência financeira sobe.

A palavra *dívida* pode ser boa ou ruim. Se alguém lhe deve dinheiro, isso é bom. Se você deve dinheiro a outra pessoa, e não pode pagá-lo, isso é ruim. Ver os dois lados aumenta sua inteligência.

F. Scott Fitzgerald disse que:

> *"O teste de uma inteligência de primeira ordem é*
> *a capacidade de manter duas ideias opostas na mente ao mesmo tempo,*
> *e ainda manter a capacidade de discernimento."*

Problema de um Trilhão de Dólares

Em 2000, a dívida nacional dos EUA era de 5,5 trilhões de dólares. Em 2013 havia crescido para 16,5 trilhões dólares. Qual será o próximo número, 20 trilhões?

Para dar uma ideia de quanto é um trilhão de dólares, imagine o seguinte: se você tivesse começado a gastar um milhão de dólares, a cada dia, muito, mas muito antes do ano dois mil, você ainda não teria passado de um trilhão de dólares. Outro exemplo de como compreender o que representa um trilhão de dólares é: se você gastasse um dólar a cada segundo, levaria mais de 31.000 anos para gastar um trilhão de dólares.

O governo dos EUA acumula dívida de mais de 16,5 trilhões de dólares e espera-se que a dívida será superior a 20 trilhões de dólares nos próximos anos. Esse é o fardo da dívida que os jovens americanos carregarão. Em minha opinião, essa situação toca ao nível de "inteligência de primeira linha" dos nossos líderes em Washington.

O Futuro do Seu Filho

Compare as sete palavras básicas do dinheiro com os sete conceitos básicos da escola tradicional.

Palavras da Formação Acadêmica	Palavras da Educação Financeira
Ir para a escola	Receitas
Arrumar um trabalho	Despesas
Trabalhar duro	Ativos
Guardar dinheiro	Passivos
Sair das dívidas	Dívidas
Comprar uma casa	Fluxo de Caixa
Financiar um plano de aposentadoria	Ganhos de Capital

Dados os quatro gorilas que as crianças de hoje terão que enfrentar, qual criança terá uma melhor chance de se dar bem? A criança com apenas a linguagem da escola ou a criança que aprende também a linguagem do dinheiro?

As palavras de Einstein para os estudantes:

Nas palavras de Albert Einstein:

> *"Educação é o que resta depois de se ter esquecido*
> *o que se aprendeu na escola."*

Essa foi a maneira dele de dizer que para muitas pessoas a educação apenas "entra por um ouvido e sai pelo outro".

Eu estudei cálculo por três anos. Eu nunca usei cálculo na vida real e não saberia como resolver qualquer problema hoje usando cálculo.

A maioria dos estudantes deixa a escola com o seguinte plano: "Eu vou conseguir um emprego bem remunerado, com bons benefícios, poupar dinheiro, viver com menos do que ganho, comprar uma casa, sair das dívidas e investir no meu plano de aposentadoria." Essas palavras se fazem carne, tornam-se verdade ou realidade, enquanto corremos de encontro aos gorilas de uma tonelada.

Se o seu filho compreende as definições das sete palavras básicas do dinheiro, ele terá uma base sólida sobre a qual o seu vocabulário financeiro pode crescer. Lembre-se, as palavras são a base da inteligência financeira.

> ### A Lição do Pai Rico
>
> *Pai Rico disse: "A demonstração financeira é o centro do mundo do dinheiro, assim como o Sol é o centro do sistema solar."*
>
> *Ele também disse: "Se um pai tem uma demonstração financeira fraca, toda a família sofre. Se uma empresa tem uma demonstração financeiro fraca, os funcionários sofrem. E se o país tem uma demonstração financeira fraca, os cidadãos sofrem."*

Palavras, Definições e Relacionamentos

Compreender as relações entre as palavras e as transações é muito mais poderoso do que simplesmente memorizar definições.

Hoje, as demonstrações financeiras de Estados Unidos, Japão, Inglaterra e França estão gravemente doentes, cheias de câncer econômico. A melhor maneira de proteger você e sua família dessa doença mortal é ter demonstrações financeiras *pessoais* saudáveis.

Passos Iniciais de Ação para os Pais

Discuta o poder das palavras e por que as palavras que usamos são importantes

Meu Pai Rico proibiu seu filho e eu de dizer: "Eu não posso pagar." Pai Rico disse, "as pessoas pobres dizem 'Eu não posso pagar', muito mais do que os ricos". Na minha família, "eu não posso pagar" era usado repetidamente.

As palavras têm o poder de construir as pessoas... ou derrubá-las. Elas podem inspirar e capacitar, elas podem ser devastadoras e desmoralizadoras.

A magia das palavras é que elas são gratuitas e temos o poder de escolher as palavras que usamos.

A expansão do vocabulário financeiro da criança pode ser iniciada em uma idade jovem e continuar por toda a sua vida. Introduza sempre novas palavras – palavras como ativos, passivos, fluxo de caixa, ganhos de capital, procure as definições e entenda o que elas significam. Incentive seu filho a usar as novas palavras em frases na conversação diária.

À medida que crescem, mantenha um dicionário financeiro por perto e escolha uma palavra por dia. Procure o vocábulo, discuta a definição e use-o em alguma conversa, pelo menos três vezes durante o dia.

Como o passar dos anos, a linguagem do dinheiro vai se tornar uma parte do seu vocabulário familiar.

P: A Quem Deus
Ama Mais?

R: Os Ricos?
A Classe Média?
Ou os Pobres?

OUTRO PONTO DE VISTA SOBRE DEUS E O DINHEIRO

Esta citação, de Maomé, me fez parar e pensar...

*"O verdadeiro valor de um homem é
o bem que ele faz neste mundo."*

Eu acho que Deus olha para o que fazemos com os talentos e dons que Ele nos dá e se vamos ou não usá-los para fazer coisas boas. Então, quem é que Deus ama mais? O mais provável é aqueles que compartilham seus dons – talentos, tempo ou tesouros – com o mundo.

As Razões

A Bíblia diz muito sobre dinheiro, riqueza, dívida, banqueiros, generosidade e ganância. Na verdade, diz-se que a Bíblia contém mais versículos sobre dinheiro do que sobre qualquer outro assunto.

Os versículos da Bíblia que ecoam nas pessoas têm muito a ver com o lado da moeda em que elas estão, e como elas se veem no mundo.

- As pessoas pobres tendem a ouvir versículos sobre os malefícios do dinheiro.

- As pessoas de classe média tendem a seguir os versículos sobre estarem contentes e agradecidas pelo dinheiro que têm.

- As pessoas ricas tendem a seguir os versículos sobre como Deus recompensa os ricos e pune os pobres.

Versículos da Bíblia para os Pobres

Aqui estão alguns que vêm à mente:

"Jesus lhe respondeu: 'Se queres ser perfeito, vai, vende os teus bens e dá aos pobres, e terás um tesouro nos céus. Depois, vem e segue-me."

O moço, ouvindo essa palavra, saiu pesaroso, pois era possuidor de muitos bens.

Então Jesus disse aos seus discípulos: 'Em verdade vos digo que um rico dificilmente entrará no Reino dos Céus. E vos digo ainda: é mais fácil um camelo entrar pelo buraco de uma agulha do que um rico entrar no Reino de Deus.'"

— Mateus 19:21-26

"Agora escutem, vocês, os ricos, choram e lamentam por causa da miséria que está vindo a vocês. Sua riqueza apodreceu e as traças comeram suas roupas. Seu ouro e prata estão corroídos. Sua corrosão vai depor contra você e comer sua carne como fogo. Você acumulou riqueza nos últimos dias.

Olha! O salário que vocês deixaram de pagar aos trabalhadores que ceifaram os vossos campos estão clamando contra vocês. Os gritos dos ceifeiros têm chegado aos ouvidos do Senhor Todo-Poderoso.

Vocês têm vivido na terra em luxo e autoindulgência. Cevastes-vos no dia da matança. Vocês condenaram e mataram o homem justo, que não estava se opondo vocês."

— Tiago 5:1-6

Versículos da Bíblia para a Classe Média

"Se Lhe obedecerem e O servirem, serão prósperos até o fim dos seus dias e terão contentamento nos anos que lhes restam."

— Jó 36:11

"O temor ao Senhor conduz à vida: quem O teme pode descansar em paz, livre de problemas."

— Provérbios 19:23

Versículos da Bíblia para os Ricos

"De que serve o dinheiro na mão do tolo, já que ele não tem nenhum desejo de obter sabedoria?"

— Provérbios 17:16

A Parábola dos Talentos

Nota: Um talento era uma grande soma de dinheiro. Hoje, poderia ser algo como 100.000 dólares ou mais.

"Pois é assim como um homem que, partindo para outro país, chamou os seus servos e lhes entregou os seus bens: a um deu cinco talentos, a outro dois e a outro um, a cada qual segundo a sua capacidade; e seguiu viagem.

O que recebera cinco talentos, foi imediatamente negociar com eles e ganhou outros cinco.

Do mesmo modo o que recebera dois, ganhou outros dois.

Mas o que tinha recebido um só, foi-se e fez uma cova no chão e escondeu o dinheiro do seu senhor.

Depois de muito tempo voltou o senhor daqueles servos e ajustou contas com eles.

Chegando o que recebera cinco talentos, apresentou-lhe outros cinco, dizendo: Senhor, entregaste-me cinco talentos; aqui estão outros cinco que ganhei.

Disse-lhe o seu senhor: Muito bem, servo bom e fiel, já que foste fiel no pouco, confiar-te-ei o muito; entra no gozo do teu senhor.

Chegou também o que recebera dois talentos, e disse: Senhor, entregaste-me dois talentos; aqui estão outros dois que ganhei. Disse-lhe o seu senhor: Muito bem, servo bom e fiel, já que foste fiel no pouco, confiar-te-ei o muito, entra no gozo do teu senhor.

Chegou por fim o que havia recebido um só talento, dizendo: Senhor, eu soube que és um homem severo, ceifas onde não semeaste e recolhes onde não joeiraste; e, atemorizado, fui esconder o teu talento na terra; aqui tens o que é teu.

Porém o seu senhor respondeu: Servo mau e preguiçoso, sabias que ceifo onde não semeei e que recolho onde não joeirei? Devias, então, ter entregado o meu dinheiro aos banqueiros e, vindo eu, teria recebido o que é meu com juros. Tirai-lhe, pois, o talento e dai-o ao que tem os dez talentos.

Porque a todo que tem, lhe será dado e terá em abundância; mas ao que não tem, até o que tem, ser-lhe-á tomado.

Ao servo inútil, porém, lançai-o nas trevas exteriores; ali haverá o choro e o ranger de dentes.”

– Mateus 25:14-30

A Questão

Quais versos têm mais apelo a você – versos para os ricos para os pobres ou para a classe média?

Minha História

Embora eu não seja muito religioso, minha educação espiritual e religiosa têm sido muito útil. Essa educação me deu ânimo e orientação durante alguns momentos muito difíceis na minha vida pessoal, na guerra e nos negócios.

Quando menciono “deus” nesta seção, eu não me refiro a nenhum deus de uma religião específica. Quero dizer, um ser espiritual e não um ser humano. Eu acredito em um Deus espiritual. Eu uso DEUS significando “Diretor geral de todas as coisas”.

Eu gosto do que Steve Jobs disse:

“O paraíso tem muitas portas.”

Eu também gosto do que Mark Twain disse:

“Eu não gostaria de comprometer-me sobre o céu e o inferno, você vê, eu tenho amigos em ambos os lugares.”

E eu gosto especialmente do comentário de Joel Osteen:

“Vou deixar que Deus seja o juiz sobre quem vai para o céu e para o inferno.”

Eu também apoio a liberdade religiosa pessoal, que inclui não acreditar em Deus. Eu não gosto de pessoas que impõem suas crenças religiosas a mim, e não tenho planos para impor minhas crenças sobre você.

Novo Pastor na Cidade

Minha educação religiosa começou quando eu tinha 10 anos de idade. Um novo pregador veio para a cidade. Ele era jovem, solteiro, bonito e do Texas. Ele usava botas de *cowboy*, calças jeans e sempre tinha seu violão pendurado nas costas, pronto para tocar e cantar. Quando ele falou, ensinou lições sobre a vida, em vez de pregar sobre inferno e condenação.

As crianças o amavam. Ele era como o Flautista de Hamelin. Os jovens começaram a vir à igreja sem serem arrastados por seus pais.

As "senhoras da igreja" ficaram perturbadas. Ele foi embora em menos de 18 meses. Durante esses meses, pela primeira vez na minha vida, eu ansiei ir à igreja. Eu aprendi muito sobre Deus, dinheiro, religião e espiritualidade.

Chega o Reverendo Ichabod

O jovem pastor foi substituído pelo "Reverendo Ichabod". As crianças o apelidaram de Ichabod Crane, do conto de Washington Irving, *A Lenda do Cavaleiro Sem Cabeça*, publicado pela primeira vez em 1820.

"Reverendo Ichabod" era alto e magro, com um nariz pontudo. As crianças achavam que ele era mau, continuamente pregando sobre a ira de Deus. Embora ele fosse magro, ele comia muito, muito parecido com o Ichabod, na história do Cavaleiro Sem Cabeça.

Depois que sua família chegou, a igreja passou a ter um jantar comunitário a cada semana. Nós, as crianças, acreditávamos que ele realizava esses jantares porque ele era pão-duro e podia alimentar sua família de seis filhos e o próprio apetite inacreditável ao testar a generosidade da congregação.

Seus sermões sempre tinham algo a dizer sobre o dinheiro, a ganância, os ricos, a bondade dos pobres e as crescentes doações para a igreja. Muitas vezes ele citou estes versículos da Bíblia:

*"É mais fácil um camelo passar pelo buraco de uma agulha
do que um rico entrar no reino de Deus."*

e

"Porque o amor ao dinheiro é a raiz de todos os males."

Educação Espiritual versus Religiosa

Não demorou muito para nós crianças percebermos a diferença entre a educação espiritual e a educação religiosa.

O jovem pregador com o violão queria que as lições bíblicas fossem usadas como um guia para a vida. Ele falava aos nossos espíritos.

"Reverendo Ichabod" ensinava a educação religiosa do medo. Ele era dogmático. O negócio dele era certo e errado, bom e mau. Para ele, a vida era preta ou branca, sem tons de cinza. Ele tinha pouca tolerância para com as outras religiões. Era um orador mais poderoso que o jovem pregador. A frequência à igreja aumentou, mas as pessoas que frequentavam já não eram mais as mesmas.

Mesma Religião, Mensagens Diferentes

- O jovem pregador falou do amor de Deus. O reverendo Ichabod falou do temor a Deus.
- O jovem pregador falou sobre o dinheiro como resultado da generosidade. O reverendo Ichabod falou sobre o dinheiro como resultado da ganância.
- O jovem pregador falou sobre Deus dentro de nós. O reverendo Ichabod falou sobre o Deus fora de nós.

Aprender sobre os dois lados da moeda religiosa foi uma grande educação. Depois de seis meses, eu parei de ir à igreja do Reverendo Ichabod. Eu não gostava de seu lado da moeda e fui em busca de um novo professor espiritual.

Educação Espiritual

O jovem pregador se concentrou mais em educação espiritual do que religiosa. Além de nos ensinar sobre a Bíblia e Jesus, ele passou um tempo nos ensinando sobre o poder espiritual dentro de cada um de nós.

Ele costumava dizer: "Nós temos o poder para criar o nosso próprio céu ou inferno aqui na terra." Eu não sei se é verdade, mas tem sido uma crença útil. Ele também nos ensinou: "Deus já nos deu esse poder. Cabe a nós encontrar e usar esse poder em nós."

Essa lição sobre Deus dentro de nós realmente incomodava algumas das "senhoras da igreja", razão pela qual o jovem pregador não ficou por muito tempo. Eu não sei por que isso as aborreceu, mas aconteceu.

No Vietnã, eu testemunhei muitas vezes o poder espiritual dentro de nós sobre o qual o jovem pregador havia falado. Como um amigo disse: "Eu estou vivo hoje, porque homens mortos continuaram a lutar."

Várias vezes, tiramos as armas e foguetes da nossa aeronave de combate e nos tornamos um helicóptero de evacuação e socorro médico. Realizamos ações muito mais perigosas e corajosas salvando vidas do que tirando vidas. Como meu chefe de tripulação disse: "Parece que estamos fazendo um trabalho muito melhor quando nos preocupamos mais com os outros do que quando nos preocupamos conosco."

Nos Negócios

Eu continuo a usar a lição do jovem pregador nos negócios. Se não fosse por suas aulas, eu poderia não ter sobrevivido a minha jornada dos quadrantes E-A para o lado D-I. Há muitas pessoas ruins, gananciosas e desesperadas que farão qualquer coisa por dinheiro. O mundo está cheio de Judas modernos, como o discípulo que traiu Jesus por 30 moedas de prata. Você provavelmente já encontrou um ou dois Judas em sua vida.

Judas Modernos

Minha vida mudou quando *Pai Rico, Pai Pobre* tornou-se um *best-seller* em todo o mundo. Foi um momento de fama e de dinheiro entrando, assim como de processos judiciais – de amigos e parceiros de negócios, os Judas modernos.

Por isso o capítulo 5 e a Lição 4 do livro *Pai Rico, Pai Pobre*, "A História e o Poder

> ### A Lição do Pai Rico
>
> *Pai Rico costumava dizer: "Eu não acho que Deus se importa se você é rico ou pobre. Deus ama você de qualquer maneira. Mas se você quer ser rico, então, escolha a sua igreja e seu pastor com cuidado."*

das Corporações", é um capítulo importante de ler se você é rico ou está planejando ser rico. Lição 4 é sobre os ricos se protegerem dos Judas do mundo através de veículos de proteção de ativos conhecidos como "pessoas jurídicas".

Meu Pai Pobre sempre dizia: "Minha casa e meu carro estão no meu nome." Meu Pai Rico sempre dizia: "Eu não quero nada no meu nome." Ele manteve sua riqueza em pessoas jurídicas que o protegiam de ações judiciais de amigos, parceiros e Judas.

Afirmo isso como um lembrete de que ficar rico não significa que seus problemas acabaram. De muitas maneiras, novos problemas aparecem. Ser processado no sistema judicial atual e defender-se, defender seus negócios e seu dinheiro é um inferno moderno.

Há um velho ditado que diz: "Ao passar pelo inferno, continue andando."

Milhões no Inferno

Depois da crise de 2007, milhões de pessoas entraram no seu inferno pessoal financeiro. Em vez de seguir em frente, muitos estão presos no inferno. Muitos estão culpando os ricos por seus problemas financeiros.

Muitos jovens também estão no inferno financeiro, sobrecarregados com empréstimos escolares e empregos de baixa remuneração. Se eles não fizerem mudanças pessoais, muitos vão ficar no inferno financeiro por toda a vida, mesmo sendo altamente diplomados.

É de Albert Einstein estas palavras espirituais de sabedoria:

"A imaginação é mais importante que o conhecimento. O conhecimento é limitado a tudo o que já sabemos e entendemos, enquanto que a imaginação abraça o mundo inteiro e tudo o que haverá a se saber e compreender."

Uma Lição do Inferno

Ao olhar para trás, eu percebi que precisava de quatro diferentes tipos de educação para atravessar o inferno na terra. São elas:

1. educação acadêmica
2. educação profissional
3. educação financeira
4. educação espiritual

Passos Iniciais de Ação para os Pais

Discuta o papel que a religião e a fé exercem em sua casa... e como suas crenças afetam o modo como você pensa sobre o dinheiro.

Muitas lições poderosas são encontradas nas crenças religiosas. E se uma pessoa acredita em Deus ou segue uma religião específica ou não, as referências e as lições oferecem outros pontos de vista sobre o dinheiro e os papéis que desempenham em nossas vidas.

Considere discutir generosidade relacionada a Deus e ao dinheiro. Converse com seu filho sobre escolhas e como, com cada centavo ganho, você tem a opção de gastar, investir ou dar o dízimo. Discuta os conceitos de honestidade e verdade, como eles se relacionam com a vida e os negócios... e com suas crenças religiosas. Converse com seu filho sobre a espiritualidade do dinheiro e a importância de doar.

Parte Três

DÊ A SEU FILHO UMA VANTAGEM INJUSTA

O verdadeiro propósito de:

1. Bancos

2. Bolsas de Valores

3. Empresas de Seguros

4. Impostos Governamentais

5. Fundos de Pensão

INTRODUÇÃO

Há muitos benefícios na educação financeira. E, a educação financeira que vocês, como pais, assumirem em casa, dará a seus filhos estas três vantagens injustas na vida:

1. Ganhar mais dinheiro

2. Manter mais dinheiro

3. Proteger mais dinheiro

Pilhagem Legalizada

Na década de 1850, o economista político francês, Frédéric Bastiat, afirmou:

"Todo mundo quer viver à custa do Estado.
Eles se esquecem de que o Estado vive à custa de todos."

Bastiat também afirmou que as classes privilegiadas usam o governo para "saque legalizado". Hoje, o saque legalizado dos ricos é conhecido por termos como "corrupção, contratos falsificados, pontes para lugar nenhum e superfaturamento". Os ricos têm o poder de influenciar as leis. É por isso que existem tantos lobistas oferecendo ao presidente, aos senadores e aos congressistas "acordos especiais" para que apoiem seus interesses pessoais.

As maiores empresas, de bancos a laboratórios farmacêuticos, de conglomerados agrícolas a empresas de petróleo, têm o poder de influenciar as leis, tudo em nome de ajudar as pessoas. Os fundos de previdência privadas e de governo são exemplos de "pilhagem legalizada". Isso ocorre, em minha opinião, porque não há educação financeira nas escolas.

A educação financeira permitida nas escolas, ao que parece, ensina as crianças a "Economizarem dinheiro e investirem em fundos de previdência, títulos e fundos de investimentos". Essas diretivas enviam dinheiro direto para as tesourarias dos bancos e das pessoas mais ricas do mundo. Novamente, eu não estou dizendo que isso é ruim. A partir de uma posição sobre a borda da moeda, onde eu posso ver os dois lados da mesma, tenho a imagem completa. Quando o dinheiro flui para esses bancos de investimento gigantes, meus parceiros e eu emprestamos esse dinheiro para investir em nossos próprios projetos privados, como prédios de apartamentos e poços de petróleo.

Bastiat disse que o saque legalizado dos ricos encoraja as classes mais baixas a se revoltarem e usarem a pilhagem legalizada *socialista* em retaliação aos ricos. Exemplos de saque legalizado socialista são programas como a previdência social, programas de bem-estar social e, agora, nos EUA, o Obamacare. Foi o saque legalizado das grandes corporações que causou o surgimento dos sindicatos. Hoje, os maiores sindicatos de trabalho não são de operários de fábrica, mas de trabalhadores sindicalizados do governo. Entre os maiores sindicatos dos Estados Unidos estão os sindicatos de professores, incluindo o NEA, a Associação Nacional de Educação. Esta organização não está focada na educação das crianças americanas. O NEA se concentra em fazer mais dinheiro para pagar por seus lobistas em Washington.

Bastiat recomendou que tanto capitalistas quanto socialistas parassem com a pilhagem legalizada. Como a maioria dos acadêmicos, ele vivia no mundo da fantasia, em um estado de sonho. Ele previu com precisão que o saque legalizado de um grupo, se pervertido, seria usado contra o grupo que deveria defender.

Em outras palavras, quando os capitalistas usam saque legalizado para ficarem mais ricos, são eles que perdem. É por isso que o Lehman Brothers, os grandes bancos, Wall Street, Fannie Mae e Freddie Mac tiveram problemas e tiveram que ser assumidos pelo governo. Como você deve se lembrar, essa aquisição ocorreu após executivos – *os capitalistas administradores* – pagarem a si próprios centenas de milhões de dólares em salários e bônus.

Essa pilhagem dos socialistas, via programas como a previdência e assistência social e as pensões do governo, é um fator que contribui para a insolvência que esses programas enfrentam.

Aprisionados entre esses gigantes da pilhagem legalizada estão os cidadãos comuns, trabalhando sem a proteção do governo e diante de enormes quantidades de dinheiro.

Quando as corporações gigantes, como Walmart, vão para uma cidade, várias pequenas empresas familiares morrem. Os capitalistas de gestão, treinados pelos melhores escolas do mundo, administram essas grandes empresas, empresas que substituem as pequenas lojas que prosperavam em cidades menores, em todo o país e ao redor do mundo. Em vez do aconchego de uma empresa familiar, vemos a distante gestão empresarial. Ao contrário do espírito de "estamos todos juntos nessa", o sentimento torna-se "cada um por si." Em vez de empregos com altos salários, esses gigantes corporativos criam uma nova classe de trabalhadores, os trabalhadores pobres. Ao invés de salários subindo, os salários estão caindo. E quanto mais caem, mais as pessoas dependem de apoio do governo para a sobrevivência financeira e assistência médica.

Há um velho ditado que diz: "Quando os elefantes lutam, pequenos animais são pisoteados."

Se você não está educado financeiramente, são grandes as suas chances de ser pisado, não importa o quão duro ou o quanto você trabalhe.

Ferrovias versus *Petróleo*

Durante a depressão da década de 1870, Tom Scott, dono da Companhia de Estradas de Ferro da Pensilvânia, começou a construir seu próprio oleoduto. Isto aborreceu John D. Rockefeller, que tinha o monopólio sobre oleodutos. Rockefeller retaliou fechando uma de suas refinarias em Pittsburgh. O resultado foi um grande golpe financeiro para Scott.

Ambos, Scott e Rockefeller, perderam dinheiro, mas os trabalhadores de ambos os lados perderam também. Eles perderam seus empregos.

Scott demitiu trabalhadores e cortou salários daqueles que manteve. Em retaliação, os trabalhadores furiosos atearam fogo a suas estradas de ferro e o império de Scott veio abaixo. A depressão da década de 1870 piorou e muitos trabalhadores e suas famílias ficaram em dificuldades financeiras ainda maiores.

Hoje, acordos de livre comércio têm conseguido enviar cerca de 2,5 milhões de empregos americanos para fora do país, para nações que podem ou não ter leis trabalhistas, padrões de salário mínimo, benefícios de saúde e leis de compensação para os trabalhadores.

Os vencedores são empresas gigantes como Walmart, General Electric, Microsoft e Apple.

Os perdedores são os trabalhadores norte-americanos que têm pouca escolha, além de fazer compras no Walmart e na Amazon, comprando produtos de baixo preço da GE e da Microsoft. A Apple usa suas lojas, bem como outros varejistas, para vender seus produtos.

É por isso que a educação financeira do seu filho é mais importante hoje.

É por isso que a maioria dos pais americanos quer que suas crianças consigam boas notas para que eles possam encontrar empregos em um dos gigantes corporativos, ou tornar-se um advogado ou um médico.

Mesmo se eles acharem um emprego bem remunerado no quadrante E ou se tornarem um profissional bem remunerado no quadrante A, sem educação financeira é provável que o seu filho terá um percentual significativo do seu dinheiro surripiado, via saque legalizado, ao longo da vida.

À medida que a economia global piora, o saque legalizado aumenta. Nossos tribunais estão cheios de processos, pessoas processando outras pessoas e alegando que têm direito a mais dinheiro. A criminalidade e a violência associada às drogas, sequestros e casas invadidas são um fato da vida moderna, e não porque as pessoas querem ser criminosos. Para muitas pessoas a vida do crime parece ser sua única opção. Há também um aumento da criminalidade de colarinho branco. Eu perdi mais dinheiro para criminosos de colarinho branco, do que para criminosos comuns.

A eleição presidencial americana de 2012 foi um reflexo da "pilhagem legalizada" em curso no mundo. De um lado você tinha os ricos, exigindo que os gastos com programas sociais fossem cortados e que o orçamento de defesa permanecesse intocado. Do outro lado, você tinha os pobres, exigindo mais dinheiro do governo para subsídios de desemprego, previdência e programas sociais.

Como disse Bastiat, há saques legalizados em ambos os lados. Repetindo suas palavras:

*"Todo mundo quer viver à custa do Estado.
Eles se esquecem de que o Estado vive à custa de todos."*

Em outras palavras, não somos mais capitalistas. Hoje, os EUA são uma nação mais socialista, dependente do governo para cuidar das necessidades das pessoas.

Como a ex-primeira-ministra britânica Margaret Thatcher disse:

"... e governos socialistas tradicionalmente fazem uma bagunça financeira. Eles [os socialistas] sempre acabam sem o dinheiro das outras pessoas. É bem uma característica deles."

A parte III deste livro centra-se na importância de dar ao seu filho uma Vantagem Financeira Injusta – e como fazer isso. A educação financeira é a melhor defesa quando os elefantes estão lutando.

AS DEZ VANTAGENS INJUSTAS DE UMA EDUCAÇÃO FINANCEIRA

Este capítulo irá resumir as duas primeiras partes do livro, analisando as 10 vantagens injustas de uma educação financeira e como elas podem afetar a vida de seu filho. Rever essas 10 vantagens injustas melhor o preparará para compreender a quarta e última parte do livro. Seja o Banco Central.

As Razões

O que eu me refiro como uma vantagem injusta é a vantagem competitiva que você ganha por meio da educação financeira. Essas são lições que, como pais, podemos aplicar e nos beneficiar também. Os exemplos de aprendizagem duradouras que você definir em sua casa e em sua família trarão a seu filho uma vida de recompensas e os colocará no caminho para uma vida rica.

Vantagem Injusta #1:

A Habilidade de Transformar Seu Dinheiro e Sua Vida

Como você já sabe, existem três tipos de renda. São elas:

- Ordinária
- Portfólio
- Passiva

A maioria das pessoas saí da escola e vai trabalhar por renda ordinária, o rendimento mais tributado dos três.

Quando uma pessoa economiza dinheiro, em uma conta poupança, CDB ou previdência privada, ela está trabalhando por renda ordinária. É preciso inteligência financeira para converter renda ordinária ou de carteira para renda passiva.

Uma revisão, em termos simples, dos padrões mais típicos de rendimentos seria:

- **O pobre trabalha por renda ordinária**.

- **A classe média trabalha principalmente por renda de portfólio**. Isso inclui os ganhos de capital, aumento de valor em sua casa, investimentos no mercado de ações e contas de aposentadoria.

- **O rico trabalha por renda passiva**. Isso significa fluxo de caixa, quer trabalhem ou não.

Quando eu era criança, eu costumava assistir ao programa de TV *A Família Buscapé*. O programa era sobre um homem pobre que ao dar um tiro em um coelho descobriu petróleo. Ele ficou rico com o "ouro negro" e mudou-se para Beverly Hills e aprendeu a se adaptar a um estilo de vida milionário e glamoroso.

Ter renda passiva é como achar petróleo em seu quintal. O dinheiro continua fluindo enquanto o petróleo (ou ativo) continuar a fluir. Se você perfurar mais poços, mais petróleo ou dinheiro fluirá para seus bolsos.

Eu gosto de interpretar a história da galinha dos ovos de ouro como um conto de fadas sobre renda de portfólio e renda passiva. Se você comer a galinha, é renda de portfólio... ganhos de capital. Se você mantiver a galinha, você terá mais ovos de ouro ou renda passiva, na forma de fluxo de caixa.

Pergunta: Por que é importante saber como transformar sua renda?

Resposta: Porque depois de 1971, o dinheiro já não está mais atrelado ao ouro. Hoje os bancos centrais de todo o mundo estão imprimindo trilhões de dólares, o que significa que seu dinheiro vale cada vez menos.

Ser capaz de transformar o seu dinheiro significa que você estará mais capacitado para acompanhar a desvalorização do dinheiro que você ganha.

Quando um jovem adulto aprende a transformar a sua renda, ele transforma sua vida de pobre para classe média e, depois, para a riqueza. Em vez de trabalhar por dinheiro, eles poderiam achar petróleo em seus cérebros. Isso é o que Steve Jobs, Walt Disney e Thomas Edison fizeram.

A palavra educação vem da palavra *educe*. *Educe* significa tirar, não colocar. Infelizmente, o nosso sistema de ensino não está interessado em descobrir o gênio financeiro de seu filho. Eles querem colocar mais coisas nele. E, na maioria dos casos, esse "material" programa seu filho para ser um empregado por toda vida.

Vantagem Injusta #2:

A Habilidade de Ser Mais Generoso

A principal razão para haver tanta ganância no mundo pode ser encontrada na Hierarquia das Necessidades de Maslow, no segundo nível: segurança.

Com uma educação financeira sólida, o seu filho terá uma melhor chance de alcançar o quinto nível de Maslow, a autorrealização. Na autorrealização, a criança se torna mais generosa, doando ao invés de tomar.

Enquanto eles se sentem inseguros ou incertos financeiramente no nível dois, permanecerão necessitados, o que muitas vezes os leva a se tornarem gananciosos.

O Rei do Rock and Roll

Quando eu era criança, algumas histórias de generosidade de Elvis Presley fizeram notícia. Em uma história, uma mulher admirou seu anel de diamante. Com um sorriso, ele tirou seu anel e deu a ela.

> ### *A Lição do Pai Rico*
>
> *Os governos de hoje estão ativamente desvalorizando o poder de compra de seu dinheiro, imprimindo mais dinheiro. Os governos querem fazer com que os produtos produzidos em seu país fiquem mais barato. Se os salários sobem e o dinheiro fica forte, os produtos se tornam mais caros nos mercados globais, e as exportações caem.*
>
> *Salários mais baixos significam que podemos exportar mais produtos que, por sua vez, mantêm mais trabalhadores empregados. Mais pobres, mas empregados.*
>
> *É por isso que o seu filho precisa saber como transformar sua renda, especialmente renda ordinária, em renda de carteira ou renda passiva.*

Ele claramente acreditava em compartilhar suas bênçãos com os outros e doou a muitas pessoas e muitas instituições de caridade. Suas escolhas beneficiárias eram diversificadas e ele nunca mostrou preferência por idade, raça ou credo. Ele enxergava apenas a necessidade. Há um filme chamado *200 Cadillacs* que documenta sua generosidade.

De acordo com a Hierarquia das Necessidades de Maslow, Elvis chegou ao topo da pirâmide. Ele alcançou o topo por meio da partilha de seus dons, de seus talentos como artista e quanto mais doou, mais recebeu.

Há um ditado que meus amigos mórmons me ensinaram: "Deus não precisa receber, mas os seres humanos precisam doar." Deve ser por isso que a fé mórmon é tão poderosa. Eles não só pregam o dízimo, eles praticam o dízimo. É um requisito.

A palavra *dízimo* vem da palavra dez e isso significa dar de volta 10% do que você ganha.

Muitas pessoas dizem: "Eu vou dar o dízimo, quando eu tiver o dinheiro." O motivo de eles não terem dinheiro é porque eles não pagam o dízimo.

Vantagem Injusta #3:

Menos Impostos

Quanto mais generoso você for, menor seus impostos. Isso pode ser um pouco simplificado, mas é preciso, em princípio.

Como indicado nas partes um e dois deste livro, as leis fiscais são diretrizes do governo. Se você fizer o que o governo quer que seja feito, o governo oferecerá incentivos e estímulos fiscais.

A maioria das pessoas tem apenas uma casa. O governo oferece incentivos fiscais àqueles que fornecem moradias acessíveis. Na mesma linha, o governo oferece incentivos fiscais às pessoas que criam empregos. A maioria das pessoas saí da escola à procura de um emprego.

A maioria das pessoas busca sair das dívidas. O governo quer que as pessoas se endividem e oferece vantagens fiscais para quem usa dívidas. Isso porque o dinheiro agora é dívida. Se as pessoas pararem de usar dívidas, a economia não cresce. A maioria das pessoas consome mercadorias como alimentos e petróleo. O governo oferece incentivos fiscais àqueles que *produzem* alimentos e petróleo.

Quem Paga Mais Impostos?

A educação financeira pode dar ao seu filho uma vantagem injusta sobre os impostos, se eles forem generosos e usarem seus recursos e riqueza para apoiar a economia e ajudar o governo com o que o país precisa... imóveis, empregos, produtos ou serviços específicos.

Vantagem Injusta #4:

Uso de Dívidas para Ficar Rico

Depois de 1971, o dinheiro tornou-se dívida, uma promissória dos contribuintes.

Como pais, vocês já sabem que as nossas escolas não ensinam os alunos sobre dinheiro ou débito. A maioria dos jovens saí da faculdade, cheio de dívidas com empréstimos escolares e cartões de crédito. Depois que casam, eles aumentam suas dívidas com hipotecas, pagamentos de carro e dívidas de consumo.

Com a educação financeira, seu filho vai aprender que há dívida boa e dívida ruim. Dívida boa torna as pessoas mais ricas e dívidas ruins as empobrecem.

Desde que dívida é o novo dinheiro, a educação financeira vai ensinar às crianças a se tornarem mais ricas usando dívida. Elas não têm que viver suas vidas dizendo "eu não posso pagar isso" ou "eu não tenho dinheiro".

Ao aprender a usar dívida para adquirir ativos como imóveis, a criança aprende a ser mais generosa para escolher algum tipo de investimento que atenda a uma necessidade da sociedade, como o oferecimento de habitação a preços acessíveis. Quando fazem isso, elas ganham renda passiva e pagam menos e menos impostos.

Vantagem Injusta #5:

Expanda Suas Receitas

Quase todos os quase especialistas na área financeira recomendam "Gaste menos do que você ganha". Isso é realmente um mau conselho para aqueles com educação financeira. Além disso, quem quer viver aquém das suas possibilidades? Há muitas coisas maravilhosas na vida para serem apreciadas. Em minha opinião, viver aquém das suas possibilidades mata o seu espírito.

Quando um jovem sai de casa, as despesas o atinge como um soco na cara. Sem o apoio dos pais, as despesas, como aluguel, alimentação, vestuário, transporte e entretenimento, os oprimem – assim como seus salários. Caso viajem ou façam compras ou surgir uma emergência, apelam novamente para os cartões de crédito. Agora eles têm uma despesa adicional: o pagamento dos juros exorbitantes dos cartões de crédito.

Se eles se casam, isso pode significar duas rendas e dois podem viver pelo mesmo preço de um, ou seja, até que o primeiro bebê chegue. Quando a criança chega, o apartamento de um quarto fica muito pequeno e as discussões sobre a compra da primeira casa ficam mais intensas.

Sem educação financeira, eles acreditam que "Nossa casa é um ativo e nosso maior investimento". Como essa enganação financeira se espalhou pelos bancos e agentes imobiliários, o jovem casal dá o salto e compra sua primeira casa, muitas vezes mais cara do que eles podem pagar.

Com uma nova casa, os gastos aumentam. Eles agora precisam de móveis, eletrodomésticos e um carro. Se surge uma emergência, como problemas de um vazamento no telhado ou com o carro, o uso de um cartão de crédito resolve o problema.

Eles dizem a si mesmos: "Nós precisamos viver com menos do que ganhamos" e, então, trabalham mais para se virem livre das dívidas. Livrar-se de dívida de consumo é uma boa ideia. O problema é que, sem educação financeira, poucas pessoas fazem ideia de que o uso de dívida para a aquisição de ativos que geram fluxo de caixa poderia expandir suas receitas.

Sem educação financeira, a maioria das crianças sai de casa e entra na Corrida dos Ratos em que seus pais estão. Eu falo com pais de todo o mundo e eu sei que eles querem mais para seus filhos.

A Corrida dos Ratos

Como diz o ditado, "O problema com a corrida dos ratos é que os ratos estão ganhando".

Muitos planejadores financeiros recomendam iniciar um fundo para pagar a educação universitária de seu filho. Nos Estados Unidos, eles são chamados de Planos 529. Embora a ideia, o *contexto*, seja boa, o governo exige que o conteúdo do Plano 529 esteja principalmente em fundos de investimentos, a maneira mais cara e ineficiente de economizar dinheiro. Esse é outro exemplo da pilhagem legalizada de Basitat, outro exemplo de como as grandes corporações criam leis que enviam mais dinheiro a seus bolsos.

Como Vencer os Ratos

Ao invés de fazer o que os ratos lhe dizem para fazer, aprenda a vencê-los. E a maneira de fazer isso é por meio da expansão das suas receitas, em vez de viver com menos do que você ganha.

Ensinar ao seu filho a expandir suas receitas dá a ele uma vantagem injusta.

Como Expandir as Receitas

Eu adoro carros. Se eu tivesse mais garagens, eu teria mais carros. O problema é que os carros são passivos. Minha solução para a compra de mais carros é expandir minhas receitas, comprando antes do carro um ativo e, depois, deixar que o fluxo de caixa desse ativo pague minhas dívidas.

Vou usar um exemplo simples sobre o qual já escrevi em um livro anterior.

Anos atrás, um raro Porsche conversível estava à venda. O preço era 50.000 dólares. Eu tinha o dinheiro. Meu problema era que, se eu comprasse o Porsche, estaria comprando um passivo e perdendo meus 50.000. Quando eu falei com Kim sobre isso, ela não me disse

> **Dinheiro e Felicidade**
>
> *"A pessoa que disse 'O dinheiro não faz você feliz' era maníaco-depressivo", disse Pai Rico.*

para não comprar o Porsche. Ela simplesmente disse: "Compre um ativo que compre o Porsche."

Dei o negociante 5.000 dólares para segurar o Porsche por 90 dias.

Levei algum tempo, mas eu finalmente encontrei um negócio de miniarmazenamento no Texas e comprei com os 50.000 dólares e um empréstimo do banco. O fluxo de caixa dos aluguéis do miniarmazém mais do que cobriram os pagamentos mensais do meu Porsche.

Hoje, tenho o Porsche, e está quitado. Uma vez que foi pago, eu usei o fluxo de caixa do miniarmazém para comprar outros brinquedos. Há alguns anos, nós vendemos o miniarmazém e investimos os ganhos, impostos diferidos, em um complexo de apartamentos. Ao invés de nos fazer mais pobres, o Porsche nos fez mais ricos. Eu usei o mesmo processo quando eu comprei o meu Bentley.

Esse é um exemplo de *expansão das suas receitas e de fazer seus ativos comprarem os seus passivos.* Kim e eu seguimos esse processo religiosamente.

Outro exemplo é a nossa casa de praia. Antes de comprar nossa casa de praia, no Havaí, passamos alguns anos comprando mais apartamentos de aluguel. O fluxo de caixa dos apartamentos, nossos ativos, paga a nossa casa de praia, um passivo. Ao invés de passivos tornando-nos mais pobres, a criação de ativos para comprar nossos passivos nos torna mais ricos.

Viver com menos do que se ganha não faz a maioria das pessoas feliz. Os luxos da vida são para serem apreciados. Em vez de viver abaixo das suas possibilidades, ensine a seus filhos a buscarem uma vida boa e enriquecer. Deixe que os sonhos de luxo deles lhes deem a ambição e os incentivos para avançar.

Se seus filhos adotarem precocemente esse processo, baterão os ratos e a Corrida dos Ratos. Só é preciso um pouco de educação financeira para aprender a ter seus ativos comprando seus passivos, que podem ser uma poderosa vantagem injusta.

Em outras palavras, até mesmo passivos o tornam mais ricos, se você comprar antes os ativos que pagarão por eles.

Vantagem Injusta #6

Aumente Sua Inteligência Emocional

Quando eu adquir meu primeiro Porsche ao comprar primeiro ativos que gerassem fluxo de caixa, estava jogando *Banco Imobiliário*® na vida real. Começando com pequenas casas verdes, Kim e eu lentamente passamos a comprar propriedades maiores, propriedades como o miniarmazém.

A razão para que maioria das pessoas não siga esse processo é a falta de inteligência emocional.

Anteriormente neste livro, eu introduzi uma lista das Inteligências Múltiplas de Gardner. Como uma revisão, estou listando-as aqui.

1. **Verbo-linguística**
2. **Lógico-matemática**
3. **Corpo-cinestésica**
4. **Espacial**
5. **Musical**
6. **Interpessoal**
7. **Intrapessoal**

Inteligência emocional é muitas vezes chamada de "inteligência sucesso".

Uma indicação de alta inteligência emocional é a *gratificação adiada*. Uma das razões por que tantas pessoas estão em dificuldades financeiras é porque elas querem gratificação instantânea. A maioria das pessoas correria e compraria o Porsche ou um Prius, a crédito, usando dívida ruim.

Ao ensinar a seu filho a comprar ativos primeiro e depois usá-los para comprar seus passivos, você estará aumentando a inteligência de sucesso da criança.

> ### *Por que o dinheiro não o faz rico?*
>
> *Parece impossível que atletas multimilionários possam falir. No entanto, a revista* Sports Illustrated *descobriu que, após dois anos de aposentadoria, 78% dos jogadores da liga americana de futebol, a NFL, estão falidos ou sob estresse financeiro. Como isso pode ser possível?*
>
> *Há muitos fatores que contribuem para que os que ficam ricos repentinamente se tornem pobres novamente. Hábitos horríveis de gastos excessivos, investimentos ruins, generosidade e pagamento de pensões alimentícias podem colocar o atleta mais rico na fileira dos pobres.*
>
> *E não é apenas na liga de futebol: em cinco anos de aposentadoria, cerca de 60% dos ex-jogadores da liga de basquete, a NBA, também quebraram.*

Vantagem Injusta #7:

Entender os Diferentes Caminhos para a Riqueza

Há muitos caminhos para se tornar um milionário. Alguns são:

- Você pode se casar por dinheiro, mas todos nós sabemos que tipo de pessoa faz isso.

- Você pode ganhar na loteria. A loteria é para perdedores, porque sem os milhões de perdedores não haverá vencedores.

- Você pode ganhar em programas de TV do tipo *Quem Quer Ser um Milionário?*. Quem concebeu esse tipo programa deve ser um estudante "A". Apenas um aluno "A" poderia pensar que saber as respostas certas faria alguém rico. Muito poucas pessoas tornam-se ricas por saber as respostas certas. A maioria das pessoas fica milionária por errar primeiro e aprender com esses erros – muitos, muitos erros.

- Você pode se tornar um atleta profissional. O problema é que muitos atletas profissionais estão falidos cinco anos após a aposentadoria. Se eles perdem os seus milhões, fica mais difícil fazer dinheiro à medida que envelhecem.

- Você pode se tornar um milionário por ser financeiramente inteligente.

Diferentes Tipos de Milionários

Muitas pessoas afirmam ser milionários. Quando ouço isso, a minha primeira pergunta é: "Que tipo de milionário é você?" A seguir estão os diferentes tipos de milionários.

- ### O milionário com patrimônio líquido

  Antes da crise do *subprime*, em 2007, havia muitos milionários com patrimônio líquido. Por exemplo, a sua casa era avaliada em três milhões de dólares e você devia 1,7 milhões. Isso significa que seu patrimônio líquido era de 1,3 milhão, o que o tornava um milionário com patrimônio líquido.

  Depois da crise, a casa agora vale metade do valor, ou seja, 1,5 milhões, o que significa que eles não são mais milionários, porque a casa agora vale menos do que a hipoteca.

Muitos investidores em ações estão nessa categoria. Eles têm milhões em ações, mas muito pouco fluxo de caixa advindo de seus investimentos. Eles são milionários só no papel.

- **O milionário com renda líquida**
  Muitos CEOs, médicos, advogados, atletas profissionais, estrelas de cinema e artistas são milionários de alta renda líquida. Isso significa que eles ganham mais do que um milhão de dólares por ano. O problema para esse tipo de milionário são os impostos. A maioria está nas faixas mais altas de impostos.

- **O milionário por herança**
  Este grupo é muitas vezes chamado de "clube dos espermatozoides sortudos". Eles nasceram em uma família rica. O problema para este grupo é manter o dinheiro. A fortuna da família geralmente acaba na terceira geração. O avô que criou a fortuna passou o dinheiro, mas não conseguiu passar o conhecimento necessário para preservar e fazer crescer esse dinheiro.

- **O milionário de fluxo de caixa**
  Um milionário de fluxo de caixa é uma pessoa que ganha um milhão de dólares ou mais por meio de seus investimentos... sem trabalhar. Uma das grandes coisas sobre ser um milionário de fluxo de caixa é que tanto as dívidas quanto os impostos trabalham a seu favor. Dívida e impostos trabalham contra os outros tipos de milionários.

Eu sabia que minha melhor chance de ser um milionário era ser um milionário de fluxo de caixa. Eu sabia que não tinha nenhum talento excepcional, como cantar, atuar ou talentos esportivos. A partir dos nove anos de idade, sabia que tinha que encontrar meu caminho para o sucesso. É por isso que eu amei o jogo *Banco Imobiliário*. Eu sabia que podia fazer aquilo. Começando pequeno, com pequenas casas verdes, a construção de ambos minha coluna de ativos e minha confiança. Eu jogo *Banco Imobiliário,* hoje, na vida real.

Ao discutir o dinheiro com o seu filho, é importante discutir os diferentes tipos de milionários e que tipo poderia ser melhor para eles. A possibilidade de se tornar um milionário pode inspirá-los a aprender, estudar e trabalhar para alcançar o seu sonho. Seus sonhos são importantes, porque, como Pai Rico disse: "Seus dons e talentos são deslumbrados em seus sonhos."

Você pode dar ao seu filho uma vantagem injusta, inspirando-os a prosseguir os seus sonhos, em vez de um emprego estável. Lembre-se de que a palavra *inspirar* vem da palavra *espírito*. Se você despertar o espírito de seu filho, seus dons e talentos podem emergir.

Vantagem Injusta #8:
Proteja Seus Ativos

Muitas pessoas nas classes pobres e médias têm orgulho em dizer "A minha casa está no nome" ou "Meu carro está no meu nome". É o chamado orgulho de propriedade.

Os ricos, por outro lado, não querem nada em seu nome. Os ricos protegem seus ativos através de pessoas jurídicas.

Os ricos usam essas entidades jurídicas legais para proteger-se de dois tipos de predadores e suas duas estratégias:

1. Governo (impostos)

2. Pessoas (processos judiciais)

Se você ou seu filho está pensando em ficar rico, é importante ter pessoas jurídicas já legalizadas antes de você ficar rico. Se você é rico, mas não tem essas entidades no lugar, você pode perder tudo.

Proteção Contra Predadores

Existem dois tipos de predadores.

Um deles é o governo. Sem uma entidade para protegê-lo, você vai pagar mais e mais impostos. O outro é o povo... hienas humanas, predadores de duas pernas.

Como eu compartilhei anteriormente neste livro, minha vida era tranquila até a fama e a fortuna me colocarem no centro das atenções. Minha grande visibilidade (juntamente com a minha propensão por chamar as coisas pelos nomes que merecem) trouxe atenção indesejada e fez da minha esposa e de mim alvos de grandes processos financeiros. Desde 2000, já fomos processados várias vezes.

A lição aqui está: se você quer que seu filho seja rico, ensine a ele sobre proteção de ativos antes de se tornar rico. Como diz o ditado, "Você não pode comprar o seguro de acidente depois de ter um acidente".

Vantagem Injusta #9

Aposentar-se jovem

Warren Buffett alertou que a próxima crise da aposentadoria será uma crise maior do que a crise das hipotecas *subprime*.

Com os *baby boomers* ao redor do mundo se aposentando, eles podem encontrar a tempestade perfeita de mentiras, incompetência e dissimulação que transformará seus anos dourados em um abismo negro. Os bancos centrais do mundo podem ser chamados a socorrer os fundos de pensão e os planos de aposentadoria.

Para as milhões de pessoas que se aposentam, o problema provavelmente será muito tempo e dinheiro insuficiente. Em outras palavras, eles sabem quanto dinheiro da aposentadoria eles têm, mas não sabem quanto tempo viverão. Com a inflação em alta, muitos ficarão sem dinheiro antes do esperado.

O melhor plano para a opção do seu filho de "aposentadoria precoce" é começar a educação financeira em idade precoce. Começando enquanto ele ainda é jovem e incutindo a aprendizagem de lições e de valores duradouros, dará a seu filho a vantagem injusta de uma aposentadoria precoce, se assim ele preferir. A educação financeira é um passo crítico na preparação para o futuro, um futuro que lhe dará a liberdade de escolher como quer navegar pela vida. Com uma base de educação sobre dinheiro e investimentos, seu filho não precisará trabalhar a vida toda, como muitos *baby boomers* em breve estarão fazendo.

Em 1994, Kim e eu nos aposentamos. Ela tinha 37 anos e eu tinha 47. Uma razão para nos aposentarmos tão cedo foi testarmos nossos investimentos. Caso estivéssemos errados e nossos investimentos fracassassem, ainda éramos jovens o suficiente para nos recuperarmos de nossos erros. Felizmente, nossas estratégias de investimento funcionaram muito bem, especialmente após o teste de estresse da crise de 2007.

O cenário da previdência não é nada bom. Quarenta e nove dos 50 estados americanos têm programas previdenciários que são deficitários. Além dessa bagunça, a assistência social está quebrada.

Até o ano 2020, a crise da previdência emergirá na forma de uma crise mundial. Os anos dourados para os *baby boomers* não serão tão dourados. Num futuro próximo, poderemos ver de três a quatro gerações de uma família vivendo sob o mesmo teto.

Vantagem Injusta #10:

Uso da Lei da Compensação

A Lei da Compensação diz que: serei cada vez mais recompensado à medida que a minha experiência aumenta. Em outras palavras, quanto mais competente eu fico, mais eu ganho. Por exemplo, nos esportes profissionais, novatos começam com salários mais baixos. Se eles continuarem a melhorar com a experiência, seus salários sobem. Se não melhorar, muitas vezes são cortados do time.

Uma razão pela qual essa crise financeira será uma crise de longo prazo é porque milhões de jovens desempregados não estão passando por experiências profissionais valiosas. Essa crise está criando uma geração perdida, porque eles estão desempregados justamente em sua terceira janela de aprendizagem, com as idades entre 24 e 36 anos.

Você pode dar ao seu filho uma vantagem injusta, ensinando-lhes a buscar mentores e estarem dispostos a trabalhar de graça, em troca de experiência. Foi isso que eu fiz. Eu aprendi mais trabalhando de graça para o Pai Rico do que na escola. Acredito que trabalhar de graça é a razão de eu estar financeiramente livre hoje.

Você ficaria surpreso com a quantidade de pessoas bem-sucedidas que estão dispostos a ensinar a próxima geração. As pessoas de sucesso sabem que quanto mais doam, mais recebem. A maioria das pessoas malsucedidas não sabe, ou não acredita, que isso é verdade. Hoje existem muitos programas de tutoria disponíveis para os jovens.

As principais habilidades que aprendi com meu Pai Rico foram aquelas requeridas pelos quadrantes D e I. São elas:

- Saber levantar capital

- Saber liderar pessoas

- Saber criar empresas

- Saber usar dívida para ganhar mais dinheiro

Minha História

Em 1974, trabalhei com a *Xerox Corporation*, em Honolulu, para aprender a vender. Foi o meu primeiro emprego de verdade como adulto. Por dois anos eu lutei para superar minha timidez e meu medo de rejeição, o tempo todo me preocupando com a possibilidade de ser demitido. Depois de quatro anos, eu fiquei consistentemente entre os cinco melhores representantes de vendas da Xerox, em Honolulu. Embora eu estivesse fazendo um monte de dinheiro, eu sabia que era hora de me mover do quadrante E para o quadrante D e começar um negócio que estava tomando forma em minha mente. Era o negócio das minhas carteiras de nylon e velcro para surfistas, um empreendimento que a princípio foi muito rentável, mas não depois. Ainda que o fracasso tenha sido doloroso e o prejuízo financeiro foi extremo, eu sabia que estava ganhando experiência nos quadrantes D e I. Eu tinha 28 anos e estava na minha terceira janela de aprendizagem quando saí da Xerox para o quadrante D. Foi um salto de fé, um salto que dei muitas vezes desde então. A maioria dos empresários é especialista em saltos de fé.

Trabalhar para Aprender

Trabalhei na Xerox para aprender a vender. Como um capitalista novato, eu sabia que meu trabalho principal era aprender como levantar capital. Hoje, esse ainda é o meu trabalho mais importante. Se você perguntar a qualquer empresário, eles vão lhe dizer a mesma coisa. Seu principal trabalho é levantar capital dos clientes, dos investidores e do trabalho dos funcionários.

Donald Trump e eu recomendamos empresas de marketing de rede para obter as mesmas habilidades e experiências. Sabemos que, se você pode vender, lidar com a rejeição e desenvolver suas habilidades de liderança, você terá uma excelente oportunidade de sucesso nos quadrantes D e I. A Lei da Compensação se aplica à indústria do marketing de rede. Mas muitas pessoas desistem muito cedo, e deixam de aprender algo significativo com a experiência.

Hoje, a Lei de Compensação ainda é válida. Para mim, os anos lutando nas salas de aula dos quadrantes D e I valeram a pena. Minha vantagem injusta foi que meu Pai Rico passou anos me preparando para o processo. Você pode fazer o mesmo para o seu filho.

Duas Profissões

Hoje é mais importante do que nunca que o seu filho tenha pelo menos duas profissões – uma para ele e outra para o dinheiro dele. Para mim, a minha profissão é o ensino, mas o ensino no quadrante D ao contrário do quadrante E, onde você encontrará a maioria dos professores. A profissão do meu dinheiro no quadrante I são empresas, imóveis, propriedade intelectual, petróleo, ouro e prata.

Talento de Outras Pessoas

Habilidades de liderança são importantes para os empresários. Eu aprendi muito sobre liderança na escola militar, no Maine, nos esportes coletivos e em meus negócios.

Seu filho pode ganhar habilidades de liderança em muitos aspectos. Eles aprendem essas habilidades cada vez que participam de uma atividade em grupo. A primeira coisa que devemos aprender é ser um bom seguidor... antes que de sermos um bom líder. Muitas pessoas, especialmente aquelas no quadrante A, querem ser bons líderes, mas são seguidores terríveis.

Muitos estudantes "A" não têm essa habilidade, por isso eles tendem a se tornar médicos e advogados no quadrante A.

Dinheiro de Outras Pessoas

Se você sabe como usar dívida – ou seja, DOP (Dinheiro de Outras Pessoas) – para comprar seus ativos, seus retornos podem ser infinitos. Isso será abordado mais detalhadamente na Parte IV deste livro, no capítulo intitulado *Seja o Banco Central*. Como você deve saber, o governo oferece incentivos fiscais significativos se você usar DOP. Essa é outra vantagem injusta que a educação financeira pode dar a seus filhos.

Esse uso de DOP é feito em todo o mundo. As maiores empresas e os edifícios mais altos são todos construídos com DOP. Basta dizer que os capitalistas do mundo usam DOP para ficar rico.

Lembre-se, o fluxo de caixa é assim:

Quando Es e As depositam dinheiro no banco e outros agentes financeiros, a instituição financeira move esse dinheiro. Enquanto Es e As são aconselhados a *estacionar* o seu dinheiro, Ds e Is estão sempre movimentando seu dinheiro. Isso porque dinheiro estacionado, dinheiro que não está trabalhando ativamente por você, é um passivo para Ds e Is.

O Es e As do mundo são as OPs, as outras pessoas, que fornecem o trabalho e fornecem o dinheiro, por meio de suas contas de poupança e planos de aposentadoria. Quando você aconselha seu filho a "ir para a escola, conseguir um emprego, poupar dinheiro e investir em um plano de previdência", você está aconselhando seu filho a ser uma OP, empregada e usada pelos Ds e Is.

O objetivo do sistema de ensino é produzir OPs. Se você não quer que seu filho seja uma OP no mundo do dinheiro, então cabe a vocês, como pais, darem a seu filho uma educação financeira em casa.

Conclusão

Quadrantes São Salas de Aula

Lembre-se de que cada quadrante é uma sala de aula diferente que ensina habilidades diferentes. Ensine a seus filhos cedo sobre os quadrantes, para que eles possam preparar-se para suas salas de aula do futuro.

Quadrantes São Mais Importantes que Profissões

Lembre-se também de que o quadrante é mais importante que a profissão. Embora eu nunca tenha sonhado ser um professor, especialmente quando eu fui reprovado, eu sou um professor hoje. Mas eu sou um professor nos quadrantes D e I, não nos quadrantes E e A. A diferença é que eu faço dinheiro, tanto quanto eu quero, pagando muito pouco (legalmente) em impostos, e não preciso de um salário ou uma pensão.

Ao dar a seu filho estas 10 vantagens injustas, eles ganham outras vantagens na vida.

Vantagens Financeiras de uma Educação Financeira:

- Ganhar mais dinheiro
- Manter mais de seu dinheiro
- Proteger mais seu dinheiro

Vantagens Espirituais de uma Educação Financeira:

- Mais paz de espírito
- Mais generosidade
- Mais controle sobre sua vida

Agora, vamos à pós-graduação. Isso está na Parte IV, no capítulo *Seja o Banco Central.*

Passos Iniciais de Ação para os Pais

Explique a seu filho por que aprender sobre dinheiro dará a ele uma vantagem injusta na vida

Educação não é sobre a igualdade. Educação não é sobre ser justo. Uma razão para que os pais coloquem tanta importância na educação de seus filhos é porque eles sabem que ela tem o poder trazer vantagens na vida. A educação financeira é uma parte importante do que ensinar a seu filho e ela dá a seu filho uma vantagem especial, injusta. Eles estarão aprendendo coisas que a maioria das crianças não aprende, coisas que não são ensinadas nas escolas.

Aproveite o tempo para explicar os diferentes tipos de renda e por que entender as diferenças entre elas é muito importante. Se for apropriado para a idade, você pode ajudá-los a ligar os pontos entre receita ordinária e impostos, como foi discutido no capítulo 13.

Dado que muito poucas escolas têm qualquer tipo educação financeira, se você como pai tiver a oportunidade de transformar sua casa em uma sala de aula, crie suas Noites de Educação para a Riqueza como um ambiente que acolhe perguntas e observa cada um dos desafios da vida ou seus contratempos.

Com a criação de um ambiente de aprendizagem ativa em sua casa, você estará dando a seu filho uma enorme – e injusta – vantagem. Com uma sólida educação financeira, seu filho terá a liberdade de seguir seus sonhos. Você abre a porta para a possibilidade de que eles possam nunca precisar de um emprego ou de um salário.

ESCOLA DE PÓS-GRADUAÇÃO PARA CAPITALISTAS

Por que não Imprimir Seu Próprio dinheiro?

INTRODUÇÃO

O sonho de muitos empreendedores é iniciar um negócio e "levá-lo a público". Levar a público significa vender partes da empresa, através de uma oferta de ações, para o público. Isso é o que Steve Jobs e Mark Zuckerberg fizeram quando a Apple e o Facebook abriram o capital. Quando eles levaram a público as empresas começaram a funcionar as máquinas de impressão, a impressão de milhões de ações de suas empresas. Eles se tornaram bilionários.

Para muitos empresários, a venda de ações de suas empresas para o público é a sua *graduação* na escola de pós-graduação. Seu presente de formatura é que você pode agora – legalmente – imprimir o seu próprio dinheiro. Isso também significa que você pode não precisar pedir dinheiro emprestado. Você pode imprimir mais dinheiro através da emissão de mais ações da sua empresa e vender as ações para o público. É como ter o seu doutoramento em capitalismo.

O dia 9 março de 2004 foi um dos dias mais felizes da minha vida. Uma empresa que comecei com alguns amigos se tornou pública na Bolsa de Valores de Toronto. A empresa era uma mineradora na China, com um comprovado corpo de minério de ouro no valor de cinco bilhões de dólares.

Embora o meu sonho tenha se realizado, minha educação continuaria. Quando o governo chinês percebeu a quantidade de ouro que tinha sido descoberto, o jogo começou. Durante as negociações, um funcionário público de alto nível nos disse que nós teríamos que fazer algumas pessoas "felizes" se quiséssemos permanecer no negócio. Após cinco anos de negociações infrutíferas fomos confrontados com uma escolha: fazer algo ilegal ou vender. Vendemos nossas ações e nos afastamos do negócio que estávamos construindo desde 1997.

Eu não culpo o governo chinês ou o povo chinês. Corrupção burocrática é encontrada em países de todo o mundo. A corrupção existe em qualquer lugar em que o dinheiro está mudando de mãos.

Minha experiência na China me lembra do que meu Pai Rico disse: "Os burocratas só sabem gastar dinheiro. Eles não sabem como fazer dinheiro. Se eles soubessem como fazer dinheiro, eles seriam capitalistas." Ele também disse: "Nos países capitalistas, os capitalistas são ricos. Nos países socialistas e comunistas, os burocratas são ricos."

Nos Estados Unidos, muitos burocratas estão se tornando ricos. Isso não é um bom sinal. É um sinal de crescente corrupção, em minha opinião, por causa das falhas no nosso sistema educacional.

Nas seções de abertura deste livro, citei o livro do Dr. Frank Luntz, *What Americans Really Want...Really*:

"Assim, como equipar uma geração de norte-americanos para o sucesso em empreendedorismo. Esqueça os MBAs. A maioria das escolas de negócios ensina a ser bem-sucedido em uma grande corporação (um burocrata), em vez de como começar a sua própria empresa."

Mais uma vez, sua pesquisa descobriu que:

- 81% dos americanos dizem que as universidades e escolas de ensino médio devem ativamente desenvolver habilidades empreendedoras nos estudantes.

- 70% dizem que o sucesso e a saúde da economia americana dependem disso.

Concordo com o Dr. Luntz. Muitos professores são empregados. Como eles podem ensinar as crianças sobre empreendedorismo? E se o professor saiu do mundo empresarial, é mais provável que ele seja um capitalista administrador, um burocrata que nunca começou um negócio a partir do zero, muito menos levou-o a público, através de uma oferta de ações.

Minha preocupação é que nossas escolas estão produzindo burocratas em massa e com diplomas avançados. Se isso continuar, não só vai aumentar a corrupção, mas mais empresários podem optar por deixar o país.

É por isso que eu acredito que a educação financeira para o seu filho é importante. Precisamos de empreendedores. Precisamos de pessoas que ao se tornarem adultas iniciem negócios, criem empregos e aprendam a imprimir seu próprio dinheiro.

Formas de Imprimir Seu Próprio Dinheiro

Começar um negócio e abrir o capital é uma forma de imprimir seu próprio dinheiro.

Outra forma popular é chamada de negociação técnica no mercado de ações, utilizando estratégias de negociação, como compra e venda de opções, além de outras. Como acontece com qualquer novo plano de investimento ou estratégia, eu sempre recomendo educação e prática – muita prática – antes de fazer a coisa real.

Você não tem que estar no mercado de ações para imprimir dinheiro. Toda vez que eu escrevo um livro, eu estou imprimindo meu próprio dinheiro. Eu imprimo ainda mais dinheiro quando eu licencio os direitos para editoras internacionais que traduzem e publicam meus livros em outras línguas. Esse dinheiro chega de maneira regular, via pagamentos de *royalties* – de todos os cantos do mundo.

Há maneiras de uma criança começar a desenvolver seus próprios caminhos neurais para imprimir dinheiro. Aqui estão cinco exemplos simples:

1. Quando uma criança monta uma barraca para vender limonada e troca essa limonada por dinheiro, ela está imprimindo o próprio – uma forma própria de dinheiro conhecida como *vende-se limonada.*

2. Quando um grupo de crianças se reúne para montar uma peça de teatro, os ingressos que elas vendem são outra maneira de imprimir o próprio dinheiro.

3. Se uma banda de garagem produz um CD de sucesso, a venda dos CDs é a sua maneira de imprimir o próprio dinheiro. Quando sair em turnê e vender ingressos, eles estarão imprimindo ainda mais dinheiro.

4. Quando uma pessoa cria um aplicativo para um aparelho de telefone ou *tablet* e recebe o rendimento de dinheiro cada vez que ele é baixado, o aplicativo é sua maneira de imprimir dinheiro.

5. Vender biscoitos, como fazem as bandeirantes, é uma lição importante na impressão de dinheiro... e no pensar como um capitalista generoso.

Minha conclusão é a seguinte: pode-se ensinar e incentivar em casa a impressão do próprio dinheiro. Você não precisa de burocratas do governo para ensinar seu filho essa lição. Aliás, ter um *burocrata acadêmico (um empregado)* ensinando empreendedorismo é algo como eu tentando ensinar seu filho a ser um neurocirurgião. Os resultados poderiam ser *prejudiciais* ao cérebro.

Há muitas maneiras de um pai ensinar a criança a imprimir o próprio dinheiro e que vão desde as mais simples até muito complexas. Uma pessoa se limita apenas pela própria imaginação.

Um guia de estudo, *Awaken Your Child's Financial Genius* (*Desperte o Gênio Financeiro de Seu Filho*), foi criado para complementar este livro. Esse guia irá ajudá-lo no processo de ensinar a seu filho as lições de dinheiro e como ser um capitalista que sabe como imprimir o próprio dinheiro. Uma vez que a criança aprende a imprimir o próprio dinheiro, ela pode nunca precisar de um emprego. Se trabalhar, será porque quer trabalhar. Isso é um presente incrível que qualquer pai pode dar a seu filho.

Você pode dar ao seu filho uma vantagem enorme em casa apenas incentivando-o a fazer uma limonada ou conseguir um emprego no McDonalds. O McDonalds é um ótimo lugar para aprender a ser um empreendedor que, um dia, imprimirá o próprio dinheiro.

Uma Grande Escola de Negócios

Muitas pessoas fazem piadas sobre "virar" hambúrgueres no McDonalds. Isso porque a maioria das pessoas estão no quadrante E.

O McDonalds é uma das melhores escolas de negócios para aqueles que querem ganhar o próprio dinheiro nos quadrantes A ou D.

Quando um jovem me pergunta como ele pode ganhar experiência de negócios do mundo real, sugiro que arranje um emprego de meio período no McDonalds e aprenda seus sistemas. O McDonalds, sem dúvida, tem um dos melhores sistemas de negócios do mundo.

Eu sugiro que eles trabalhem em todas as posições possíveis, do caixa à cozinha, de zelador a, se possível, gerente. Em um pequeno espaço de varejo, um jovem pode ganhar uma experiência completa em negócios, em muitos departamentos diferentes, que irá prepará-lo para o próprio negócio.

Trabalhar no McDonalds dará experiência em 80% dos diferentes setores que compõem um negócio. Se eles trabalharem para uma empresa tradicional, talvez ganhem experiência em um departamento, como contabilidade, mas não ganham experiência em outros departamentos.

Se olharem o McDonalds com uma mentalidade do quadrante E, o pagamento é terrível. Se olharem com uma mentalidade dos quadrantes A ou D, passarão por uma experiência de trabalho de valor inestimável.

Para os fanáticos em saúde, eu não estou recomendando a comida do McDonalds, eu estou recomendando seus sistemas de negócios. Como Pai Rico disse: "A maioria de nós pode fazer um hambúrguer melhor do que o McDonalds, mas muito poucos de nós podem construir um negócio melhor."

Lembre-se da lição do Pai Rico, "não é a profissão... é o quadrante". Hoje, eu sou um professor nos quadrantes D e I, por isso faço mais dinheiro do que a maioria dos professores. Ensinar nos quadrantes D e I é como eu imprimo meu próprio dinheiro.

A quarta e última parte deste livro se concentra em como a educação financeira pode ensinar a você e a seu filho "a ser o Banco Central", para imprimir o seu próprio dinheiro, pagando menos impostos, fazendo coisas boas, sendo mais generoso e protegendo você e sua família, em vez de ser esmagado pelo aumento da inflação, o aumento dos impostos e maior pobreza na turbulência financeira iminente.

Porque
os Ricos
Não Trabalham
Por Dinheiro

SEJA O BANCO CENTRAL

Antes da crise de 2007, suspeito que relativamente poucas pessoas tinham conhecimento do *Fed*, o Federal Resorve – o banco central americano. Antes de 2007, o Fed era uma instituição obscura que exercia poder silencioso sobre os Estados Unidos e a economia mundial. Apesar de muitas pessoas já terem ouvido falar do Fed, o seu papel e como ele funciona ainda é um mistério para muitos.

O objetivo definido do Fed é "promover eficazmente os objetivos de pleno emprego, preços estáveis e taxas moderadas de juros de longo prazo".

Obviamente, o Fed está tendo problemas para fazer o seu trabalho. Uma razão para que os EUA tenham déficits de múltiplos trilhões de dólares é porque ele está falhando. Em vez de resolver os problemas subjacentes, o Fed imprime mais e mais dinheiro.

As Razões

Hoje, mesmo as pessoas sem-teto estão cientes do Fed, e cartazes com "Acabem com o Fed" apareceram em muitos acampamentos cheios de pessoas desabrigadas. Durante o movimento Ocupem Wall Street (*Occupy Wall Street*), que começou em 17 de setembro de 2011, em Zuccotti Park, perto de Wall Street, em Nova York, havia muitos sinais exigindo o término do Fed. Hoje muitas pessoas sabem que o Federal Reserve não é federal, não é um banco e não tem reservas. Não é nem mesmo americano, é propriedade das pessoas e bancos mais ricos em todo o mundo. O Fed tem o poder de imprimir dinheiro, mesmo que o presidente do Fed, Ben Bernanke, negue que isso ocorra.

O que o Fed faz é escrever cheques, do nada, para comprar títulos do tesouro dos EUA e outros ativos para evitar que a economia entre em colapso. O dinheiro, então, flui para os maiores bancos e para a economia. O Fed, por sua vez, coleta juros sobre os títulos, juros pagos pelos contribuintes. O que acontece com o dinheiro que o Fed coleta? Essa é a pergunta de um trilhão de dólares.

Em 2009, Ron Paul, candidato presidencial e ex-deputado do Texas, escreveu um livro intitulado *End the Fed* (Acabem com o Fed). Ele tem sido um crítico e opositor do Fed há anos. Paul vê o Fed como uma organização quase criminosa, um cartel composto pelos maiores bancos privados do mundo. Embora concorde com Ron Paul e acredite que o mundo seria melhor sem os bancos centrais, eu opto por não gastar meu tempo com protestos. Eu prefiro aumentar minha inteligência financeira e, olhar para o Fed a partir da borda da moeda, do ponto de vista que me permite ver os dois lados. Ao olhar para os dois lados, eu posso perceber que o Fed faz muita coisa boa, apesar de muitos o enxergarem como danoso.

Apesar de eu entender ambos os lados do argumento, fico animado ao ver o nível elevado de consciência que as pessoas estão tendo, mesmo os sem-teto agora protestam contra o Fed.

Quando eu estava no colégio, durante a década de 1960, o presidente Lyndon B. Johnson lançou seus programas da *Grande Sociedade*, que levou à criação de programas sociais, entre eles o Medicare. A *Grande Sociedade* foi projetada para salvar os pobres. Os programas da *Grande Sociedade* se expandiram sob as presidências republicanas de Richard Nixon e Gerald Ford, com uma expansão ainda maior durante o mandato do presidente George W. Bush, quando enfrentou desafios na reeleição.

Minha História

Agora temos o Obamacare, que pode vir a ser a pior de todas as políticas presidenciais. Acho que muitos concordam que o Obamacare é mais do que apenas saúde. É sobre dinheiro e poder. Há leis escritas no plano que não tem nada a ver com saúde e tudo a ver com a passagem de mais poder ao governo à custa de maior invasão em nossas vidas privadas. Não é de estranhar que, nos últimos meses, as palavras socialismo e comunismo são mais e mais ouvidas na grande mídia.

Salvar a Classe Média

Durante a corrida presidencial de 2012, a retórica de campanha de ambos, o presidente Obama e Mitt Romney, prometiam "salvar a classe média". Eu me perguntava: "O que aconteceu com salvar os pobres?"

Será que o Fed tornou a vida mais fácil para os pobres e a classe média, ou mais difícil? Uma coisa parece certa: o Fed tem definitivamente melhorado muito a vida dos ricos.

Infelizmente, poucos políticos têm a coragem de combater o Fed. Em vez de assumir o Fed, nossos líderes políticos falam sobre "flexibilização quantitativa". Isso é desculpa para o Fed "imprimir dinheiro".

À Beira do Precipício

Nas últimas semanas de 2012, o governo dos EUA estava envolvido em uma batalha entre republicanos e democratas. O noticiário estava repleto de histórias sobre "a beira do precipício fiscal". Um lado falava sobre corte de gastos e o outro lado sobre aumentar a tributação dos ricos. Em minha opinião, a razão para a divergência é porque eles sabem que não podem resolver os nossos problemas. Os políticos sabem que não têm esse poder. Eles podem até saber o que têm que ser feito, mas não têm coragem de fazer.

Assim, os legisladores, "chutando o balde" mais uma vez, colocam curativos nas feridas financeiras dos Estados Unidos, e o problema é empurrado para a próxima geração de legisladores e cidadãos americanos. Isso é o que Franklin Delano Roosevelt fez. Ele criou a previdência e assistência social e outros programas socialistas durante a depressão passada. Suas soluções, juntamente com o programa do presidente Lyndon B. Johnson, o Medicare, são os problemas de hoje. Goste ou não, nós começamos a caminhar para a beira do "precipício fiscal" há muito tempo.

Durante a última depressão, dez acampamentos de famílias sem-teto ficaram conhecidas como "*Hoovervilles*", batizadas com o nome do presidente Herbert Hoover. Se a história serve de guia, mais flexibilização quantitativa, mais impressão de dinheiro para resolver os nossos problemas, significará mais milhões de desabrigados.

Embora concorde com Ron Paul para "acabar com o Fed", eu escolho usar a educação financeira de meu Pai Rico, que é: *Seja o Fed*. Como meu Pai Rico costumava dizer: "A melhor maneira de ajudar os pobres é não ser um deles." Ele também disse: "Quanto mais você tenta ajudar as pessoas pobres, mais pobres aparecem." Em vez de os governos imprimirem mais e mais dinheiro, Pai Rico acreditava em ensinar as pessoas a pescar para imprimir o próprio dinheiro.

No capítulo seguinte, você vai aprender a ser o banco central, em vez de acabar com o banco central.

Passos Iniciais de Ação para os Pais

Ensine a seus filhos formas de imprimir o próprio dinheiro.

Uma vantagem em ser pobre e depois trabalhar para o Pai Rico (que nada me pagou) era que eu tinha de aprender a usar a minha cabeça para descobrir maneiras de fazer o meu próprio dinheiro.

Diz-se que "A pobreza leva à criatividade". Como eu contei em *Pai Rico, Pai Pobre*, comecei a "fazer dinheiro" derretendo velhos tubos de creme dental e fazendo moedas de chumbo. Na academia da marinha mercante, eu fiz dinheiro extra pegando velas antigas de veleiros e costurando carteiras de nylon coloridas. Dado que carteiras de couro apodrecem quando expostas aos elementos da natureza, as carteiras de nylon foram bem recebidas pelos marinheiros.

A questão é, não ter dinheiro me tornou criativo para encontrar formas de imprimir o meu próprio dinheiro. Eu faço o mesmo, hoje, com os livros que escrevo, com os jogos que desenvolvo e as nossas empresas educacionais, como a empresa Pai Rico, bem como com investimentos em imóveis para locação e petróleo. Com a sua ajuda, seu filho pode fazer o mesmo.

COMO EU IMPRIMO MEU PRÓPRIO DINHEIRO

A seguir está o processo que eu uso para imprimir meu próprio dinheiro. Fiz o que pude para torná-lo o mais simples possível. Receio não ter feito um bom trabalho, uma vez que não é um processo simples.

Peço a você que faça o melhor possível para seguir a minha explicação. Se você não compreender totalmente, não se preocupe, a maioria das pessoas não compreende. Se você quiser entender mais, sugiro que você se junte a um amigo, alguém que também quer aprender e ler minhas palavras e discutir o processo.

Quando quero aprender algo novo, eu me reúno com amigos e discutimos diferentes assuntos de interesse como um grupo. Como dizem: "Duas cabeças pensam melhor que uma." E se você quer aprender a imprimir seu próprio dinheiro, mais mentes pensarão melhor que uma.

A melhor maneira para eu aprender é com colaboração. E é por isso que eu me cerco de uma equipe de assessores inteligentes e experientes.

Infelizmente, na escola, isso é chamado de cola.

As Razões

Parece que nunca falha, sempre quando eu explico o processo de *ser o banco central*, alguém vai se levantar e dizer: "Você não pode fazer isso." Minha resposta é sempre a mesma: "Talvez você não possa fazer isso, mas eu posso. Eu faço isso todos os dias." Em termos mais precisos: criei veículos – investimentos, propriedade intelectual e ativos – que colocam dinheiro no meu bolso, mês após mês e ano após ano, continue eu a trabalhar ou não. Isso é "ser o banco central"... ou imprimir o seu próprio dinheiro.

Desnecessário dizer que, na verdade, nem *todos* podem ser *o banco central*, mas existem alguns passos que podem melhorar sua situação financeira. Algumas sugestões:

1. Seja um empreendedor: possua seu próprio negócio
2. Monte uma equipe de consultores, advogados, contadores e outros empreendedores
3. Entenda como usar a dívida
4. Entenda as leis fiscais
5. Desenvolva alta inteligência emocional
6. Estabeleça padrões elevados para práticas jurídicas, éticas e morais
7. Seja um investidor imobiliário
8. Seja um investidor em *commodities*
9. Dedique tempo à educação financeira e coloque o que você aprender em prática
10. Desenvolva comunicação e habilidades com as pessoas

Minha História

Deixe-me contar como eu criei o meu próprio banco central...

Ao voltar do Vietnã, em 1973, eu não sabia se poderia me sair bem no mundo do Pai Rico. Eu tinha, ao menos, uma compreensão básica dos 10 requisitos listados anteriormente, as diretrizes do Pai Rico para o que era importante em seu mundo. Eu sabia que segurança no emprego e um salário fixo *não* estavam em sua lista. E eu entendia o porquê. Aos 25 anos, eu sabia que o processo não seria fácil.

Embora eu não gostasse da escola, eu queria aprender a ser um capitalista. Essa foi a minha vantagem. Eu queria aprender – e como você sabe, o *desejo* de aprender é a chave para a aprendizagem.

Ao estudar o que seria necessário para percorrer o caminho empresarial que eu tinha escolhido, percebi que eu estava começando mais um capítulo da minha vida. Assim como a escola de voo foi um processo, um processo de transformação que se parecia muito com o da lagarta se transformando em borboleta. Quando voltei do Vietnã, sabia que estava prestes a entrar em uma fase de transformação nova, assim como a escola de voo tinha sido.

Isso eu sabia desse novo processo: não haveria mais empregos estáveis, nem salário fixo, ninguém para me pegar se eu caísse. Como na escola de voo, poderia haver um acidente, uma queda, queimaduras e morte no processo de me tornar um empreendedor.

A seguir estão alguns pontos importantes para serem mantidos em sua mente, antes que eu revele como ser o banco central.

Ponto #1: Três Tipos de Receitas

Anteriormente neste livro eu escrevi sobre os três tipos de renda. Para rever, são eles:

1. ordinária
2. portfólio
3. passiva

Os três tipos de rendas são muito importantes. Eles são a razão básica para que o presidente Obama tenha pagado cerca de 20,5% de impostos sobre seus 3 milhões de dólares em renda e Mitt Romney ter pagado 14% sobre 21 milhões. Como nós vimos em um capítulo anterior, o presidente trabalha por renda ordinária e Romney foca em renda de portfólio.

Creio que uma das razões para que Steve Jobs levasse apenas um dólar de salário por ano era porque ele não queria renda ordinária. Ele estava focado em renda de carteira e passiva.

A maioria das pessoas só conhece a renda ordinária. Para ser bem-sucedido no processo de *ser o banco central* é preciso conhecimento de trabalho em todos os três tipos de renda.

Ponto #2: Quatro Tipos de Dinheiro

A fim de compreender o processo de *ser o banco central*, é importante primeiro entender a história do dinheiro e os quatro tipos diferentes de dinheiro.

Os quatro tipos de dinheiro são:

1. moeda-mercadoria (ou moeda-*commodity*)
2. moeda de reserva (ou papel-moeda)

3. moeda de reserva fracionária

4. moeda fiduciária (ou *fiat money*)

A crise financeira em que estamos atolados foi causada por moeda fiduciária, também conhecida por *fiat money*, que é o dinheiro que não é atrelado a ouro ou prata, mas sim à promessa do governo. (E eu não tenho certeza se quero olhar para o histórico do governo com relação ao cumprimento de promessas.) O Fed e os bancos centrais de todo o mundo imprimem dinheiro *fiat*. O processo para se tornar o banco central requer uma reversão da história. O processo começa com a capacidade de imprimir o seu próprio dinheiro *fiat* e usar esse dinheiro para adquirir ativos reais, como empresas, imóveis e poços de petróleo. Então, com o fluxo de caixa desses ativos, você adquire mais ativos reais, como imóveis e moeda-mercadoria, como ouro e prata. Isso é o que os capitalistas fazem.

Lições da História do Dinheiro

1. *Commodities*

Milhares de anos atrás, os primeiros tipos de dinheiro eram *commodities*: ouro, prata, sal, conchas e pecuária. A palavra pecúlio (dinheiro acumulado) é derivada da palavra latina *pecus* (cabeça de gado) e a palavra capital (patrimônio) vem do latim *capita* (cabeça).

Quando um proprietário de gado deixava seu gado com o banqueiro como garantia para um empréstimo, o banco estava autorizado a manter os bezerros, como pagamento de juros. Em termos financeiros, a frase "em espécie" significa: pagar de volta com a mesma coisa. Anos atrás, isso significava pagar de volta os juros com bezerros. Hoje isso significa pagar os juros com dinheiro.

Quando as mercadorias são usadas como dinheiro, *escambo* é a palavra que descreve o processo de troca.

2. Moeda de Reserva (papel-moeda)

O segundo tipo de dinheiro é o dinheiro de reserva ou papel-moeda. Quando um comerciante viajava pelo deserto para comprar mercadorias do exterior, em vez de transportar ouro, o que era perigoso, o comerciante depositava seu ouro ou gado com um banqueiro, alguém em quem confiava para a custódia.

A pessoa de confiança emitiria uma nota em papel afirmando que havia ouro ou gado em sua custódia. O comerciante viajava pelo deserto e pagava suas compras com essa nota, que ficou conhecida por um tempo como moeda de reserva ou papel-moeda.

3. Moeda de Reserva Fracionária

Não demorou muito para que o banqueiro, a quem fora confiado os objetos de valor, percebesse que o comerciante não precisava, de fato, do ouro ou de seus objetos de valor.

A maioria dos clientes do banqueiro era mais feliz com as *notas*, os pedaços de papel ou notas promissórias, do banqueiro confiável. As notas eram mais leves, dobráveis, melhor para viajar e representavam menos risco do que o transporte de sacos de ouro.

Uma luz se acendeu na cabeça do banqueiro e ele começou a emprestar *reservas fracionárias* das notas. Isso significava que, se um banqueiro tinha $1.000 em ouro em seus cofres (dos depositantes), ele poderia emprestar $10.000 em reservas fracionárias das notas de outros devedores e cobrar juros, em espécie. Com a introdução do dinheiro de reservas fracionárias, os bancos começaram a imprimir dinheiro.

Quando isso aconteceu, a oferta monetária expandiu, assim como a prosperidade. Nesse exemplo, a reserva fracionária era 10. Isso significava que havia $10 em circulação, para cada moeda de ouro no banco. Todo mundo estava feliz... a não ser, é claro, se os poupadores viessem a querer seu dinheiro de volta, ao mesmo tempo. Hoje, quando todos os poupadores querem seu dinheiro de volta, ao mesmo tempo, chamamos de *corrida ao banco*.

Em 2008, depois que o Lehman Brothers faliu, o presidente George Bush assinou a lei TARP, Programa de Alívio para Ativos Problemáticos, tentando fazer o melhor possível para evitar que o pânico gerasse uma corrida aos bancos.

Essa é a forma como a economia global entrou em endividamento de trilhões de dólares. Governos de todo o mundo tinham imprimido trilhões de dólares, ienes, euros e pesos para evitar uma corrida global ao sistema bancário. Os banqueiros foram pegos emprestando dinheiro que não tinham.

4. Moeda Fiduciária (também conhecia como *Fiat Money*)

Em 1971, quando o presidente Richard Nixon retirou o dólar do padrão-ouro, o dólar se tornou moeda fiduciária. Esse é o tipo de dinheiro que hoje alimenta a economia mundial. Moeda fiduciária é dinheiro que um governo declara ser dinheiro. A definição da palavra *fiat* é "decreto".

Em termos simples, o governo liga uma máquina de imprimir e transforma um pedaço de papel em dinheiro. Hoje em dia, isso pode ser feito eletronicamente. Eles nem precisam mais de papel.

Duas coisas acontecem quando mais dinheiro *fiat* é impresso:

- Os impostos sobem
- A inflação sobe

Imprimir dinheiro é, essencialmente, uma dupla tributação sobre os pobres e a classe média. É por isso que o fosso entre ricos e todos os outros cresce cada vez mais. É também por isso que o primeiro capítulo de *Pai Rico, Pai Pobre* afirma, "Os ricos não trabalham por dinheiro." Por que alguém trabalharia por dinheiro *fiat*?

Imprimir moeda fiduciária pode ser bom para a economia... por pouco tempo. A moeda fiduciária mantém os salários baixos e mantém os produtos que produzimos menos caros para que possamos exportar mais. Se os governos não desvalorizassem sua moeda fiduciária, os produtos se tornariam mais e mais caros, o desemprego aumentaria e a agitação social fermentaria. Dinheiro *fiat* também significa que o governo paga a sua dívida com dólares mais baratos. E isso significa que o governo arrecada mais impostos à medida que os rendimentos sobem alcançando as alíquotas mais elevadas de impostos, mesmo que o *valor* do dinheiro esteja caindo.

Quando saí do Corpo de Fuzileiros Navais, em 1973, 25.000 dólares por ano era considerado um bom salário de classe média. Hoje, isso é considerado, nos EUA, renda de nível de pobreza.

Se continuarmos imprimindo moeda fiduciária, logo 250.000 dólares será a renda do nível de pobreza e um filão de pão custará 50 dólares. Isso já aconteceu muitas vezes na história. As pessoas ganham mais, mudam para faixas de alíquotas mais altas, que pagam mais impostos... apenas para se tornarem mais pobres.

É por isso que *ser o banco central* é importante. Você quer imprimir tanto dinheiro quanto possível, o seu próprio dinheiro *fiat*, pagar tão pouco em impostos quanto legalmente possível, adquirir mais e mais ativos. Esses ativos produzirão mais moeda fiduciária e, eventualmente, voltam a ser moeda-mercadoria, ou ouro e prata.

Esse é o processo que os ricos utilizam. Esse processo é a razão por que os ricos estão ficando mais ricos enquanto que os pobres e a classe média continuam a ter dificuldades e tornam-se mais e mais pobres. Os ricos não trabalham por dinheiro(*fiat*), mas os pobres e a classe média sim.

Posso me Tornar o Banco Central?

Depois de sair do corpo de fuzileiros navais, trabalhei na Xerox, durante o dia, para aprender a vender e comecei com as minhas empresas durante a noite e nos fins de semana. Fazia o melhor possível para conseguir dar um passo na lista de metas que tinha para me tornar o banco central, para me tornar um empreendedor. Eu sabia que, se eu me tornasse um empreendedor no quadrante D, eu poderia fazer muito mais dinheiro do que se eu estivesse nos quadrantes E ou A.

Minha vida foi uma série de sucessos e fracassos. Meu primeiro grande sucesso se deu com as carteiras de nylon e velcro para surfistas, um negócio que em breve fracassou, me deixando com uma dívida de quase um milhão de dólares. Eu paguei a dívida, indo para a indústria do *rock and roll*, e produzindo produtos licenciados para bandas como Duran Duran, Pink Floyd e The Police. Meu sucesso rápido no *rock and roll* foi logo seguido pelo fracasso. Embora eu soubesse que cada fracasso estava me deixando mais experiente, a dor do fracasso era excruciante.

É por isso que a inteligência emocional e a educação espiritual são vitais para o processo de aprendizagem. Muitas vezes eu quis desistir e muitas vezes eu quis trapacear, mentir ou roubar, mas eu fiquei firme no meu caminho e enfrentei cada dia e cada problema como mais uma chance de me tornar mais inteligente, ganhar mais experiência e desenvolver caráter moral, ético e legal.

Com o tempo, consegui vencer. Mas talvez não tivesse conseguido sem minha esposa Kim e grandes amigos. Muito parecido com a escola de voo, um processo de transformação. Hoje eu *tenho* o meu próprio banco central.

A seguir, o que faço para ser o banco central:

1. Imprimo meu próprio dinheiro fiduciário

Em 1996, Kim e eu abrimos a empresa Pai Rico. Arrecadamos 250.000 dólares de investidores. Uma vez que a empresa estava em funcionamento e bem, pagamos os investidores de volta com juros (em espécie).

Hoje, a empresa imprime seu próprio dinheiro (*fiat*), ao operar em mais de 55 países com uma receita bruta da ordem de milhões de dólares e criar empregos ao redor do mundo.

Todo dinheiro que entra é *retorno infinito*, uma vez que todo o dinheiro que foi originalmente investido no negócio, o dinheiro dos nossos investidores e o nosso, já foi reembolsado. Um retorno infinito é o mesmo que imprimir dinheiro, assim como os bancos centrais fazem. Todos os anos,

> ## Por que os Bancos Amam os Devedores
>
> *No sistema bancário moderno, para cada $ 1 que você coloca no banco, o banco está autorizado a emprestar múltiplas vezes seu dinheiro, conforme determinado – digamos quatro vezes. Quando eu invisto em imóveis, eu ajudo o banco a emprestar dinheiro para mim. Lembre-se, o seu $ 1 em poupança é passivo do banco. Quando eu pego dinheiro emprestado, os meus $ 4 em dívida é ativo para o banco.*
>
> *De onde vem os adicionais $ 4? Do nada. É como os bancos imprimem dinheiro. É o sistema de reservas fracionárias. O sistema permite que os bancos emprestem mais dinheiro do que eles têm em depósito, mas eles devem manter uma fração, neste caso, um quarto do total de depósitos, portanto: reservas fracionárias. Se não houver ninguém emprestando, os bancos não querem suas economias, porque elas custam dinheiro ao banco. No auge da crise financeira, os poupadores estavam despejando dinheiro em bancos. Quando os bancos não podiam mais emprestar, alguns bancos começaram a cobrar juros dos poupadores para manter o dinheiro deles seguro.*

nós projetamos novos produtos e, mais uma vez, mais dinheiro entra. Se a empresa Pai Rico fechar, o dinheiro ainda fluirá dos nossos licenciamentos de livros e jogos.

2. Invisto no mercado imobiliário usando moeda de reserva fracionária

O mercado imobiliário é um grande investimento, porque os banqueiros amam o mercado imobiliário. É muito mais fácil conseguir um empréstimo imobiliário do que um empréstimo para empresas. Investir em imóveis é usar dinheiro de reservas fracionárias. Para cada dólar que invisto em imóveis, como prédios ou propriedades comerciais, o banco me empresta mais cinco dólares. Assim, a proporção é de 1:4.

> ### Você Pode Fazer Isso
>
> *Sempre que eu explico como imprimimos nosso próprio dinheiro, encontro alguém que diz: "Você não pode fazer isso" ou "Você não pode fazer isso no meu país".*
>
> *Eu os asseguro que isso é feito em todos os países do mundo. Minha resposta é: "Talvez você não possa, mas alguém no seu país está fazendo isso. Essa é a forma como as leis funcionam em quase todos os países do mundo livre. A próxima vez que você vir um grande edifício de escritórios, ou um hotel, ou um projeto residencial lembre-se que as pessoas que possuem esses grandes edifícios estão fazendo isso." Como eles estão fazendo isso?*

Eu chamo o dinheiro de reserva fracionária de *elevação de um para cinco*, porque amplio a minha fonte de dinheiro pessoal em 500%. Alguns chamam de *alavancagem*. Outros de DOP. Para outros é dívida, que para alguns é uma palavra muito boa.

Nosso objetivo é pegar de volta nosso dólar, nosso dinheiro *fiat*. Isso significa que nós vamos de uma relação de capital-dívida de 1 para 4, para uma proporção de 0 para 5. Uma relação dessas significa que nada do meu dinheiro está na propriedade e a dívida está financiada 100%, com o dinheiro do banco. Emprestando nosso um dólar, mudamos de moeda de reserva fracionária para moeda fiduciária. O imóvel está imprimindo nosso dinheiro, com 100% de dinheiro do banco. Com nada de nosso dinheiro no investimento, novamente obtemos um retorno infinito, o que significa imprimir 100% de moeda fiduciária.

A Lei da Compensação

Em 1973, depois de três dias do seminário imobiliário, eu comprei meu primeiro imóvel por 18.500 dólares. Eu dei 10% de entrada, ou 1.850 dólares, usando meu cartão de crédito. Esse foi o meu primeiro investimento 100% financiado.

Em 2005, Kim, eu e os nossos parceiros Ken McElroy e Ross McAllister montamos nosso primeiro investimento de milhões de dólares, 100% financiado. Kim e eu colocamos um milhão como nosso pagamento de entrada. Reformamos a propriedade e acrescentamos novos apartamentos. Os aluguéis subiram e, com base da renda adicional gerada, o banco refinanciou nosso empréstimo. (Em pequenos investimentos imobiliários, os bancos emprestam dinheiro de acordo com a capacidade financeira do investidor. Em investimentos imobiliários maiores, os bancos emprestam dinheiro com a força financeira da propriedade, mais do que a do investidor.) Com o novo empréstimo sobre a propriedade, Kim e eu recebemos o nosso investimento de um milhão de dólares de volta, livre de impostos, porque era dívida. (Se fosse receita ordinária, eu teria pagado cerca de 500.000 dólares em impostos estaduais e federais.)

Hoje, ainda sou proprietário do imóvel. Ele está 100% financiado pelo banco e eu ainda recebo fluxo de caixa mensal, renda passiva que é tributada à taxa de imposto mais baixa. O banco é nosso parceiro porque forneceu 100% do dinheiro investido, mas nós recebemos 100% da valorização, amortização e depreciação. O banco nos deu de volta o investimento de um milhão de dólares, que foi reinvestido em outros projetos de apartamento, repetindo-se o processo. É por isso que eu amo os bancos. Eles são os melhores parceiros, contanto que você seja um bom parceiro para eles. O

> ### Como o Dinheiro Muda de Quadrante
>
> *Quando eu ganho dinheiro no quadrante D, imediatamente invisto mais no quadrante I. Eu faço isso para minimizar ainda mais os impostos sobre a renda do quadrante D.*
>
> *Se eu gastasse o meu dinheiro do quadrante D, eu não seria tão rico e pagaria mais impostos.*
>
> *Por exemplo, se eu ganho 100.000 dólares no quadrante D, vou querer investir em um projeto imobiliário ou um projeto de petróleo e gás. Não só adquiro mais ativos, como ganho mais fluxo de caixa, e novamente reduzo os meus impostos.*

sistema tributário também é um grande parceiro, porque estamos fazendo o que o governo quer que seja feito, que é a contratação de pessoas, o uso de dívidas e fornecimento de habitação.

Os princípios fundamentais do meu primeiro investimento em 1973 e dos investimentos que Kim e eu fazemos hoje são os mesmos. Somente o número de zeros no valor das transações mudou. Este é um exemplo da Lei de Compensação em ação, a lei que declara que quanto mais a educação e experiência aumentam, mais aumenta a sua compensação.

Enquanto tivermos nosso próprio dinheiro no investimento, o fluxo de caixa que recebemos é dinheiro de reservas fracionárias. No momento em que todo o nosso dinheiro é devolvido, através do financiamento de 100% da dívida, o fluxo de caixa que recebemos é pura moeda *fiat*. Nós somos o banco central.

Bancos São os Melhores Sócios

Quando se trata de parceiros de investimento, os bancos são os melhores. Os bancos colocam a maior parte ou todo o dinheiro e eu mantenho todos os lucros – bem como as vantagens fiscais, amortização, valorização e desvalorização. A maioria dos parceiros quer participação nos lucros e benefícios fiscais, mas os bancos não.

Se as palavras amortização, valorização e desvalorização são os novos termos que não estão em seu vocabulário financeiro, vá para o glossário ao final do livro. Também se comprometa a falar com um

A Velocidade do Dinheiro

A maioria das pessoas, especialmente Es e As, estaciona seu dinheiro na poupança, em apólices de seguros, ou em contas de previdência. Ds e Is emprestam esse dinheiro e mantêm o dinheiro se movendo através da aquisição de ativos para, em seguida, obter de volta o dinheiro que investiram naquele ativo para investir em outro ativo, e assim repetidamente.

Sua motivação é que eles recebem cada vez mais renda e pagam cada vez menos impostos. Isso é porque eles fazem o que o governo quer que seja feito. Eles criam postos de trabalho, moradia, alimentação, combustível e usam dívida para ganhar mais dinheiro.

Em termos simples: Es e As estacionam seu dinheiro. Os Ds e Is mantêm o dinheiro em movimento. Em termos financeiros, manter em movimento o dinheiro significa adquirir mais ativos. Isso é conhecido como "a velocidade do dinheiro".

preparador de impostos ou um profissional em tributos para explicar esses termos importantes em maior detalhe.

3. Eu converto fluxo de caixa em moeda de *commodity*

Muitos dos chamados especialistas chamam o ouro de uma relíquia rudimentar do passado. Eles estão corretos. É uma relíquia que tem sobrevivido milhares de anos.

Muitas pessoas estão comprando ouro e prata para converter sua moeda fiduciária em dinheiro-mercadoria. O problema é que ao fazer isso eles não adquirem ativos que geram fluxo de caixa. Seu dinheiro *fiat* vai direto para o cofre ... como relíquia primitiva do passado. Isso não é bom para a sociedade nem para a economia, pois fica estacionado em cofre, sem nada fazer.

Ao ser o Fed, eu imprimo meu dinheiro *fiat* e adquiro ativos – como empresas, imóveis e poços ativos de petróleo – que servem à sociedade, bem como produzo fluxo de caixa. Com o nosso dinheiro extra eu compro ouro e prata. Não guardamos dinheiro falsificado, *fiat*.

Dado que o dólar dos EUA já não é dinheiro real, mas sim uma moeda corrente que está se desvalorizando, não faz sentido para mim poupar dólares. Se precisarmos de dólares – dinheiro vivo – então, o ouro e a prata são líquidos e podem ser rápida e facilmente convertidos de volta em dólares.

Por ser o Fed, eu reverto a história do dinheiro. Eu começo com moeda fiduciária e volto para a moeda-mercadoria.

Dois Pais

Tive a sorte de ter duas figuras paternas em minha vida. Eles foram meus melhores professores. Eu aprendi mais com eles do que eu aprendi na escola. Do meu Pai Pobre, aprendi a importância e o valor do estudo. Do meu Pai Rico, eu aprendi o poder da generosidade.

Com nove anos de idade, jogando Banco Imobiliário, minha educação no mundo dos alunos "C" – os estudantes do capitalismo – começou. É um mundo que muitos estudantes "A", acadêmicos, ou estudantes "B", burocratas, raramente veem.

Uma coisa se tornou claro para mim à medida que me tornei adulto: de maneira geral, a vida é mais do que as notas da escola. É sobre escolher o que se deve estudar.

Passos Iniciais de Ações para os Pais

Explore e experimente o mundo real do dinheiro com seus filhos

Como pai, é importante ensinar a criança a agir e aprender fazendo.

E quando se trata de aprender sobre dinheiro, boas formas de se fazer isso é realizar passeios pelo mundo real. O dinheiro é parte de quase todas as decisões que tomamos: o que fazer para o jantar, onde abastecer o carro e como pagar por atendimento odontológico.

Aqui estão alguns exemplos:

- Leve seu filho ao mercado... e discuta o orçamento familiar e quanto custa para alimentar sua família.

- Leve-o para um escritório de compra e venda de imóveis... analisem uma propriedade de investimento e discutam como avaliar uma oportunidade de investimento desse tipo.

- Leve-os para uma loja de vendas de moedas de ouro e prata... e explique como os preços são determinados e que o ouro e a prata podem ser um bom investimento.

- Leve-os para o escritório de um planejador financeiro ou uma corretora de valores... e deixe-o ouvir a conversa.

- Use situações da vida real da família e problemas como oportunidades de aprendizagem.

Na casa de meu Pai Pobre, problemas de dinheiro nunca foram discutidos nem erros financeiros foram admitidos. Para o meu Pai Pobre, admitir que tivesse problemas ou que cometia erros significava que ele era estúpido ou um fracassado. Em outras palavras, ele trouxe sua cultura da escola para dentro da nossa casa. Na casa do meu Pai Rico, problemas de dinheiro e até mesmo erros relacionados ao dinheiro eram oportunidades de aprendizagem.

Quando problemas ou erros relacionados ao dinheiro ocorrerem em sua casa, discuta e traga novas informações, deste livro ou de outras fontes, e busque o conhecimento do outro lado da moeda. Ao procurar conhecer o outro lado da moeda, você estará ensinando a seus filhos a aumentarem sua inteligência em todos os aspectos da vida.

Meu Pai Pobre acreditava que saber a resposta certa era suficiente. Para ele, saber que Colombo descobriu a América em 1492 era suficiente. Meu Pai Rico acreditava que conhecimento era ação, você poderia fazer o que soubesse. Meu Pai Rico preferia aprender a ser o próprio Colombo, a memorizar a data das suas viagens.

Como o Cone de Aprendizagem nos lembra, *fazer a coisa real* e *simular* – ambas orientadas para a ação e experimentação – não apenas é mais divertido, mas mais memorável.

Quem Está Ensinando Seu Filho a Pescar?

CONSIDERAÇÕES FINAIS

A casa é uma sala de aula... o lugar mais importante para uma criança aprender. As bases para a vida são construídas em casa. Infelizmente, milhões de crianças crescem em lares que não são ambientes saudáveis nem incentivadores. Muitas crianças são criadas em ambientes de abuso, de drogas, mentiras, ódio, preconceitos e vícios. E esses são garotos ricos. As crianças pobres crescem em um ambiente ainda mais difícil de pobreza.

Eu escrevi este livro para os pais, porque os pais são os professores mais importantes de uma criança. Mesmo se um pai não tiver educação formal, ainda assim pode incentivar a aprendizagem. Mesmo que tenha sofrido abuso ou negligência, ainda pode abraçar seu filho e fazê-lo sentir-se seguro e amado. O amor é algo que todos temos de doar, não custa dinheiro nenhum e pode estar em todas as casas, ricas ou pobres.

Este livro é o livro mais importante que já escrevi, porque eu sabia que apenas os pais que realmente amam seus filhos e estão preocupados com sua educação – e seu futuro – iriam lê-lo. Eu fiz o melhor que pude para manter as coisas simples.

Eu não posso enfatizar o suficiente a importância de compreender os três lados de cada moeda, a importância de ver as coisas a partir de múltiplas perspectivas e estar aberto a outros pontos de vista. Os pais podem aumentar a inteligência de seus filhos, ensinando-lhes a ter uma visão geral das coisas, mais do que um mundo de certo ou errado.

Eu tenho enfatizado a importância da generosidade sobre a ganância e tenho tentado explicar como o código tributário de muitos países acaba recompensando a generosidade. Eu compartilhei minha crença de que a educação é um processo contínuo, em vez de uma nota ao final de um semestre, e que aprender com nossos erros é como fomos projetados para aprender.

Mantendo o Passo da Mudança

Existem muitas causas para a crise financeira que o mundo enfrenta. A falta de educação financeira em nossas escolas é apenas uma delas. Outra causa importante da crise econômica é um conceito conhecido como *aceleração da aceleração* ou aceleração da mudança. Dito de outra forma, uma razão para que as escolas falhem com os alunos é simplesmente porque o sistema escolar não pode manter o ritmo com a mudança. Nosso sistema de educação atual foi fundado na Era Agrária, marginalmente atualizado para a Era Industrial, e incapaz, em minha opinião, de atender às crianças de hoje que vivem em um ritmo acelerado, uma Era da Informação em constante mudança.

Em um mundo de aceleração da aceleração, o que é novo hoje pode estar obsoleto em menos de dois anos. A boa notícia é que a maioria das crianças está preparada para acompanhar essa aceleração da aceleração. O outro lado da moeda é que a maioria das escolas e professores não está. Por isso não é surpresa que muitos alunos são diagnosticados com TDA, ou Transtornos de Déficit de Atenção. Em muitos casos, eu acho, TDA pode ser nada mais do que um novo nome para o tédio.

Esses fatos da vida acadêmica tornam o papel de um pai como professor mais importante do que nunca. E isso levanta a questão: como é que os pais mantêm seus filhos envolvidos com a aprendizagem?

Uma resposta é jogos. Crianças se sentam por horas envolvidas em jogos em computadores, consoles de jogos, *tablets* e *smartphones*. Aprendi algumas das lições mais importantes sobre negócios e investimentos jogando *Banco Imobiliário* por horas. Muitas empresas, a empresa Pai Rico inclusive, estão investindo em ferramentas e produtos que proporcionem educação em formatos que funcionam para as crianças de hoje. Eu acredito que as crianças querem aprender. Todos os dias, elas descobrem coisas novas e emocionantes do mundo ao seu redor... ideias e inovações e pessoas que as fascinam. Nosso trabalho como pais e professores é fazer com que o aprendizado seja divertido, envolvente e experimental – assim as lições traduzirão a vida real e serão relevantes, verdadeiras e úteis.

A questão é que seu filho pode aprender mais em casa do que na escola. E você, como um pai, pode transformar sua casa na melhor sala de aula do mundo, abrindo a mente do seu filho para tudo que a vida tem a oferecer. Ao ajudar seu filho a encontrar seus dons e habilidades, sua genialidade – e apoiar seus sonhos – você estará lhe dando um presente de valor inestimável.

Será que *iPhones* e *iPads* substituirão os professores ou as escolas tradicionais? Acho que não. Mas, por hora, um pai proativo pode complementar e acelerar o aprendizado de seus filhos através de dispositivos móveis e de conteúdo projetado para a velocidade de aprendizagem das crianças. A boa notícia é que, em um mundo de custos crescentes para cursar uma faculdade, essa forma eletrônica de aprendizagem oferece uma alternativa acessível para o modelo tradicional de educação.

Um Mundo da Era da Informação

Nesta era da informação, o rei da educação está verdadeiramente nu. E, graças às inovações dos empresários de hoje, a educação de qualidade está acessível e disponível. E, como a época em que Henry Ford fez o automóvel acessível para quase todos, os verdadeiros capitalistas de hoje estão fazendo isso com a educação.

Empresários como Steve Jobs e Bill Gates transformaram cada casa – rica ou pobre, no primeiro ou no terceiro mundo – em uma universidade de primeira linha. Um mundo de informação pode ser acessado na velocidade da luz, com o toque de uma tecla ou uma tela. A tecnologia mudou o mundo e, em minha opinião, é a maior mudança da história. Nunca antes existiu um mundo sem limites ou fronteiras. E está disponível para o seu filho.

Oprah Winfrey encontrou sua genialidade na televisão. Thomas Edison, em seu laboratório. Tiger Woods, no campo de golfe. E os Beatles, em uma boate. Esses gênios nunca terminaram a escola.

Não é inconcebível que, assim como a pólvora e o canhão derrubaram as muralhas dos castelos de reis e rainhas, 600 anos atrás, os dispositivos móveis derrubarão as paredes sagradas da educação como a conhecemos hoje. Ao invés de governos nos dizendo o que aprender, o seu filho vai escolher o que quer aprender em qualquer lugar do mundo. Assim como Steve Jobs desistiu do Reed College para que ele pudesse começar a escolher o que queria aprender, seu filho pode seguir o seu coração e, mais tarde na vida, determinar a força do entusiasmo de suas paixões e sonhos. Talvez esse caminho o leve a se tornar um empresário cujo negócio "imprima dinheiro", um investidor que coloca o seu dinheiro para trabalhar por ele... em vez de um empregado em um mundo de alto desemprego e baixos salários, trabalhando duro a vida toda para ganhar dinheiro.

Felizmente ou infelizmente, isso pode significar maior caos global, à medida que o antigo seja substituído pelo novo. Escolas são lentas na mudança. Os sindicatos de professores não querem mudar. Eles querem manter o *status quo*, que pode ser bom para eles, mas ruim para o seu filho e os contribuintes.

O mundo mudou em 1971. Quando o presidente Nixon tirou o mundo do padrão-ouro, as regras do dinheiro mudaram. Infelizmente, talvez criminalmente, nossas escolas não se adaptaram a essa mudança. Hoje, nossas escolas continuam a ensinar às crianças a economizarem dinheiro, mesmo quando o dinheiro não é mais dinheiro. As escolas aconselham os estudantes a saírem das dívidas, enquanto os ricos usam dívidas para se tornarem ainda mais ricos. As escolas ensinam as crianças que "sua casa é um ativo", mesmo depois da quebradeira no mercado imobiliário ter dizimado as bases financeiras de milhões de famílias. E as escolas programam as crianças a enxergarem os impostos como "a despesa mais alta" de uma pessoa, em vez de oportunidades e incentivos. Acredito que as chaves para o futuro estão nas mãos dos pais, na sala de aula da casa reforçada pela tecnologia e nos dons e talentos de seu filho. Em outras palavras, o futuro do mundo está realmente em nossas casas, nos nossos corações e nas mentes de nossas crianças. Estamos todos, acredito eu, à beira do precipício da maior transformação humana na história do mundo.

Haverá caos? Sim. Haverá violência? Provavelmente. Haverá medo? Claro. Haverá novos empresários que optam por assumir o futuro e todas as oportunidades que ele oferece? Absolutamente.

Pergunta: O que um pai pode fazer?

Resposta: Use o tempo em casa com o seu filho com sabedoria. Tenha em mente as três janelas de aprendizagem, o conceito de inteligências múltiplas, o Cone de Aprendizagem, o poder dos jogos e a hierarquia das necessidades de Maslow. Lembre-se de que até mesmo o primeiro passo, e os menores deles, na criação de um ambiente familiar que celebra a aprendizagem e aplica o que se aprende, coloca você e seu filho no caminho de maior controle sobre o seu futuro financeiro.

É importante que um pai transforme a casa em um ambiente de aprendizagem, em que não há problema em cometer erros, em tentar coisas novas, em fazer perguntas e em admitir que você pode não saber todas as respostas, mas pode aprender em conjunto. Fomentar um ambiente que está aberto à mudança e à transformação... neste mundo que acelera a aceleração.

O mais importante, talvez, é ser um exemplo para o seu filho, como alguém que tem uma mente aberta, que pode ficar à borda da moeda – uma ideia, um problema, uma declaração... seja o que for que você pense ou fale, mas observado de ambos os lados. Isso é inteligência e do tipo que pode impactar o seu futuro financeiro, e, realmente, acelerar a vida do seu filho.

Muitas pessoas saem da escola vendo o mundo a partir de um ponto de vista de certo ou errado, preto ou branco. Muitos acreditam que só há uma resposta certa no teste da vida. Na realidade, a vida é um teste de múltipla escolha, um teste em que cada escolha pode estar certa.

Uma razão pela qual eu escrevi este livro é expandir a visão do mundo dos pais, permitindo-lhes ver os diferentes lados da moeda. Analisar o outro lado de qualquer questão aumenta a inteligência de uma pessoa. Significa, também, que as pessoas que vivem em mundos de certo ou errado, preto ou branco, podem ser altamente diplomadas, mas menos inteligentes.

Quando se trata de dinheiro, por exemplo, as pessoas dizem: "Mais impostos para os ricos" e são incapazes de ver o outro lado da moeda. Elas não conseguem perceber que, quando os governos aumentam os impostos, eles aumentam os impostos das pessoas que disseram, "Taxem os ricos". Eles não aumentam os impostos sobre os ricos.

Em outro exemplo, quando as pessoas dizem: "Os ricos são gananciosos", muitas vezes não conseguem ver sua própria ganância e como os ricos podem ser generosos. E quando um pai aconselha seu filho "Vá para a escola para conseguir um emprego", ele poderia, de forma mais inteligente, aconselhar seu filho a aprender a gerar empregos.

Um dos maiores problemas que vejo com educação é que nossas escolas ensinam as crianças a trabalhar por dinheiro, ao invés de ensinar as crianças como fazer o dinheiro trabalhar para elas.

Ao invés de ensinar as crianças como fazer o dinheiro trabalhar para elas, as escolas aconselham as crianças a entregarem seu dinheiro a bancos, a administradoras de fundos, a agentes imobiliários e fundos de previdência – as mesmas pessoas que causaram esta crise. Eu não estou dizendo que a indústria de serviços financeiros é boa ou ruim. Eu estou dizendo que a falta de educação financeira está no centro da crise.

Todas as crianças têm um interesse natural, atração e curiosidade sobre o dinheiro. Por que não usar esse interesse natural pelo dinheiro para estimular os talentos de seu filho?

Conselho de Educação

Em 1902, John D. Rockefeller fundou o Conselho de Educação. Parece que ele criou o conselho para controlar o sistema de ensino dos Estados Unidos. Eu sempre pensei que pode ser por isso que nossas escolas não ensinam educação financeira. Parece que a razão pela qual os capitalistas, como John D. Rockefeller, JP Morgan, Cornelius Vanderbilt, Duque de Washington e Leland Stanford, muitas vezes chamados de Barões Ladrões, assumiram a educação para observar as crianças mais brilhantes das famílias pobres e da classe média. Eles os ensinam, para em seguida, contratá-los como empregados, capitalistas de gestão, para administrar suas corporações. Parece evidente que esses Barões Ladrões não querem que os alunos saibam muito sobre o dinheiro, com receio de inspirar uma geração de empresários ao invés de alimentar o fluxo constante de empregados que os Barões Ladrões necessitam, como funcionários e gerentes.

Por Que Estudantes "A" e "B" Trabalham para Estudantes "C"

Em termos simples, os alunos "A" são os acadêmicos, especialistas, como advogados, médicos, contadores, professores, engenheiros e jornalistas. Os alunos "B" são estudantes da burocracia, muitas

---

Vendendo Sua Alma

"Contanto que você precise de dinheiro, uma parte de sua alma estará sempre à venda." – Anônimo

Os políticos se aproveitam dos pobres ao oferecerem programas de benefícios e assistência social para obter votos.

Os executivos, como gerentes da indústria de alimentos, vendem açúcar, gordura e sal para uma população de obesos para manter seus empregos de altos salários, bônus e pensões.

Os banqueiros oferecem cartões de crédito, fundos de investimentos e empréstimos estudantis a pessoas sem qualquer tipo de educação financeira para obter taxas, juros e comissões.

vezes estudantes de gestão. Tanto "A" quanto "B" estudam apenas um lado da moeda.

Por outro lado, os alunos "C", os capitalistas verdadeiros, devem ser estudantes de *todos os três lados* de uma moeda. E é por isso que os alunos "A", e muitos estudantes "B", trabalham para os alunos "C".

"Eu Tenho Direito."

Parece-me óbvio que a falta de educação financeira é a principal razão para o crescimento da mentalidade de direitos. De políticos eleitos a funcionários públicos, trabalhadores sindicalizados, militares, funcionários de empresas e pobres... mais e mais pessoas estão entrando na onda dos direitos, com a crença de que o mundo lhes deve o sustento. E como o poder de compra continua a cair, muitas das pessoas que outrora eram produtivas e autossuficientes na classe média poderão vir a se juntar às fileiras dos pobres.

O Rei da Educação Está Nu

Do meu ponto de vista, creio que estamos diante de uma crise de educação e direitos, mais do que uma crise *econômica*.

Quando você olha para os trilhões de passivo a descoberto, como as previdências, os fundos de pensões de empresas e de governos, é óbvio que temos uma crise de pessoas causada por um sistema educacional disfuncional e obsoleto. Os Estados Unidos e o mundo provavelmente imprimirão trilhões em dinheiro – dinheiro fundeado por pouco mais do que a fé – tentando dar às pessoas peixe, em vez de ensiná-las a pescar. E, durante todo o tempo, se recusando a admitir que o Rei da Educação está nu.

Todas as moedas têm três lados. Ensinar ao seu filho a pescar significa ensinar ao seu filho sobre os três lados da moeda. É um processo educacional que dura a vida toda, mas que tem o poder de transformar uma criança pobre ou de classe média em um empresário global, que compartilha ideias e novos produtos e serviços com o mundo.

O papel dos pais na educação de uma criança é mais importante hoje do que nunca. É por isso que eu, pessoalmente, agradeço por você se incomodar o suficiente com o futuro financeiro de seu filho e da educação financeira para que eles tenham uma vantagem injusta. Eu acredito que, para muitos de vocês, isso signifique sair de sua zona de conforto, abrir sua mente para outros pontos de vista e comprometer-se a se tornar mais educado financeiramente.

Toda criança tem o potencial
para se tornar uma pessoa rica,
uma pessoa pobre ou uma pessoa de classe média.

Os pais têm o poder de influenciar
qual delas será o seu próprio filho.

Obrigado por ler este livro. E obrigado por ter um papel ativo na educação financeira do seu filho.

A educação financeira tem o poder de transformar vidas.

O Maior Amor de Todos

"Eu acredito que as crianças são o nosso futuro

Ensine-as bem e deixe-as liderar o caminho

Mostre-lhes toda a beleza interior que elas possuem

Dê-lhes um sentimento de orgulho..."

– da canção, **The Greatest Love of All** *(O Maior Amor do Mundo)*
escrita por Michael Masser e Linda Creed

EPÍLOGO

Obama Conhece Jobs

Um Estudante "A" conhece um estudante "C"

Quando Steve Jobs estava lutando contra o câncer, no outono de 2010, ele se reuniu por 45 minutos com o presidente Barack Obama.

A seguir, trechos do livro *Steve Jobs*, de Walter Isaacson:

"O governo precisava ser muito mais favorável às empresas. Ele (Steve) descreveu como era fácil se construir uma fábrica na China, e disse que era quase impossível fazer isso nos Estados Unidos, nos dias de hoje, em grande parte por causa de regulamentos e custos desnecessários."

"Jobs atacou o sistema americano de educação, dizendo que era antiquado e incapacitado por regras dos sindicatos. Até que os sindicatos dos professores fossem desmantelados, não haveria quase nenhuma esperança para a reforma da educação. Os professores devem ser tratados como profissionais, ele disse, não trabalhadores industriais de linha de montagem. Os diretores deveriam ser capazes de contratá-los e despedi-los com base em seus desempenhos."

"É um absurdo", ele acrescentou, "que as salas de aula americanas ainda se baseiem em professores em pé em tablado, usando livros de texto. Todos os livros, materiais didáticos e avaliações deveriam ser digitais e interativos, adaptados a cada aluno e fornecendo feedback *em tempo real."*

Obrigado, Steve Jobs.

— *Robert Kiyosaki*

CONHEÇA A
FAMÍLIA LANNON

*Josh e Lisa Lannon
Haley, de 10 anos, e Jake, de 7 anos*

Muitas famílias, incluindo a nossa, esperam que o sistema de ensino ensine bem às crianças. Nós mandamos nossos filhos para a escola com os mais altos níveis de confiança ... e, em seguida, nos perguntamos: isso é confiança ou é apenas pura ignorância?

Nossa filha de 9 anos, Haley, chegou da escola uma dia muito desanimada. Perguntamos a ela: "Haley, o que há de errado?" Ela nos disse que a professora pediu a todas as crianças de sua classe para escolherem um emprego. A professora tinha fornecido opções de carreira para escolherem e seus colegas de classe acompanhavam o exercício, a partir da lista de profissões na lousa.

Haley disse-nos: "Quando foi a minha vez, eu disse para a professora que eu queria possuir uma loja." No início, não entendíamos por que Haley estava tão desanimada. Possuir uma loja nos parecia uma ótima ideia.

Então descobrimos com Haley que uma das profissões era trabalhar na loja da sala de aula. Quando as crianças ganhavam dinheiro de seus empregos, elas poderiam comprar o material lá. Era como um sistema de recompensas. Outras ocupações na lista eram: banqueiro, faxineiro, policial etc. Haley viu a loja e disse que queria ser dona dela.

A professora disse-lhe o seguinte: "Não, Haley, você tem que escolher um emprego para trabalhar. Não temos dono de loja." Então, nossa filha perguntou a professora: "Por que não? Quero possuir a loja. Meus pais possuem um negócio e eles estão me ensinando a respeito de possuir empresas."

Haley disse-nos que seus colegas de classe estavam rindo e ela sentiu como se tivesse feito algo errado. Sua professora disse: "Haley, você tem que escolher um emprego." Ela nos disse que estava se sentindo muito desconfortável e que todas as crianças estavam olhando para ela.

Perguntamos a Haley: "E o que você fez?"

"Eu escolhi o policial", disse ela. "Por quê?", perguntamos.

"Porque mamãe era uma policial antes que vocês construíssem a empresa de vocês", disse-nos com a voz doce de uma criança de nove anos de idade.

Haley estava chateada e nós continuamos a falar sobre seu dia na escola. Ela nos disse que teria trabalhado duro para manter a loja funcionando. Nossa filha sabia que poderia ser uma boa dona de loja e foi difícil para nós ver seu espírito esmagado. Mas nos deu uma grande oportunidade para falar sobre o sistema de ensino e o fato de que as escolas ensinam às crianças a serem empregados. Essa é a mentalidade do sistema escolar: escolher uma profissão, em seguida, escolher um curso na faculdade e, então, fazer um bom trabalho.

Dissemos a Haley que em casa ensinaríamos de forma diferente para que ela visse os dois lados da moeda. Queremos que ela entenda o sistema escolar e o que ele ensina, mas sabemos que há um quadro maior e que ela pode, na vida real, ter a própria loja, se quiser.

Como pais, somos incrivelmente gratos por Haley saber que ela pode nos contar sobre sua experiência na escola. Dissemos a ela que escolher a policial foi uma grande segunda escolha. Não só porque a mãe era uma, mas porque ela iria aprender liderança, o que é fazer cumprir as regras e como lidar com a aplicação das normas, mesmo quando não gosta muito delas. Conversamos sobre como essas habilidades também são importantes para um empreendedor.

Como aluna, a experiência de Haley naquela montagem proposta pela professora foi uma grande oportunidade para aprender liderança a partir de uma perspectiva diferente. Nós dissemos-lhe que era bom vê-la questionar as coisas que não fazem sentido para ela. Sua virada se transformou em uma grande oportunidade de aprendizado para a nossa família.

Nosso medo é que muitos pais nem sempre veem as oportunidades que surgem no presente, já que a maioria foi criada com uma mentalidade de empregado.

As escolas não estão ensinando nossos filhos a serem empreendedores. Elas estão esmagando muitos sonhos e exigindo conformidade. Cabe a nós, como pais, incentivar nossos filhos a acreditarem que tudo é possível, mesmo quando um professor não concorda.

Nota do Autor: Josh e Lisa Lannon são autores do livro *The Social Capitalist: Passion and Profits – An Entrepreneurial Journey* (sem publicação no Brasil), bem como bons amigos.

CONHEÇA A
FAMÍLIA MCELROY

Ken e Laura McElroy
Kyle, de 14 anos, e Kade, de 11 anos

Nossos dois meninos, Kyle e Kade, respectivamente com 14 e 11 anos de idade, são alunos medianos. Eles lutam na escola com uma variedade de temas e, como a maioria dos outros garotos, seus trabalhos de casa muitas vezes parecem uma batalha.

Como pais, nós acreditamos que temos a responsabilidade de ensinar e orientar nossos filhos e que isso não é função da escola. É nossa responsabilidade. Os sistemas escolares não criam filhos confiantes, e não é sua obrigação fazê-lo. É o tempo que os pais passam com seus filhos que os ajuda a se desenvolver como adultos independentes e confiantes.

Minha esposa Laura e eu discutimos formas para que possamos ajudar nossos filhos a aprender. Nossas discussões levaram a uma conversa sobre o fato de que as crianças nem sempre sabem por que elas estão na escola. Nós decidimos que, se pudéssemos descobrir uma maneira para que eles compreendessem a importância do que a escola lhes ensina, então talvez fariam as conexões sobre como aplicar essas lições na vida adulta. Sentimos a certeza de que o processo de aprendizagem poderia vir fácil para os nossos meninos se pudéssemos torná-lo divertido e ajudá-los a ver e entender o quadro maior.

Sempre me intrigou o modo como nossos filhos aprendiam facilmente quando tinham interesse em algo. Os pontos parecem se ligar rapidamente na cabeça deles, quando envolvem assuntos que eles queiram saber mais. E eu percebi que aprendi exatamente da mesma forma: quanto mais eu queria aprender sobre algo, mais rápido aprendia.

Nós concordamos que uma maneira de tornar o aprendizado mais significativo para Kyle e Kade seria ajudá-los a criar seu próprio negócio. O processo de criação de uma empresa nos daria a oportunidade de ensiná-los no mundo real, relacionado com os temas que estavam estudando na escola. Como um bônus, essa estratégia também lhes daria a oportunidade de ganhar o próprio dinheiro.

Nós nunca poderíamos ter imaginado o sucesso que essa ideia teria. Ao longo de três anos, nossos filhos começaram três empresas e as lições que eles estão aprendendo são inestimáveis. Esse novo conhecimento e independência financeira geraram confiança neles. Eles não olham para nós como um recurso financeiro para as coisas que eles possam querer. E a lição mais surpreendente para nós, como pais, é como eles estão lidando com o dinheiro que ganham. Seus dólares parecem durar mais tempo porque são dólares que eles mesmos ganharam.

Um ponto-chave para tornar esse processo empreendedor bem-sucedido para Kyle e Kade foi o de lhes permitir assumir riscos e cometer erros. As maiorias das pessoas tem medo de cometer erros. A liberdade para cometer erros e aprender com eles cria sabedoria, conhecimento e experiência. É uma parte importante do processo de aprendizagem. A falha deve ser abraçada em todos os seus níveis e usada como uma ferramenta de aprendizagem. A maioria dos sistemas de educação hoje ensina a seus melhores alunos a serem avessos ao risco, o que pode desestimular o aluno médio.

Através desse processo, houve a oportunidade de ensinar uma série de lições de vida, como a importância de dar a volta por cima. Nós ensinamos os meninos sobre como investir em ativos contra passivos e como o dinheiro poderia ser usado para ganhar mais dinheiro no futuro.

Montamos contas bancárias para eles e ensinamos-lhes sobre como orçar seus ganhos e suas despesas. Nós também lhes ensinamos sobre juros simples e compostos.

Hoje em dia, *smartphones* de última geração, *notebooks*, roupas de grifes e *videogames* são uma parte da vida diária na escola. Os pais devem tomar decisões, bem como definir as expectativas que irão determinar se as "coisas" que seus filhos querem ou precisam são possíveis ou não.

Toda criança tem um dom especial, um gênio especial, mas a educação tradicional raramente oferece a liberdade para esses dons se desenvolverem e brilharem. Pais envolvidos são capazes de reconhecer e estimular o gênio especial de cada criança e ajudam a pavimentar o caminho para uma grande vida, fazendo aquilo pelo que são apaixonados.

Nota do Autor: Ken McElroy é autor da série de livros *The ABC's of Real Estate Investing, The Advanced Guide to Real Estate Investing* e *The ABC's of Property Management* (não publicados no Brasil), bem como um amigo e parceiro de negócios.

Sobre o autor

Robert Kiyosaki

Mais conhecido como o autor de *Pai Rico, Pai Pobre*, o livro de finanças pessoais número 1 de todos os tempos, Robert Kiyosaki tem desafiado e mudado a forma como dezenas de milhões de pessoas ao redor do mundo pensam em dinheiro. Ele é um empresário, educador e investidor que acredita que o mundo precisa de mais empresários que irão criar empregos.

Com perspectivas sobre dinheiro e investimentos que muitas vezes contradizem a sabedoria convencional, Robert ganhou reputação internacional pela conversa direta, irreverência e coragem, e tornou-se um defensor apaixonado e sincero da educação financeira.

Robert e Kim Kiyosaki são fundadores da The Rich Dad Company, uma empresa de educação financeira, e os criadores do jogo *CASHFLOW*®. Em 2013, a empresa vai alavancar o sucesso mundial dos jogos de *Pai Rico* no lançamento de uma nova e inovadora oferta de jogos para celulares e computadores.

Robert tem sido anunciado como um visionário que possui um dom para simplificar complexos conceitos e ideias relacionadas a dinheiro, investimento, finanças e economia e tem compartilhado sua jornada pessoal para a liberdade financeira, atingindo um público de todas as idades e origens. Seus princípios básicos e mensagens, como "sua casa não é um ativo", "investir para o fluxo de caixa" e "poupadores são perdedores", provocaram uma tempestade de críticas e gozações... Apenas por ele ter posto em xeque os preceitos básicos da economia mundial na última década de maneiras que eram tanto inquietantes quanto proféticas.

Seu ponto de vista é que o "velho" conselho de ir para a faculdade, conseguir um bom emprego, poupar dinheiro, sair das dívidas, investir em longo prazo e diversificar se tornou obsoleto. Sua filosofia Pai Rico desafia o *status quo* e seus ensinamentos encorajam as pessoas a se tornarem financeiramente inteligentes e terem um papel ativo no investimento para seu futuro.

Autor de 19 livros, incluindo o grande sucesso internacional *Pai Rico, Pai Pobre*, Robert tem sido um convidado especial nos meios de comunicação em todos os cantos do mundo, da CNN, BBC, Fox News, Al Jazeera, Gbtv e PBS, a Larry King Live, Oprah, Peoples Daily, Sydney Morning Herald, Straits Times, Bloomberg, NPR, USA TODAY e centenas de outros, e seus livros lideram listas de *best-sellers* internacionais por mais de uma década. Ele continua a ensinar e inspirar audiências em todo o mundo.

Seus livros mais recentes incluem *Unfair Advantage: O Poder da Educação Financeira* e *O Toque de Midas*, o segundo livro que ele foi coautor com Donald Trump.

Para saber mais, visite RichDad.com

Glossário
Definições do Pai Rico

Ativo é algo que põe dinheiro no seu bolso, quer você trabalhe ou não.

Camponês é a pessoa que trabalha na terra. O termo é derivado da palavra francesa *paisant.*

Canário na mina é um provérbio de advertência sobre coisas ruins que estão por vir.

Como o canário tem a capacidade de detectar pequenas concentrações de gás, os mineiros exploravam novas jazidas de carvão com um canário enjaulado. Se o canário estivesse cantando, o ar estava seguro. Se o canário estivesse morto, significava uma evacuação imediata.

Capital representa os recursos financeiros ou bens... A palavra capital (patrimônio) vem do latim *capita* (cabeça), representando os rebanhos (contados por cabeça de animal), uma forma primitiva de capital.

Capitalista é alguém que imprime o próprio dinheiro e o empresário que fornece empregos.

CBO é o Gabinete de Orçamento dos Estados Unidos no Congresso.

CEO é o executivo/presidente de uma empresa ou corporação.

Commodities foram os primeiros tipos de dinheiro tangíveis, como ouro, prata, petróleo, gás, sal e pecuária. Ainda hoje são utilizados.

Demonstrações financeiras são nossos "boletins" na vida real. As demonstrações financeiras mostram como o dinheiro flui entre um balanço (ativos e passivos) e a demonstração de resultados (receitas e despesas).

Depreciação pode ser definida de duas formas. Uma é a diminuição de um valor ativo causada por condições de mercado desfavoráveis. A outra é um método de imputação do custo de um ativo tangível ao longo de sua vida útil.

As empresas depreciam ativos de longo prazo com propósitos tanto fiscais quanto contábeis. Imóveis e moeda são dois exemplos de ativos que podem desvalorizar ou perder valor.

Derivativo é algo que é um produto (ou subproduto) de outra coisa. Suco de laranja, por exemplo, é um derivativo da laranja. A definição mais técnica de derivativo é a segurança, cujo preço é dependente ou derivado de um ou mais ativos subjacentes. O derivativo é apenas um contrato entre duas ou mais partes. Seu valor é determinado por flutuações no ativo subjacente.

Dinheiro

Commodity – Tangível, dinheiro real, como ouro e prata.

Papel-moeda – Pagamento com nota ou crédito.

Reserva fracionária – A capacidade dos bancos de emprestarem mais dinheiro do que o que possuem em caixa.

Moeda fiduciária Dinheiro falso, que pode ser impresso em quantidades infinitas.

Dívida

Dívida ruim é incorrer em dívidas para comprar bugigangas (passivo) e dívidas que você mesmo, e não outras pessoas, tem que pagar de volta.

Dívida boa também é conhecida como "alavancagem", usando o dinheiro dos outros para comprar ativos. Outras pessoas, como inquilinos, pagam o dinheiro de volta para você.

Dívida em relação ao PIB é a dívida nacional do país – quantidade de dinheiro fluindo para fora –, como uma porcentagem do Produto Interno Bruto do país, ou a quantidade de dinheiro que entra. Quanto menor a porcentagem de dinheiro fluindo para fora, mais saudável é a economia.

Doodads é um termo do jogo CASHFLOW que significa passivos. São itens não essenciais que queremos, mas não precisamos.

Educação vem da palavra *educe* que significa "extrair de dentro de si". Nosso sistema educacional parece defini-la como colocar coisas – ideias, fatos, informações – *dentro* da cabeça dos nossos filhos.

Empresários assumem riscos para resolver problemas.

Eras:

Agrária – quando o rei possuía a terra, a propriedade, e os camponeses trabalhavam nela.

Industrial – de 1500 a 2000, quando o novo rico tornaram-se proprietários dos meios de produção (fábricas) e os camponeses tornaram-se trabalhadores (empregados).

Informação – a partir de 2000 até o presente, quando os novos ricos são os donos de empresas (empresários) e criaram PI, propriedade intelectual.

ERISA significa Employee Retirement Income Security Act, uma lei Americana aprovada em 1974. Ela marcou um ponto de virada em que os funcionários passaram a ser responsáveis pela própria aposentadoria.

Esquema de Ponzi é uma fraude. Batizado com o nome de Charles Ponzi, o esquema usa o dinheiro de novos investidores para dar altos retornos aos investidores antigos. Com o tempo, o sistema fraudulento tende a falhar e os investidores, depois de um tempo, perdem todo seu dinheiro. (Segurança Social muitas vezes é chamada de Esquema Ponzi patrocinado pelo governo.)

Federal Reserve Bank é uma associação de banqueiros privados globais que controla a oferta de moedas nos Estados Unidos. Criado em 1913, não é nem federal, nem um banco, tampouco tem quaisquer reservas.

Fluxo de caixa é o dinheiro que flui em seu bolso a partir de um ativo.

Ganho de capital é, em termos básicos, comprar na baixa na esperança de vender na alta. Investir para ganhos de capital é uma espécie de "jogo de azar"... Se aposta que um preço vai aumentar de valor.

Gênio é o que fazemos que é mágico. São nossos dons e talentos especiais... O gênio de uma criança é frequentemente encontrado em seus sonhos.

GSE é a sigla para Government Sponsored Enterprises, associação da qual fazem parte grandes bancos como Fannie Mae e Freddie Mac.

HFT (*High-Frequency Trading*) significa alta frequência de negociação no mercado de ações, um sistema de negociação computadorizado que pode fazer mais de 9.000 transações por minuto.

Hiperinflação é um período de inflação galopante que deixa a moeda de uma país praticamente inútil.

Imóvel (imobiliário) significa, literalmente, "terra real".

Integridade significa tudo.

Inteligências Múltiplas é a teoria de Howard Gardner que diz que cada pessoa tem um gênio, um dom único ou uma combinação única de gênios. Os sete gênios originais identificados são: verbal, matemática, espacial, musical, física, interpessoal e intrapessoal.

Investir

> *Fundamental...* Jogo CASHFLOW 101
>
> *Técnico...* Jogo CASHFLOW 202, usando as opções *puts* e *calls,* exige mais controle.

Lei da Compensação sua remuneração na mesma proporção de sua experiência.

LLC é uma sociedade anônima, uma pessoa jurídica para proteger um negócio ou investimento.

Marketing de rede é uma forma de baixo risco para receber treinamento de vendas em um sistema de negócios já desenvolvido.

MBA significa mestrado em Administração de empresas, válido para aqueles que querem subir a escada corporativa.

Moeda é uma forma geralmente aceita de dinheiro – incluindo moedas e notas de papel – que é emitida por um governo e distribuída dentro de uma economia. É utilizada como um meio de troca de bens e serviços e é a base para o comércio e o intercâmbio.

Moeda fiduciária é dinheiro em papel impresso pelo governo, apoiado por nada a não ser a fé no governo que a emite. A moeda fiduciária tem se desvalorizado ao longo do tempo, uma vez que o governo imprime mais e mais da mesma.

OPM significa dinheiro de outras pessoas.

OPT é o tempo ou talento de outras pessoas.

Passivos são coisas que tiram dinheiro do seu bolso.

PIB significa Produto Interno Bruto e representa a renda de uma nação (antes das despesas).

Políticas bairristas ou protecionistas* são programas de bem-estar para os ricos.

Propriedade intelectual é uma nova forma de riqueza, uma maneira de imprimir o próprio dinheiro.

Regra de ouro tradicionalmente significa "Faça aos outros o que você gostaria que fizessem com você". Outra definição: "Aquele que possui o ouro faz as regras."

Renda

> *Ordinária* geralmente é o "dinheiro do contracheque" do salário, comissão ou honorários e é a renda tributada com taxas mais elevadas. Ela representa: você está trabalhando para o dinheiro.
>
> *Passiva* também é conhecida como "fluxo de caixa" e geralmente é a renda tributada com as taxas mais baixas. Renda passiva significa que seu dinheiro está trabalhando para você.
>
> *Portfólio* também é conhecida como a renda dos "ganhos de capital". A maioria dos investidores compra na baixa e vende na alta.

Ricos são as pessoas que possuem a propriedade e os meios de produção. Eles se concentram em ativos e fazem o dinheiro trabalhar para eles.

Riqueza nos termos do Pai Rico, é o número de dias que você pode sobreviver sem trabalhar.

---

* Nos Estados Unidos usa-se a expressão *Pork* para referir-se a essas políticas.

TARP sigla para *Troubled Assets Relief Program*, programa de ajuda aos setores bancários e automobilísticos dos Estados Unidos, assinado pelo presidente George W. Bush em 2008 para fornecer estímulo de governo à economia.

Valorização é um aumento no valor de um ativo ao longo do tempo. Esse aumento pode ocorrer por uma série de razões, incluindo aumento da demanda, enfraquecimento do abastecimento, ou como resultado de mudanças na inflação ou taxas de juros.

O termo valorização pode ser usado para se referir a um aumento em qualquer tipo de bem, como valores, títulos, papel-moeda ou imóveis. Valorização é o oposto de depreciação.